멋지고 신나는 실버 세대를 위한 영성 키우기

브라보 실버

김장은 지음

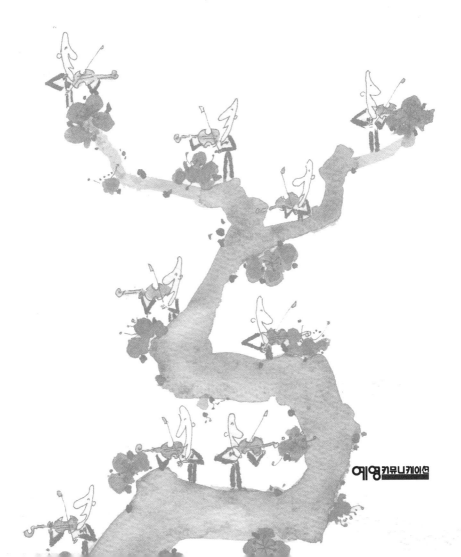

예영커뮤니케이션

브라보 실버

초판 1쇄 찍은 날 · 2013년 3월 13일 | **초판 1쇄 펴낸 날** · 2013년 3월 20일
지은이 · 김장은 | **펴낸이** · 김승태 | **편집** · 기록문화 | **본문디자인** · 양선애
등록번호 · 제2-1349호(1992. 3. 31) | **펴낸 곳** · 예영커뮤니케이션
주소 · (136-825) 서울시 성북구 성북1동 179-56 | **홈페이지** www.jeyoung.com
출판사업부 · T. (02)766-8931 F. (02)766-8934 e-mail:jeyoung@chol.com
출판유통사업부 · T. (02)766-7912 F. (02)766-8934 e-mail:jeyoung@chol.com

Copyright ⓒ 2013, 김장은
ISBN 978-89-8350-833-1 (03230)

값 14,000원

브라보 실버

노년 사역에 터닝 포인트가 되기를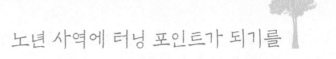

김진하 교수

백석대학교 기독교학부 · 신학대학원 교수,
교회사 및 기독교영성 강의

"백발이 되기까지 내가 너희를 품을 것이라"(이사야 46:4).

사막 교부들의 시대에 스케테 사막에서 한 수도사가 임종을 맞이하고 있었습니다. 머리맡에는 젊은 제자들이 울고 있었습니다. 그런데 죽어가던 노인이 눈을 뜨고 세 번이나 웃었습니다. 수도사들이 그 이유를 묻자 이렇게 말했습니다. "먼저 나는 그대들 모두 죽음을 두려워하기에 웃었소. 두 번째는 그대들 가운데 아무도 죽음을 맞을 준비된 사람이 없어서 웃었소. 마지막으로 내가 세상의 노고를 벗고 영원한 안식을 얻을 것이기에 기뻐서 웃었소." 그리고 바로 숨을 거두었습니다.

영원한 이별을 눈앞에 두고서도 사막의 원로들의 유일한 관심은 제자들의 영적 성장이었습니다. 청년 수도사들은 늘 노인들의 영성과 경험에서 배워 왔고 이 배움은 스승들의 죽음의 순간까지 멈추지 않았습니다. 경건한 임종을 지켜보며 듣는 유언은 마지막 수업이었습니다.

노인과 사는 것을 영광으로 생각했던 그 시대부터 세월은 1,600여 년이나 흘렀고, 긴 세월만큼이나 노인들을 대하는 교회의 사역문화는 많이 바뀌었습니다. 지금 한국교회의 노인들은 노인대학이라 불리는 곳에 격리되어 있습니다. 세대별로 끼리끼리 놉니다. 보이지 않는 경계선을 넘어가지 않습니다. 노년기 성도들의 영성에 대한 연구와 지식의 축적이 이루어지지 않고 있습니다. 우리 시대에는 노인들이 가진 풍성한 지혜와 경험들, 영성은 전수되지 않은 채 그 시신과 함께 묻히고 있습니다.

이때까지 교회사역은 청장년 중심 목회였습니다. 교회 성장에만 몰두해 온 한국교회는 노년기의 성도들에게 적절한 영적 훈련들, 성장의 기회들을 제공하는 데 관심이 적었습니다. 지금 성도들에게 노년기가 당신의 인생에서 어떤 영적 의미를 가지고 있는지, 어떻게 마지막 인생을 살아가야 하는지 묻는다면 어떤 대답이 돌아올까요? 그리고 목회자들이 그 길을 보여 주는 일에 얼마나 노력해 왔는지 묻는다면 어떤 답을 얻을까요? 교회 건물도 노년기 성도들이 편히 머물 곳이 거의 없습니다. 청장년들을 위한 구조 일변도입니다. 예배당 한 켠에 모자실은 있지만, 의자에 잠시 앉을 만한 노인들을 위한 방은 없습니다.

이제 고령화 사회로 진입한 사회처럼 교회도 노년 성도들이 늘어나고 있기에 보완과 변형이 필요합니다. 노인대학 정도로 만족할 것이 아니라 노년 성도들을 위한 새로운 서비스, 그들을 활용하는 새로운 사역으로의 접근, 내용, 실천 방안을 제안하는 창의적인 대응책이 필요한 시점입니다.

이 책이 노년을 위한 사역에 하나의 터닝 포인트가 되기를 희망합니다. 지금까지 출판계에서 노년생활과 영성이 함께 다루어진 전문서적은 거의 없었습니다. 노년학 서적들, 즉 인생 후반에 일어나는 육체적, 정신적 변화들, 관계들, 과학적인 해결책을 다룬 책들은 많습니다. 그러나 노년기의 기독교 영성에 대한 서적, 즉 '노년 성도들이 그리스도의 복음에 의해 빚어지는 변화를 비롯해 자신이 하나님과 이웃, 그리고 세상에 어떻게 반응하고 살아야 하는가, 또한 다음 세대에 어떤 신앙의 유산을 남길 수 있는가'에 초점을 둔 책은 거의 없었습니다. 유럽대륙과 영미권에서는 20세기에서 21세기로 넘어가는 시점부터 노년기 영성에 대한 학문적인 연구 서적들이 다수 출간되었는데, 아직 한국교회는 시작하지도 못하고 있습니다. 이제 이 책이 나옴으로써 이 땅에서도 전문적인 연구가 이루어졌음을 알리게 됩니다. 이 책의 잉크가 마르기 전에 더 많은 연구를 이어가는 강한 자극제로 기능하기를 소망합니다.

저자 김장은 목사는 기도원과 교회에서 20년 이상 노년 성도들을 섬기고 목회를 경험했습니다. 그는 이 분야의 연구를 시작하기 전에 현장 경험부터 쌓아온 전문가입니다. 저자의 풍성한 경험과 학문적인 노력의 결과로 이 열매가 만들어졌습니다. 이 책은 김 목사의 창의적인 박사학위 논문인 "성공적인 노년생활을 위한 영성연구"를 대폭 수정한 것입니다. 저는 박사학위 논문 지도교수로서 그와 5년 동안의 연구 기간을 함께 보냈습니다. 매주 만나 논문을 지도하면서 산파의 역할을 한 것에 큰 기쁨을 느낍니다. 아무도 가지 않은 길을 용맹스럽게 헤쳐 오며 마침내 긴 여정을 끝낸 저자의 수고와 열매에 갈채를 보냅니다.

저자는 역사 속에서 가장 위대한 영웅 4인의 노년기 삶과 활동에 렌즈를 맞추었습니다. 지금까지 우리는 교회사의 위인들을 다룰 때 그들이 교회와 세상을 위해 큰 업적을 생산했던 청장년기에 초점을 두었습니다. 그들이 늙었을 때 어떻게 살았는가는 관심 밖이었습니다. 이 연구가 가진 또 하나의 창의적 측면은 실제 영성생활 프로그램을 제공한다는 데 있습니다. 노년 영성의 이론과 실제 모범 인물, 그리고 실천적 프로그램이 함께 어우러져 있습니다. 임마누엘 칸트는 『순수이성비판』에서 철학과 사색, 실천, 그 모든 것은 다음 세 가지 질문으로 요약될 수 있다고 했습니다. "나는 무엇을 알 수 있는가? 나는 무엇을 행해야만 하는가? 나는 무엇을 바랄 수 있는가?" 이 책은 노년 영성생활에 대한 지식과 실천, 그리고 소망, 이 세 가지에 대해 답을 주는 책입니다.

이 책은 노년기의 그리스도인들과 그들을 섬기는 목회자들, 노인복지와 간호에 헌신한 분들, 노년 성도들이 가진 영적 축복들을 나누기 원하는 분들에게 큰 도움이 될 것입니다. 노년기 영성 문제는 노인들에게만 중요한 문제가 아닙니다. 청장년기 성도들에게 더욱 필요합니다. 우리 모두가 늙어가고 있으며, 모든 가정과 교회에는 연로하신 부모님들이 있기 때문입니다. 곧 다가올 인생의 한계와 죽음, 어느 날 갑자기 직면하게 될 상실과 슬픔을 우리는 영적으로 준비해야 합니다.

우리는 젊었을 때 '사랑이란 받는 것이요, 얻는 것'이라고 생각했습니다. 청년들은 사랑을 받는 일에만 몰두합니다. 그러나 우리가 나이가 들수록 사랑을 지키는 단 하나의 길은 사랑을 주는 일에 달려 있음을 깨닫게 됩니다. 우리가 많이 줄수록 더 많이 가지게 되는 것이 사랑입니다. 부모님과 이웃의 노인들에게 더 많은 사랑을 베푼다면 더 많은 사랑이 되돌아올 것입니다.

목차

1부 노년의 히든카드

| 프롤로그

인생의 의미를 발견하고, 영적 여정을 풍요롭게

나이 아흔을 넘기며 맞는 / 하루하루 / 너무도 사랑스러워 /

뺨을 어루만지는 바람 / 친구에게 걸려온 안부전화 /

집까지 찾아와 주는 사람들 /

제각각 모두 / 나에게 / 살아갈 힘을 / 선물하네.

위의 글은 최근 일본에서 150만 부가 넘게 팔린 시집 『약해지
지 마』의 저자 시바타 도요(101세)가 쓴 '살아갈 힘'이란 시다. 사계
절 중에 노년의 상징은 가을이다. 가을은 추수의 계절이며 삶의 결
실을 보는 때다. 노년기의 삶은 인생의 끝이 아니다. 결실을 거두
는 시기이기에 더 의미 있고 더 풍요로울 수 있다. 인생을 어떤 시
각으로 보느냐에 따라 자신의 삶뿐 아니라 타인의 삶에도 기쁨과
보람을 주는 모델이 되기 때문이다.

요즘에는 노인보다 '시니어'라는 용어도 자주 쓰인다. 21세기는 노년을 건강하고 자유롭게, 삶 그 자체를 즐길 수 있는 단계로 보고 있다. 젊게 살기 위한 노력은 우리 사회에서 이미 자연스러운 일이다. 그래서 웰빙well-being과 함께 떠오르는 단어는 웰에이징 well-aging이다. '젊고 건강하게 늙어가는 것' 이라는 뜻이다. 젊은 사회에서 늙는다는 것은 100세를 사는 우리에게 중요한 일이다.

현대는 경제 성장과 의료 혜택으로 인해 더 오래 살게 되었다. 100세 노인의 이야기를 듣는 것은 놀라운 일이 아니다. 2011년 미국의 통계 조사에 따르면 100세 이상 노인 인구가 8만 4천 명이라고 한다. 또한 한국에서는 2012년 100세 노인 인구가 1,200명, 2013년은 1,500명으로 예상하고 있다. 2050년이 되면 4만 명으로 늘어날 것으로 추정하고 있다.

사람들은 미래에 100세까지 살 수 있다고 예견한다. 하지만 현재 우리나라 100세 이상자 3명 중 1명이 치매를 앓고 있으며, 4명 중 1명은 요양시설에 있다. 최근 치매가 5년 사이에 두 배나 증가하고 있다. 얼마 전 치매 노인 부부가 동반 자살을 시도했다는 안타까운 소식이 있었다. 오래 사는 것이 중요한 것이 아니라 의존 수명을 줄이고 건강한 삶을 사는 것이 관건이다.

2005년 961명의 100세 이상의 노인들을 대상으로 "지금 가장 하고 싶은 일이 무엇인가?"라고 질문하자 "편안하게 빨리 죽고 싶어요"라고 답했다. 건강을 잃는다면 사는 것이 즐겁지 않다는 것이다. 이런 경우 장수가 축복이 아니라 재앙이 될 수도 있다.

최근 영국에서는 16세 미만의 아동 인구보다 65세 노인 인구가 더 많다고 한다. 노인이 젊은이들보다 더 많은 세상이 오면 누가 이들을 돌보며, 누가 이들의 의료비를 충당할 것인가? 공원마다 노인들이 넘쳐난다. 인터넷이나 실버 TV에서도 노인들의 이야기를 쉽게 접할 수 있다. 노인을 위한 오락시설과 문화, 브랜드가 시장의 표적이 되고 있다.

하지만 급변하는 사회와 가정 속에서 떠밀려 혼자 쓸쓸하게 살아가는 노인들이 많다. 신체적 연약함과 '늙으면 죽어야 한다'는 것이 그들을 더욱 고독하게 만든다. 노인들은 각종 취미생활과 봉사활동 등 여러 가지 일들을 찾지만, 세상은 그들에게 인생의 완전한 해답을 주지 못하고 있다.

교회 역시 젊은 세대들은 줄고 '고령화 사회'의 도래와 함께 노인들이 늘어나고 있다. 하지만 노인들은 교회에서 공경이라는 허울 좋은 이름 아래 '뒷방 늙은이' 신세를 면치 못하고 있다. 노인들은 다양한 영적 위기를 겪는다. 그들은 구원의 확신이 희미해지기도 하고, 삶의 의미를 잃어버리기도 한다.

노년이 되면 죽음은 빠른 걸음으로 다가온다. 모래시계의 시간이 다하는 순간 이 세상의 삶은 끝난다. 죽음을 다음 세계로 '승화'

하기 위해 노년의 영성은 없는 것일까? 이런 질문과 함께 노인들은 행복한 신앙인으로 살아가도록 돕는 다양한 교육과 영성 프로그램을 요구하고 있다. 그러나 목회 현장에서는 다음과 같은 어려움을 겪고 있다.

첫째, 교회는 항상 모든 프로그램이 젊은이들 위주로 되어 있어서 노인들이 교회 안에서 적절하게 자신의 은사와 사명을 감당할 수 있는 자리가 없다. 노인들이 봉사하고 영적 사명을 감당할 수 있는 여건과 시스템이 다양하게 준비되어 있지 않기에 그들을 영적 리더자로 세울 수 있는 교회의 자원은 터무니없이 부족하다.

둘째, 한때 삶의 주역으로 살았던 노인들은 '스포트라이트 콤플렉스'(연예인들을 비롯해 인기 정치인 등 유명인사에게 나타나는 현상으로 인기를 얻었다가 인기가 사라지면 찾아오는 상실감을 말한다. 이처럼 노인들도 노화로 인해서 찾아오는 상실감을 겪는다)를 겪고 있다. 이러한 현실 속에서 노년의 삶을 수용하고 받아들일 수 있는 평생교육을 위한 교육체계가 미비한 것이 현실이다. 한국교회가 현재 고령자를 위해 운영하고 있는 것은 고작 '경로대학' 정도다.

셋째, 교회에는 100세를 대비한 내실 있는 영성교육과 프로그램이 미비하다. 또한 영성교육의 부족으로 인하여 노인들의 영성에 대한 인식도는 낮다. 목회 현장 속에서 젊은 세대를 위한 영성 프로그램은 넘쳐나지만, 정작 고령사회를 대비하기 위한 노인 영성과 돌봄을 위한 실천 프로그램은 터무니없이 부족한 실정이다.

이제 잘 먹고 잘 사는 것을 추구하는 시대를 지나 몸과 마음, 치유와 자유를 강조하는 힐링Healing시대가 되었다. 따라서 교회는 노인들의 영성을 회복시키고 상처를 치유함으로써 삶의 의미를 발견하고 죽음 앞에서도 담담히 주어진 길을 걸어가도록 도와야 한다. 노인들이 자신에게 주어진 삶을 잘 마무리할 때 하나님 나라에 이르는 '영적 여정'은 더 풍요로워질 것이다. 언제든지 떠날 준비가 되었다는 것은 오늘을 희망으로 채우는 방법이기도 하다.

이에 필자는 교회사 속에 있는 인물 중 4명을 선정해 그들의 삶과 목회, 영적 경험을 토대로 한 노년기 영성을 발굴해냈다. 바로 안토니(105세)와 어거스틴(76세), 그리고 마르틴 루터(63세)와 목회자 칼빈(55세)이다. 이들을 통해 현대를 사는 노인들이 노년과 죽음에 대해서 다시 한 번 숙고하는 기회가 되기를 바란다. 인생의 마지막 여정에서 무엇을 버려야 하고 남겨야 하는지를 깨닫게 한다는 점이 이 책의 가장 큰 핵심이다.

한편 실천적 방법을 찾고 노년기의 삶에 영성을 접목하기 위해 노년기 영성에 대한 인식도와 사례를 조사하고 그 조사 결과를 분석했는데, 이 책에서는 일부만 소개했다. 좀 더 자세한 것들은 필자의 논문 "성공적인 노년생활을 위한 영성 연구"에 있음을 밝힌다. 그리고 노인들의 영성 회복과 힐링목회를 위한 훈련 방안을 제시하였다. 실천과 적용으로 가족 속에서의 노인들의 영적 리더십, 영성생활을 위한 기도와 성경 읽기, 치유와 삶의 의미를 재조명하는 인생 회고, 그리고 건강한 죽음을 위한 준비와 임종을 돕기 위한 예배 프로그램을 제공하였다.

우리 모두는 노년을 보람 있고 의미 있게 살기를 바란다. 우리가 60세부터 노년에 접어들어 100세까지 산다고 가정한다면 35만 시간 가량 산다. 자고, 먹고, 씻는 시간을 제외하면 하루 24시간 중 11시간을 사용하게 된다. 이렇게 볼 때 노인이 된 후, 40년 동안 사용할 수 있는 시간은 16만 시간 정도 된다고 한다. 그렇다면 우리는 이 시간들을 어떻게 쓸 것인가? 행복한 노후에 대해서 은퇴 설계 전문가는 "언제 은퇴할 것인지, 어디서 누구랑 노후를 보낼 것인지, 무엇을 하면서 지낼 것인지, 언제가 행복한 것인지를 설계해야 한다"고 말한다. 이제 우리는 자신의 미래를 스스로 아름답게 가꾸어야 한다.

필자는 많은 노인들을 만나면서 성공적인 노년을 보내려면 중년부터 준비해야 한다는 것을 알게 되었다. 어느 누구도 늙는 것을 외면할 수 없다. 오히려 그 속에서 자신을 보고 미래를 준비하는 사람만이 '브라보 실버'라고 외칠 것이다.

반드시 잊지 말아야 할 것이 있다. 우리는 혼자 길을 갈 수 없다. 영원한 나라에 이를 때까지 그분이 우리를 인도하신다는 것을 믿고 가야 한다. 그분이 당신의 손을 잡고 이렇게 말씀하실 것이다.

"배에서 태어남으로부터 내게 안겼고 태에서 남으로부터 내게 업힌 너희여, 너희가 노년에 이르기까지 내가 그리하겠고 백발이 되기까지 내가 너희를 품을 것이라. 내가 지었은즉 내가 업을 것이요 내가 품고 구하여 내리라"(이사야 46: 3-4).

이 책이 나오기까지 많은 분들의 도움이 있었다. 먼저 하나님께 영광을 돌린다. 그리고 따뜻한 조언과 좋은 글을 쓸 수 있도록 자매처럼 돌보아주신 보라 빛 미소의 윤필교 선생님께 감사를 드린다. 테마 있는 그림으로 글을 더 돋보이게 장식해 주신 강창욱 선생님, 이 책을 펴내주신 예영의 김승태 사장님께 감사드린다. 특히 논문을 바탕으로 책을 펴내기까지 하나하나 정성껏 지도해 주신 김진하 교수님께 고마움을 전한다. 또 비전교회 동역자와 성도님들, 격려를 잊지 않은 목회동역자들께 감사한다. 그리고 언제나 나의 눈과 손이 되어 준 아들 솔로몬 전도사에게 사랑을 전한다.

김장은

'건강하게 늙어가는 것'은

노인들에겐 절실한 문제다.

노인들은 갑자기 찾아온 장수로 인해

많은 세월을 공원 사랑방에서 보낸다.

온종일 공원에서 의미 없는 시간을

보낸 뒤 저녁이 돼서야 집을 찾는다.

1부

노년의 히든카드

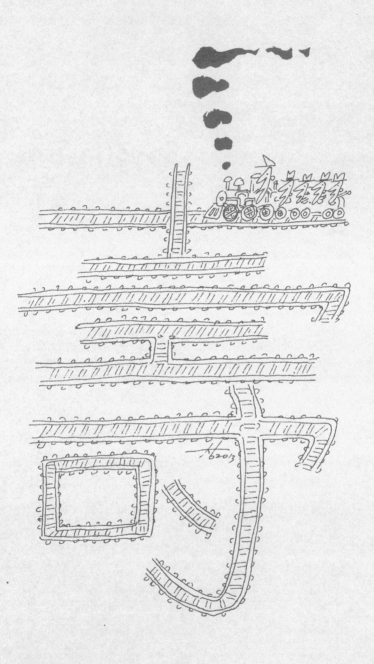

1장
실버세대, 당신은 행복합니까?

사회가 급변하고, 기대 수명이 높아진 요즘 노년기를 어떻게 살아가야 할지 관심이 고조되고 있다. 과거 노인들의 평균 수명은 매우 낮았다. 100년 전에 평균 수명이 여성은 51세, 남성은 45세였다. 그런데 세계보건기구가 발표한 '2011년 세계보건통계 보고서'에 따르면 우리나라 평균 기대수명은 80세로 남성의 평균수명은 76세, 여성의 평균수명은 83세라고 한다(참고: 2010~2015년 사이 한국인의 기대수명은 여성 84세, 남성 77.3세-2012 세계인구현황보고서, 한국어판).

이 시대를 사는 어르신들은 노년을 준비할 여유도 없이 어느새 노인이 되어 버렸다. 베이비붐 세대가 노인이 될 무렵, 지구는 노년 세대로 가득 찰 것이라고 예견하고 있다. 그들을 맞이하기 위해 세계는 고민하고 있다. "과학과 의학, 문명의 발달로 주어진 장수라는 선물을 어떻게 축복으로 바꿀 것인가? 중년까지의 삶보다 더 오래 지구에서 보낼 후반부 인생을 어떻게 설계할 것인가?" 이것이 현대의 과제다. 앞으로 노인을 위한 실버산업은 호황을 누릴 것이고, 성공적인 삶을 사는 노인들의(뉴실버 세대)정보는 검색어 1순위를 기록할 것이다.

1. 행복한 노년, 선택은 당신의 몫

젊었을 때는 누구나 자신이 늙을 것이라고 미리 생각하는 사람은 드물다. 어느 날 중년이 되고, 노년의 문턱에 다다랐을 때, "아! 나도 노인이구나" 하고 말할 것이다. 노화는 지금도 계속 일어나고 있지만, 자신이 그것을 느끼고 받아들이는 것은 매우 더디다. 어느 날 신체적, 정신적 노화를 직접 경험하고 난 뒤에 비로소 자신이 노인이 되어간다는 것을 실감하게 된다.

노인이 되면 자주 위기감을 느낀다. 영적, 육적 위기뿐 아니라 차별과 소외를 경험하기도 한다. 노인들은 가족 가까이 있기를 원한다. 그리고 자녀를 자주 만날 수 있는 곳에서 요양하기를 소망한다. 공기 좋은 시골에 사는 노인들보다 도시에 사는 노인들이 만족도가 훨씬 높다고 한다. 얼마 전 가정형 요양시설을 반대한다는 주민들의 시위가 있었다. 아파트 단지 안에 들어서는 노인 요양시설을 혐오시설로 보는 것이다. 우리 사회의 집단이기주의의 모습을 잘 반영하고 있다. 우리 사회는 초고령 사회로 진입하고 있지만, '당신(노인)은 내 미래의 희망'이라는 문구를 내어 놓을 만큼 성숙되어 있지 않다.

고립과 상실을 깊게 느낄 때

필자는 노인들이 고립과 상실을 가장 깊게 느낄 때가 언제인지 조사했다. 서울과 영남지역 내 여섯 교회를 대상으로 65세부터 90세가 넘은 노인 174명을 대상으로 조사한 결과 그 중 134명이 응답했다. 노인들의 80%는 개별면담을 실시했다. 조사 대상자는 기독교인으로서 대부분 직분을 가지고 있었다. 그들은 한국교회의 부흥기를 보낸 세대로서 신앙생활 연수가 40년 이상 된 노인들이 35.8%였다. 그중 배우자와 사별을 경험한 노인이 전체의 44.3%를 차지하고 있었다. 건강에 대해서 보통 이상이라고 응답한 비율이 66%, 건강하지 못하다고 한 비율은 34%로 나타났다.

노인들은 상실과 고립을 느낄 때에 대해 여섯 가지로 응답했다. 즉 병으로 인한 고통, 경제적 어려움, 배우자와의 사별 또는 이혼, 자녀와의 관계 상실, 무관심, 직장에서 은퇴 등이었다. 여기에서 놀라운 것을 발견할 수 있는데, 노인들에게 상실을 가져다주는 것은 배우자와의 사별보다 병으로 인한 고통과 경제력이라는 것이다.

병으로 인한 고통이 배우자와의 이별보다 더 고통스러운 것은 건강을 잃으면 사회적, 경제적인 것은 물론, 가족에게조차 기능하지 못하는 노인으로 전락하기 때문이다. 이렇게 개인주의가 팽배한 시대에 노인들이 살아가기 위한 절대적 수단이 건강과 경제력이라는 것이다. 사실 이것은 현대사회에서 추구하고 있는 것과 맥을 같이 한다. 개인의 삶과 행복이 어떤 이념보다 선행하기 때문이다.

요즘 신사복, 또는 정장에 운동화를 신는 것이 트렌드다. 그들을 운도녀, 운도남이라고 지칭한다. 직장인들이 운동화를 신고 출퇴근한다는 것이다. 이것은 100세를 대비한 웰빙의 한 방법으로 알려져 있는데, 운동화를 신고 걸어다니면 건강한 삶과 젊음을 유지할 수 있다는 것이다. 젊은이들뿐 아니라 모든 사람들이 100세를 위해 일찍부터 준비하고 있다.

'건강하게 늙어가는 것'은 노인들에겐 절실한 문제다. 노인들은 갑자기 찾아온 장수로 인해 많은 세월을 공원 사랑방에서 보낸다. 온종일 공원에서 의미 없는 시간을 보낸 뒤 저녁이 돼서야 집을 찾는다. 이것은 신앙인들도 마찬가지다. 특별히 일을 가지고 있지 않으면 대부분 노인은 교회에 가는 시간 외에 많은 시간을 홀로 지낸다. 이러한 영적, 육적 위기는 노인들을 전율케 한다. 그러나 그리스도인들은 이러한 영적 위기에서 탈출하여 자유로울 수 있다. 그 유일한 무기는 하나님과의 관계 즉 믿음이다.

조사에 의하면 상실의 문제를 신앙으로 극복한 경우가 전체의 61%를 차지하고 있다. 이와 같은 노인들은 삶의 의미와 행복을 신앙생활에서 찾고 있는데, 결과적으로 믿음이 노년의 고립을 극복하는 원동력이 된다는 것이다. 즉 하나님과의 관계 회복과 깊은 영성이 행복한 노년을 여는 열쇠임을 알 수 있다. 사람은 좋든 싫든 노화를 맞이하게 되어 있다. 노화로부터 오는 또 다른 인생의 위기를 낙심과 좌절로 의미 없이 보낼 것인지, 아니면 하나님 안에서 재창조된 심령으로 보람되고 멋진 노년을 살 것인지는 각자의 몫이 될 것이다.

멋진 품격, 노년의 히든카드

사람은 누구나 성공적인 노화를 소망한다. 성공적인 노화란 여러 가지 측면을 고려할 수 있는데, 삶의 성공이라든지 질병의 부재, 물질 축복, 장수, 업적 등을 들 수 있다. 그밖에 현대인들은 성공적인 노화에 대한 가치 기준을 다양하게 갖고 있다.

미국 전 대통령 지미 카터는 "후회가 꿈을 대신하는 순간부터 우리는 늙기 시작한다"고 말했다. 그러나 하나님 안에서 삶의 의미를 발견한 사람은 비록 몸은 늙더라도 삶을 가치 있고 의미 있

'휴먼 12계명' – 자연스럽게 나이대로 늙어가는 사람들
- 중요한 일과 중요하지 않은 일 구별하기
- 이 일이 의미 있는 일인지 옳은 일인지 생각하기
- 해야 할 일과 하지 말아야 할 일 구별하기
- 질투하지 않기
- 나와 남의 다름을 인정하기
- 말을 줄이고 잘 보기
- 걱정하지 않기
- 한결같은 태도 지니기
- 누구에게나 친절하기
- 미워하지 않기
- 몸과 마음 분리하기
- 죽음을 두려워하지 않기

게 살아간다. 이러한 노인의 삶은 하나님 안에서 재창조가 일어나는 것이다. 오히려 젊은 시절의 고통과 상처도 새롭게 정의될 수 있다. 고난의 씨앗을 심어 나무가 되게 만드는 사람이다. 누구든지 쉬어갈 수 있는 나무 말이다.

얼마 전 필자는 경북 영동군 추풍령면에 있는 황금교회를 방문했다. 거기서 600년이 훨씬 넘은 은행나무 한 그루를 만날 수 있었다. 그 나무는 600년의 고령의 나이에도 불구하고 기품이 당당했다. 600년의 세월을 살아낸 그 나무는 올해 역시 풍성한 열매를 맺고 있었다. 뿐만 아니라 그 나무는 쉼이 필요한 이들에게 그늘이 되어 주고, 어린이들의 놀이터가 되어 주며, 나그네의 고향이 되어 주었다.

그렇다. 성숙한 노인은 잘 자란 오래 된 나무와 같다. 자신의 그늘과 열매로 후손들에게 쉼터가 되고 즐거움을 안겨 주며, 미래를 꿈꾸게 한다. 노인의 역사 속에는 과거, 현재, 미래가 함께 공존한다. 그러므로 노인이라 할지라도 마지막 순간까지 그의 삶은 소중하며, 각자의 인생에서 주인공인 것이다.

그리스도인들은 노년이 될수록 자신의 삶 속에서 하나님과 함께 호흡하고 하나님과 함께 동행해야 한다. 하나님과의 친밀한 관계를 형성한 노인은 깊은 영성을 소유한 사람으로서 성공적인 노화를 이룬 사람이다.

이와 관련해 종교성과 영성이 성공적인 노화와 어떤 관계가 있는 것인지에 대해 노인들을 대상으로 조사했다. 그 결과 종교성과 성공적인 노화와의 관계에서 종교성이 높을수록 성공적인 노화를 이룰 수 있는 것으로 나타났다. 반면 영성과 종교성이 낮을수록 성공적인 노화를 이루었다고 응답한 비율은 매우 낮게 나타났다. 특히 종교성과 영성이 높게 나타난 노인들은 삶의 의미를 신앙에 두고 있었다는 사실을 발견했다. 따라서 그와 같은 노인들 역시 성공적인 노화를 이루었다고 응답한 비율이 높게 나타났다.

영성과 죽음의 두려움과의 관계에 대해서도 '영성이 깊을수록 죽음에 대한 두려움이 없다'고 응답한 노인들이 전체의 62.2%로 높게 나타났다. 조사 결과 종교성과 영성, 죽음의 두려움은 성공적인 노화와 아주 밀접한 관계가 있음이 밝혀졌다. 이는 곧 성숙한 신앙을 가진 노인들이 과거의 고통이라는 가시조차도 아름다운 꽃으로 만든다는 사실을 보여 준다. 그들은 자신이 누리는 기쁨을 타인과 함께 나누길 소망한다.

결과적으로 노인들에게 종교성과 깊은 영성은 하나님 나라를 꿈꾸게 한다. 그리고 삶의 열정을 식지 않게 만든다. 하나님 안에서 새로 태어나기 때문에 육신은 쇠약하나 영적으로 젊음을 누리기 때문이다. 이로 인해 누리는 행복은 돈이나 명예로도 계산할 수 없다. 그리고 이것은 노인들에게 영적 평정을 안겨 주고, 두려움을 이길 수 있는 원동력이 된다.

또한 이와 같은 노인들은 젊은이들의 인생에 이상적인 모델이 될 것이다. 이것이 곧 영적 유산이다. 그러므로 신앙과 영성은 후반부 인생을 꾸려 나가는 노인들에게 새로운 아이콘이 된다. 그리고 노년의 삶을 낭비하지 않기 위해 길을 묻는 이에게 이정표가 될 것이다.

노인들은 자녀에게 당신의 영적 이야기를 들려주라. "나는 나의 인생의 '십의 일'을 이 세상에 다시 돌려주기 위해 살고 있다"고, 품격 있게 말해야 한다. 멋진 노년을 보내는 것은 특별한 하나님의 은총이고 축복이다.

2. 은빛사회의 출현

21세기 초반부터 서구 사회에서는 전에 경험하지 못한 노년에 대한 문제에 직면하고 있다.[1] 거의 인생의 절반인 퇴직 후의 시간은 잘 사용하면 많은 것들을 이룰 수 있다. 그렇다면 노인들은 이 시간을 어떻게 보낼까? 장기간 여행을 하고, 다양한 취미활동을 하는 사람도 있다. 그 다음엔 무엇을 할 것인가? 모든 것을 다하고 나서 반성하고 후회하는 시간을 가질 것인가? 이러한 시간들은 어떤 의미를 가지고 있는가? 또 아무것도 남겨진 것이 없을 때 '인생의 끝은 어떻게 마무리할 것인가?' 하는 여러 가지 의문에 이르게 된다.[2]

현대사회처럼 노인들에 대하여 이처럼 관심을 표명하는 시기는 없었다. 노년을 향한 현대의 관심은 모든 분야에 걸쳐 나타나고 있다. 노인들이 여러 광고나 잡지의 표지에 실리는 것뿐 아니라,

각종 레저산업이 행복하게 나이 들어가려는 노인들의 욕구를 반영하듯이 쏟아져 나오고 있다. 또한 노년기 사람들을 위한 클럽과 대학들도 늘어나면서 '시장의 새로운 표적'으로 등장하고 있다.[3] 따라서 그에 대한 많은 연구가 끊임없이 제기되고 있다.

그러나 노년이란 불안과 나약함을 나타내는 단어이며, 우리를 가장 전율케 하는 용어이기도 하다. 인간은 태어나면서 늙기 시작한다. 이것은 인간 성장의 마지막 단계이기도 하다. 노인들은 늙었다는 것을 인정하기를 원치 않는다. 여전히 젊음을 유지하려고 시도한다. 의학 역시 노화의 원인을 찾고 이를 지연시키는 방법을 찾으려고 노력하지만, 신이 주신 자연의 운명 앞에 한계를 드러낸다. 의학은 병리적 증상을 말하는 정도이며, 병의 영역만 분리하는 데 그치고 있다.

전세계는 노령화되어가고 있다. 이것은 갈수록 장수한다는 사실을 의미한다.[4] 이에 따라 노인들은 건강한 노화를 위해 웰빙Well-being으로 신체, 정신, 영적인 차원의 노력을 하고 있다.

노인의 특수한 문제에 사회심리학자의 관심이 집중되고 있으며, 경제학자들은 은퇴자의 비중 증가와 노인 치료서비스 등의 경제적 비용에 대한 연구를 하고 있다. 따라서 이러한 것들은 사회의 부담으로 작용하고 있다. 가족관계 역시 핵가족화되면서 전통적인 가족의 의미와 가족의 기능이 근본적으로 달라지는 추세에 있어 노인 부양의 부담이 가족과 개인의 문제에서 시작해 광범위한 사회 현상으로 대두되고 있다.

국가들 역시 프랑스가 보여 주었던 거꾸로 뒤집힌 모양의 연령 피라미드 앞에서 심각한 시름에 잠겨 있다. 이처럼 백발이 쇄도하는 은빛 왕국의 도래는 우리 역사의 창조물이라고 할 수 있다. 시대에 따라 노년의 사회적 위상은 달라지고 노인 자체가 변화하고 있다. 노인들은 다양한 형태의 서비스와 그들만을 위한 문화를 요구하고 있다.

언제쯤 노인이라고 할 것인가?

노년 연령을 규정하는 일은 고령화 사회에서 가장 큰 문제 가운데 하나다. 노인을 규정하는 일은 시대마다 다르게 정의되어 왔다. 서구사회에서 노인이라고 할 수 있는 일반적인 나이는 노인연금을 받을 무렵인 65세 정도다.[5] 이렇게 노인을 65세로 규정한 것은 19세기 독일의 비스마르크다. 그 시대부터 유럽은 65세를 노인으로 보았다. 이때는 소수의 사람들만이 이 나이까지 살았다. 그러나 50세 이상의 영국인 1천 명을 대상으로 실시한 설문조사에 따르면 영국인들은 70세가 되기 전까지 자신을 노인으로 인식하지 않는 것으로 나타났다. 점점 노인에 대한 우리 사회의 인식이 달라지고 있다.

노인이란 늙은이older person, 또는 시니어senior, 나이 많은 자aged, 후기 성인later adult, 연장자elderly란 용어를 사용하고 있다.[6] 노인의 나이를 규정하는 데 있어서 세 가지 방법으로 분류한다.

젊은 노인young-old은 65-74세, 중노인old-old은 75-84세, 고령

화 노인oldest-old은 85세 이상으로 분류한다. 이것은 1990년도에 유럽에서 주로 사용한 노인을 정의하는 유용한 방법이었다. 이것은 수명에 따른 분류였으며, 시기별로 노인의 기능도 달라진다. 예를 들어 젊은 노인young-old은 기능면에서 중년층과 비슷한 삶을 산다. 어떤 사람은 50대에 늙었다고 하고, 어떤 사람은 80대인데도 젊었다고 한다. 대체로 고령화 노인oldest-old은 건강관리에 다양한 치료 서비스가 필요하다.

최근에 많이 사용되는 분류는 나이를 3-4단계로 나눈다. 세 번째에 속하는 서드 에이지는 나이는 들었지만, 혼자서 독립해서 살 수 있는 나이이다. 네 번째 나이에 속하는 포스 에이지는 더 나이 들고 연약해져서 혼자서 살아갈 수 없는 사람들이다. 이와 같은 것은 기능에 따른 분류다. 수명의 마지막 단계의 의학적 분류보다는 기능적인 능력이 더 중요하게 된 것이다.

다른 한 측면으로는 내면적인(정신적인 나이) 나이로 분류할 수 있다. '늙다'라는 말의 어원은 "자라다, 위로 당기다, 영양을 공급하다"라는 뜻의 동사다. 아직 새파랗게 젊었는데도 마음이 굳고 뻣뻣하게 되어 버린 사람이 있는가

파블로 카잘스

20세기 첼로 연주의 거장인 파블로 카잘스. 그는 연주 실력도 뛰어나지만 은퇴하지 않고 한평생 첼로를 연주한 것으로 유명하다. 한 기자가 그에게 물었다. "지금 당신은 95세이고 세상에서 가장 위대한 첼리스트로 인정받고 있습니다. 그런데 아직도 하루 6시간씩 연습하는 이유는 무엇입니까?" 그는 이렇게 대답했다. "왜냐하면 내 연주 실력이 아직도 조금씩 향상되고 있기 때문이오."

하면, 겉사람은 늙고 볼품이 없으나 내면의 사람은 활기차고 매사에 유연하며, 이상을 포기하지 않고 긍정적인 마인드를 가지고 살아가는 사람이 있다.

후자의 사람은 노인이지만 내적인 젊음을 유지하는 사람이다. 그들은 세상에 대하여 열린 마음을 가지고 있으며, 내면에 생기가 있고 깨어 있는 사람이다. 이러한 노인은 80세가 되어도 젊게 살며, 끊임없이 자라가는 사람이라고 할 수 있다. 따라서 이것들 중 어느 것에 가치를 두느냐에 따라 개인이나 사회가 연령층을 분류하는 방법도 달라질 수 있다. 2100년에는 노인의 정의가 백 살이 넘는 사람이 될 수 있다는 것이다.[7]

그러면 어떻게 노년의 나이를 규정할 것인가? 노년의 기준만큼이나 유동적인 것은 없다. 신체적, 심리적, 사회적 요소가 복잡하게 작용한다. 과연 언제 늙었다고 할 것인가? 50세, 65세, 70세인가? 동맥의 나이, 뇌의 나이, 심장의 나이, 도덕적 나이가 존재하는가? 아니면 노년의 나이를 사회, 경제적 활동을 제약하는 은퇴의 시기로 볼 것인가? 만약 노인이 현재 직장을 가지고 활발히 활동하고 있다면 노인이라고 할 수 있는가?

요즘 사람들은 더 건강해지고 더 빨리 퇴직한다. 55세 혹은 65세에 일을 마치고 삶을 즐기기 시작한다. 많은 사람들은 그 시기를 55세 정도로 기대하고 있다. 그들은 30년 또는 그 이상의 삶을 사는 것으로 본다. 그러므로 노인은 우리 사회 속에서 가장 가까이 만나고 느낄 수 있는 사람들이 되어가고 있다.

세계는 노화되어가고 있다

우리는 젊음을 유지하기 위해 노력하는 시대에 살고 있다. 이와 같은 사람은 힘이 있고 젊어 보여야만 사회로부터 인정받고 가치 있다고 생각한다. 그러나 노화는 계속 일어나고 있기에 변화하지 않는 사람은 없다. '계절마다 각기 고유한 아름다움'[8]이 있는 것처럼 노년만의 아름다움이 있다. 노년은 삶의 신비를 우리에게 보여 주는 성장 과정인 것이다.[9] 노년의 시기를 제3의 시기, 또는 실버세대라고도 표현한다. 현대 사회는 여러 가지 문화양식 구조 안에서 급격하게 변화하고 있다. 노인들은 가족구조와 생활양식의 변화로 인해 소외계층으로 전락하고 있다.

그에 따른 생활수준의 향상, 보건의료 서비스의 개선, 신생아 출산율의 감소, 사망률이 줄어들면서 수명 연장의 혜택을 받게 되었다. 이에 따라 비례적으로 노인 인구의 급성장을 맞이하게 되었다. 우리나라의 경우 노인 인구는 2000년에는 65세 이상 인구가 7.2%에 이르러 고령화 사회aging society로 진입했다.[10] 2007년에는 65세 이상 인구가 4,810천 명으로 총 인구의 9.9%를 차지하며, 2018년에는 노인 인구 14.3%로 고령 사회로 진입하게 된다. 그리고 2026년에는 20.8%가 되어 초고령super-aging society 사회가 될 예정이다.[11]

21세기에 접어들면서 서방 세계에서도 고령화 문제가 제기되고 있다. 미국에서는 20세기 무렵에 65세 이상의 노인 인구가 4%에 지나지 않았다. 그러나 오늘날에는 그 비율이 13%로 증가하고 있다. 인구의 70% 이상이 일반적인 정년인 65세까지 생존한다는

것이다.[12]

또한 프랑스의 노인 인구 비율은 1950년에는 전체 인구의 11.4%가 65세였다. 1975년에는 13.4%, 2000년도에는 노인 인구가 14.5%에 이르렀으며, 2025년에는 18.5%에 이를 것으로 보고 있다.[13]

이렇게 서구 사회나 우리나라에서는 전에 없던 노인 문제에 직면하면서 노인 부양비와 사회 보장비의 증가가 사회적 부담으로 작용하고 있다. 노인 인구의 증가로 말미암아 노인에 대한 관심과 연구가 윤리와 도덕의 차원에서 이제는 인문, 사회, 자연과학의 차원에 이르기까지 범위가 확대되고 있다. 그러므로 개인도, 국가도, 세계도 흐르는 역사의 수레바퀴 속에서 거친 숨을 내쉬며 걸어가는 노인과 같다. 과거 속에서 현재를 보고 미래를 꿈꾸듯, 노인 속에 우리 미래 사회가 있는 것이다.

노인이 우리 곁에 없다면 우리는 우리 자신이 늙어간다는 것을 깨닫지 못할 것이다. 우리는 노인 속에서 미래의 모습을 볼 수 있어야 할 것이다. '늙음'은 우리 모두가 함께 나누며 경험하는 삶의 과정이다. 우리는 미래의 세계가 노령화될 것이라는 사실을 알고 있다. 이러한 현실 속에서 젊음을 모방하거나 젊음의 미학을 좇는 것이 아니라, 희망을 찾고 난관을 극복하며 아름다운 인생을 가꾸어 나가는 지혜로운 사람들이 진정 젊음을 소유한 사람일 것이다. 그러한 사람들이 함께 살아가는 사회 역시 내적 젊음이 넘치는 세상이 될 것이다.

최고의 성형, 마음의 주름살을 제거하라

인간은 모두 다 '늙음'을 경험하지만, 모두 다르게 늙어간다. 그 진행 속도는 천차만별이며 사회적 상황이나 생활양식, 문화적 환경 또는 생물학적, 신체적 변화에 따라 매우 다양한 형태로 노년에 접어들게 된다. 늙는다는 것은 곧 생물학적인 현상 중 하나다. 즉 시각 굴절의 한계는 10세부터 찾아올 수 있으며, 자연적인 기억력의 한계는 12세부터 약해진다. 남자의 성적인 능력은 16세 이후로 감퇴하기도 한다. 이와 같은 신체적 능력의 감소는 20세 이후, 특히 30세 이후에 일어나고 퇴화가 시작된다.

노화를 비껴 갈 수 있는 사람은 아무도 없다. 그러므로 내가 늙었다는 사실, 기력이 예전만 못하다는 사실을 인정하는 것이 필요하다. 그러므로 자신이 잘할 수 있는 것을 찾아서 하고, 긍정적인 마인드로 마음의 주름살을 제거하는 것이 최고의 성형이다.

1) 몸의 신호를 듣고 감각을 익히라

노년기의 외모와 활력, 유연성, 민감성, 성적 기능은 노년기의 삶을 제한시키며 삶의 질 자체를 떨어뜨린다. 노년기의 신체적 특성은 다음과 같다. 첫째, 감각기능의 퇴화를 볼 수 있다. 즉 시각 기능의 저하와 소리의 높고 낮음에 대해 구별하는 청각기능의 쇠퇴가 나타난다. 치아의 상실이나 미각기능의 쇠퇴로 영양 섭취에 위협을 느끼기도 한다. 둘째, 호흡기능의 문제로 호흡기 질환에 걸릴 가능성이 높아지며, 심장 기능의 저하로 관련된 질병에 노출되기 쉽다. 셋째, 노년에는 깊은 잠을 잘 수 없는 수면 부족 현상이 일어나며, 자극에 대한 반응 속도 등의 저하 현상이 나타난다.

이와 같은 신체적인 기능 쇠퇴는 모든 사람이 겪어야 하는 인생의 보편적인 짐들이다. 노년이 되면 신체의 모든 부분은 낡고 우리의 외모 역시 자연과 함께 저물어갈 수밖에 없다. 그러나 고령에도 불구하고 건강을 유지하며 등반할 정도로 정정한 사람도 있다. 그러한 사람은 건강을 하늘이 준 선물임을 알고 감사해야 하며, 그역시 매순간 사라질 수 있다는 사실을 알아야 한다. 그러므로 노년에는 자신의 몸의 신호를 듣고 몸에 대한 감각을 익힐 수 있는 기회로 삼는 것이 최고의 운동이다.

2) 노년기에도 젊음의 내적 가치를 발견하라

노화는 심리적 측면인 정신 기능(지적 능력, 기억력)과 성격 특성 등의 변화를 초래한다.

첫째, 지적 능력은 '새로운 것을 학습하는 능력'이나 환경에 적응할 수 있는 인지적 능력을 말한다.[14] 지적 능력은 어떤 측면에서 볼때 퇴보된다고 볼 수 있다. 하지만 연령 변화에 따라 오히려 증가하는 지능의 측면도 나타나고 있다. 그러므로 노년기에도 지적 능력은 발전할 수 있으며, 개발 여하에 따라 지적 삶을 영위할 수 있다.

둘째, 기억은 외부에서 들어온 정보를 기록하고 저장했다가 다시 회상해 내는 능력을 말한다. 노화에 따라 최근의 기억상실이 과거의 기억상실보다 더 많이 일어난다. 또한 논리적인 기억능력이 크게 감퇴되고, 본 것을 기억하는 것보다 들은 것에 대한 기억력이 더 좋은 편이다.[15] 기억 능력의 변화는 노년기의 중요한 주제다.

셋째, 성격 특성을 볼 수 있다. 사람은 일생의 과정을 통해 새로운 사회적 역할과 경험을 하면서 그 사람의 습관적인 반응 양태를 변화시킨다. 이에 따라서 성격 특성도 변화한다.[16] 그러므로 노년기에 신체적 힘의 약화와 함께 능력 저하, 은퇴로 인한 위축과 무기력, 또한 상실감은 노년기의 성격 특성에 지대한 영향을 미친다. 노년기에 나타나는 성격 특성으로 우울증적 경향이 제일 먼저 나타난다.

노년이 되면 어떤 문제에 직면해서 적용하는 방식이 능동적이지 않고 매우 수동적이 되며, 방임적이고 신비롭고 막연한 것을 기대하는 경향이 있다. 이와 같이 노년기에는 내향성 및 수동성과 경직성이 증가한다. 또한 자신감이 감퇴하고 조심성이 크게 증가하며, 죽음이 가까웠음을 지각할수록 생에 대한 회상의 경향이 나타난다. 이에 따라서 친근한 사물에 대한 애착심과 앞으로 살아갈 날이 점점 짧아짐을 느끼면서 시간 전망의 변화 등이 나타난다. 또한 유산을 남기려는 경향과 함께 경제적, 신체적, 정신적, 사회적, 심리적으로 의존하려는 의존성이 증가한다.[17]

노년은 이렇게 모든 외적인 요소들이 변화한다. 인생은 유아기, 아동기, 청소년기, 장년기, 노년기로 나눌 수 있는데, 삶의 각 단계마다 아름다움이 있다. 따라서 노년은 새로운 즐거움이 시작되는 나이로 바꾸는 지혜가 필요하다. 노년이 되면 삶의 경쟁에서 자유로울 수 있으며, 일상생활에서 겪는 스트레스도 훨씬 줄어든다. 오히려 노년의 행복지수가 중년 때보다 높다는 보고가 있다. 그러므로 나이에 연연하지 않고 죽는 날까지 보람된 인생을 살기 위해 노력해야 한다.

안토니오 스트라디바리(이탈리아 현악기의 장인)는 90세에 세계에서 가장 유명한 바이올린을 제작했다. 음악가 베르디는 80세에 팔르타프라는 오페라를 완성했다.[18] 노년기에 고통이 더 커지고 어려움은 심화될 수 있으나, 한편 노년기에도 성장은 계속되고 있는 것을 명심해야 한다. 젊음은 인생의 한 시기만을 이르는 말이 아니므로 노년기에도 젊음의 내적 가치를 발견하고 새로운 변화에 대한 적응과 인식이 필요하다.

3) 사회 속의 노인, 해가 갈수록 당당하게

노인들은 다른 사람들과 상호 작용하는 사회적 존재이지만, 노인의 사회화는 어려움이 많고 불안정한 상태다. 그 이유는 다음과 같다.

첫째, 은퇴 후에 오는 직업 상실과 함께 사회적 상실은 사회나 가족에서의 역할 변화를 가져오며, 이로 인한 고독, 소외감, 죽음의 공포에 이르기까지 정신적, 심리적인 문제를 동반한다.

둘째, 산업화의 영향으로 새로운 지식과 고도의 생산성, 기술을 요구하는 정보화 사회에서 젊은 세대에 비해 불리한 위치에 있는 그들은 현실에서 사회적으로 소외당하는 것뿐 아니라 역할 상실의 고통을 겪고 있다.

셋째, 현대 노인들은 평균 수명이 연장되면서 은퇴 후 20년, 30년 혹은 그 이상, 남아 도는 예상치 못한 세월에 대해 무엇을 하며 보내야 하는지에 대해 고민하고 있다. 의학의 발달로 모든 질병을 정복한다면 우리의 기대 수명은 80에서 15년 정도 연장될 것이라 한다. 그에 따라 노인 여가 문제가 크게 대두되면서 서방 사회에서는 노년사회학이 크게 발달하고 있다. 그러므로 노인의 사회적 발달과업으로 제시되고 있는 것은 가정과 직장에서 일의 책임과 위임, 가정과 사회 속에서의 어른 역할 수행, 자손들과의 원만한 관계유지, 노인들과의 친교 유지 등을 들고 있다.[19]

노년기는 일이 전부가 되어서는 안 된다. 가정과 사회, 여가나 취미 생활의 역할이 다른 것처럼 여러 가지 역할 가운데 하나가 사라져도 적응할 수 있는 지혜가 필요하다. 노년기에 사회생활에 잘 적응하기 위해서는 자신을 드러낼 기회를 만들며, 가정과 사회 안에서 전적인 융화가 필요하다. 요즘 노인들은 사회활동을 활발하게 하면서 종교생활과 봉사활동 등으로 스트레스를 해소하고 자존감을 높이고 있다. 또한 가족과의 활동도 즐기고 있다.

미국의 한 설문조사에 따르면 '65세 이상의 응답자 10명 중 7명이 가족과 함께 보내는 시간이 많아졌다'고 한다. 그중 10명 중 6명이 젊었을 때보다 스트레스 받는 것이 줄어들었다고 한다. 그러므로 노년의 아름다움은 용모에 있는 것이 아니고 흐트러짐 없는 생활 자세와 초월적 신앙, 사랑, 그리고 당당함에 있다.

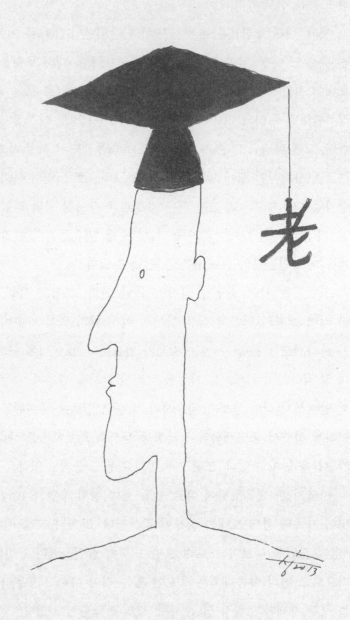

2장

성숙한 노년, 고품격 스펙

활기찬 삶, 어려움을 극복하고 성공적인 장수의 삶을 산 노인들이 있다. 키케로는 62세에 『노년에 관하여』를 썼다. 괴테는 80세에 바이마르에서 『파우스트』를 완성했고, 데오프라스투스는 90세에 인간의 특성을 쓰기 시작했다.[20] 뿐만 아니라 교회사에 빛나는 노장의 성인들도 있고, 성경인물 중에 노인 거장들도 있다.

조지 베일런트 교수는 하버드 졸업생 106명을 중심으로 한 연구에서 신체적, 정신적으로 건강한 노화를 예견하는 일곱 가지 행복의 조건을 다음과 같이 내놓았다. "고통에 대응하는 성숙한 방어기제, 교육, 금연, 금주, 운동, 알맞은 체중, 안정된 결혼생활"이라고 말했다. 이 중에 5~6가지 조건을 갖춘 하버드 대학 졸업생 중 절반은 80세에도 행복하고 건강한 상태에 이른다고 보았다. 반면 세 가지 미만의 조건을 갖춘 사람은 80세 이전의 사망률이 네 가지 조건을 갖춘 사람보다 세 배나 높았다고 보고했다.

위의 조건에 더하여 다른 한 가지는 인간관계의 힘으로서 성공적인 노화를 결정짓는 것은 지식과 계급이 아닌 사회적인 관계라는 것이다. 또 하나는 믿음과 영성이 강한 사람이라고 말하고 있다.[21] 이러한 것들은 어떻게 대처하고 적응하느냐에 따라, 그리고 어떻게 잘 이끌어 나가느냐에 따라 달라질 수 있다.

그러므로 건강한 노년에 이르는 길은 다양하다. 누구든지 성공적인 노화를 이루기를 원한다. 그러나 '성공적인 노화가 무엇이다'라고 정의하기는 매우 어렵고 그 범위는 광범위하다. 어떤 기준과 종교를 가지고 있느냐에 따라 그 정의도 달라질 수 있으며 추구하는 영성에 따라서도 달라질 수 있기 때문이다.

그러므로 본 장에서는 영적 여정을 통한 영적 성숙으로 노화라는 큰 그림 안에서 성공적인 노년을 산 교회사의 역할 모델과 현대 노인들의 사례를 살펴보았다. 또한 9-12장에서는 성공적인 노년의 기술로 삶의 의미 찾기와 가치 발견을 추구하는 노년기 영성생활 프로그램을 제시할 것이다. 노년의 영성생활은 스펙을 쌓아가는 것과 같다. 죽음조차도 부활의 은혜로 바꾸는 고품격의 스펙이다. 이것은 영적 삶을 의미하는 것으로 성공적인 노화를 이루는 해법 같은 것이다.

1. 성공적인 노화란?

"건강한 노화, 성공적인 노화의 정의가 무엇이라 생각하는가?"에 대한 설문조사에서 사람들은 다음과 같이 응답했다. '자녀의 성공과 믿음생활, 하나님과의 깊은 관계, 가족관계, 사회적 활동, 명예와 부, 높은 학벌과 지식 등….'

여기에서 자녀의 성공과 믿음생활의 비율이 가장 높게 나타난 것은 한국적인 정서가 많이 반영되어 있다고 볼 수 있다. 자녀에 대한 한국 부모의 높은 기대치에서 비롯된 것이다.

무엇보다 그리스도인들에게 성공적인 노화를 이루는 조건 중 핵심이 되는 것은 그들과 하나님과의 깊은 영적 관계로 나타났다. 하나님과의 깊은 영적 관계는 영성을 증가시키기 때문이다.

그렇다면 그리스도인들에게 성공적인 노화란 무엇을 의미할까? 여기서 필자는 영적 성공이라는 범주 안에서 노년기의 영성을 이끌어 냈다. 그리스도인들은 하나님의 사랑 안에서 예수 그리스도를 만나고 난 후 영적 성숙으로 나아가야 하기 때문이다.

노년기는 이 세상에서

노년기에 이룬 업적들

역사적인 통계도 노년기의 뚜렷한 업적을 증명하고 있다. 썬샤인 잡지에 이런 놀라운 보고가 실렸다. 과학자들은 30대 초반이었을 때보다 60대가 되었을 때 두 배나 많은 논문을 발표했다. 세계 역사상 최대 업적의 35%는 60세부터 70세 노인들에 의해 이루어졌고, 23%는 70~80세 노인, 그리고 6%는 80대에 의해 성취되었다는 것이다. 결국 역사적 업적의 약 64%가 60세 이상의 사람들에 의해 성취되었다는 것이다.

마지막 과정이지만, 전체를 보면 새로운 탄생을 향해서 가는 영적 여정의 길이다. 우리는 언제나 과정 속에서 산다. 이 과정 속에서 영적 성공을 위한 건강한 노년은 새로운 생명의 세계에 도달할 때까지 성장과 성숙을 향해 가는 것이다. 성공적인 노화는 영적 성숙과 연결되어 있다.[22]

그리스도인들에게 영적 성숙으로서의 성공적인 노화는 깊은 영성을 가지고 있는 사람들에게서 찾아볼 수 있다. 그들은 행복의 조건에 대해서 초월적인 하나님과의 깊은 교제를 중요시한다. 그리고 '나이 듦'이 진정한 자유로움과 지혜라는 새로운 학문을 발견한다. 이것은 감사와 기쁨의 긍정적인 원천이 된다. 그러므로 영적 성숙으로 가는 여정은 하나님과의 관계를 건강하게 만들고, 나아가 사회적 관계를 완숙으로 이끈다. 때문에 성숙한 노년은 노화라는 피할 수 없는 위기를 잘 극복해 나가면서 끊임없이 새로운 삶을 일구어 나가는 것이라 할 수 있다.

비록 연약한 노인이라 할지라도 인생의 기나긴 영적 여정 속에서 발달된 영성은 고통을 성숙한 자세로 받아들이고 하나님의 인도하심을 따라 살아가는 것이다. 이와 같은 노년은 하나님 안에서 형상이 회복된 심령으로 그 사랑 안에서 절망과 무의미, 허무와 같은 죄악의 껍데기를 벗어 버린다. 그리고 노년의 행복한 삶을 위해서 인생의 목적과 가치를 바르게 세워 나가는 것이다.

영적 성숙으로 노년기를 건강하게 보낸 사람들

다음에서 두 노인의 사례를 살펴보았다. 각각 독특한 여정을 가지고 있었다. 먼저 고통 가운데 하나님과의 깊은 관계로 초월적인 영성을 소유한 노인의 사례를 소개한다. 그리고 목회자로서의 삶을 살아온 한 노인을 소개하고자 한다. 그는 고령의 나이에도 끝까지 사명을 위해 헌신하며 영적, 육적 건강을 유지하고 있다.

사례1

78세의 여성노인으로서 직분은 교회 권사다. 그녀는 91세의 치매 남편과 함께 생활하고 있다. 자녀는 모두 출가했고 단 둘이 산다. 그녀의 한 쪽 다리는 관절로 인해 지팡이를 의지해서 걷는다. 그녀는 비가 오거나 날씨가 좋지 않으면 혼자서 교회에 출석하기가 어려운 실정이다. 또 그녀는 유방암을 앓고 있다. 생활은 빈곤해서 자주 주변 사람들의 도움에 의존하고 있다. 병과 어려운 생활로 인한 고통, 치매 남편 때문에 밤잠을 설치기 일쑤지만 그녀는 예배를 사모한다. 늦은 시간이라도 걸어서 기도모임에 참석한다. 그녀는 최소한의 돈으로 약물치료를 하지만 병의 고통도 주님께 맡겼다고 항상 말한다. "저는 지금 죽어도 좋아요. 천국이 있으니까요. 병의 고통도 아버지께서 알아서 해주실 거예요." 그녀는 두려움도 없고 근심도 없다. 모든 것을 수용하고 감사하는 듯했다.

84세의 노인 목사로서 대구에서 활발히 활동하고 있다. 목회 경력이 40년 이상 되었다. 사역에서 은퇴한 지금도 그는 여전히 사역하고 있다. 현재 세 곳에서 병원 원목을 맡고 있으며(300명), 항상 환자들을 심방하고 기도해 주고 있다. 또 구미에 있는 대형 교회의 노인 파트를 담당하고 있다.

지금도 여전히 사역에 열정을 가지고 일하는 것을 보면 나이는 숫자에 불과하다는 말이 실감난다. 그는 손수 운전을 하고 있으며 시간이 나는 대로 기도원에 올라가 집회를 인도하고 홀로 기도한다고 했다. 뿐만 아니라 새벽예배 후에 매일 만보 걷기 운동으로 몸을 단련하여 건강을 유지한다고 했다.

"나는 매일 일에 바빠요. 환자들을 위한 기도와 노인대학 성도들을 심방해요. 젊어서 목회를 할 때처럼 바쁘고 보람되게 보낸답니다. 지금 이 시간이 얼마나 소중한지 몰라요." 그는 여전히 일이 즐겁고 건강하다고 말했다.

그리고 자신의 마지막 사명을 위해서 하나님께서 더 오래 살게 하셨다고 고백했다. "이제 우리가 무엇을 바라보고 살겠어요. 오직 하늘나라만 소망하고 살지요. 그리고 매일 회개합니다. 저는 이제 주어진 시간을 매일매일 주님 만날 날을 준비하며 정결케 되기를 기도하고 오직 봉사하는 일에 최선을 다합니다. 그것이 나의 최고의 의미이고 가치입니다."

노인 목사는 항상 자신에게 솔직했고, 하나님에 대한 열정이 넘치고 있었다. 그는 자신의 삶을 감사했고 즐거워했다. 그리고 사는 날 동안 사람들에게 봉사해야 한다는 사명감을 가지고 있었다.

위의 두 사례를 보면 성공적인 노화는 각자 다르게 정의될 수 있다. 그러나 사례1의 경우처럼 영적 여정을 가는 노인은 연약할지라도 성공적인 노화가 가능하다는 것을 알 수 있다. 또 사례2의 노인 목사처럼 영적 성공을 이룬 빛나는 삶을 볼 수 있다. 그는 여전히 건강하고 오로지 하나님께 대한 열정이 식지 않는 노인 목회자로서 누구든지 부러워할 만한 모델 중 하나였다.

노인의 역할 모델

영성의 대가, 안토니: 105세의 고령으로 살았던 안토니는 삶 전반을 통해서 성공적인 노화를 이룬 사람이다. 그는 마귀와의 투쟁으로 한평생을 수도하며 살았다. 그의 인생 여정은 비록 세상 속에서 화려한 업적을 자랑할 수 없을지라도 청빈하게 살았으며, 정결한 영혼을 가지고 있었다. 그리고 무엇보다도 그는 고령의 나이에도 건강한 노년의 삶을 살았다.

안토니의 영성 생활과 영적 삶은 현대를 사는 노인들에게 성공적인 노년기의 영적 삶이 무엇인가를 보여 주고, 아울러 건강한 영혼이 무엇인지 깨닫게 한다.

탁월한 신학자, 어거스틴: 76세를 산 어거스틴 역시 회심을 체험한 이후 로마의 고난과 재난 속에서 민중의 지팡이 역할을 했다. 그의 탁월한 작품들 속에서 신학의 정수를 찾아 볼 수 있다. 그리고 일생을 바친 수도원의 삶 속에서 그가 남긴 발자취는 아직도 현대인들의 가슴 속에 잔잔하게 흐르고 있다.

성공적인 노년과 성공적이지 못한 노년의 차이

노년에 비참해질 수도 있고 즐거워질 수도 있다.
그러나 한 가지 분명한 것은 긍정적으로 늙어간다면
변화나 질병, 갈등 상황에 부딪히더라도
얼마든지 적극적으로 헤쳐 나갈 수 있다.

죽기 전 마지막 의식이 남아 있는 순간까지
얼굴에 향수 어린 미소를 가득 머금는 사람이 있는가 하면,
숨이 끊어지기 직전까지 매듭짓지 못한 사업에 연연하며
시간을 되돌리려고 사력을 다하는 사람이 있다.
그 두 사람의 차이는 무엇일까?

성공적인 노년과 성공적이지 못한 노년의 차이는
바로 즐거움을 누릴 줄 아는 여유가 있는가 없는가다.
이것이야말로 우리가 살아가면서
잊지 말아야 할 가장 중요한 요소다.
삶은 즐길 필요가 있다!

긍정적으로 늙어간다는 것은 무엇을 말하는 것일까?
사랑하고 일하며
어제까지 알지 못했던 사실을 배우고,
사랑하는 이들과 함께 남은 시간을 소중하게 보내는 것이다.
– 〈행복의 조건〉(조지 베일런트) 중에서

불굴의 개혁자 루터: 루터는 오직 그리스도 안에서 노년까지 전진하면서 개혁교회의 기초를 놓았다. 그는 대학과 교구의 모든 일에도 마지막까지 최선을 다했다. 질병과 과다한 업무, 낙심하며 괴로움을 당한 것 이상으로 노련미와 영적 성숙도는 노년에 더욱 영글어 갔다. 루터는 독일인의 음악에 영향력을 무시할 수 없을 정도로 다양한 부분에 공헌했다. 지칠 줄 모르는 그의 힘과 열정은 노년을 여생이 아니라 새로운 인생으로 바라보게 한다. 그러므로 루터는 인생 후반기에 에너지 넘치는 삶을 살고자 하는 사람들에게 '나이 듦'을 긍정적으로 바라보게 하고 새로운 가치에 눈을 돌리게 한다.

충실한 목회자, 칼빈: 다소 짧은 노년기를 살다 간 칼빈은 눈부신 업적과 활동으로 우리에게 새로운 도전을 준다. 그러나 칼빈의 영적 여정은 그다지 순탄하지만은 않았다. 사랑하는 아내를 잃었고, 제네바에서의 목회활동으로 때로는 고통스러웠다. 칼빈은 평생 온갖 질병으로 인한 규칙적인 절식, 짧은 수면, 그리고 '나그네와 이방인'으로서 고통당하는 순간에도 엄청난 집중력과 열정을 가지고 일인다역의 개혁 사명을 완수한 '성시화의 모델'이었다.[23]

이처럼 칼빈은 자신이 보여 준 영적 삶을 통해서 노년기에도 여전히 은사를 개발하고, 교회 안에서 목회적 사명을 충실히 이행해야 한다는 것을 교훈으로 남겼다. 그리고 하나님을 향한 열정은 노년기라 할지라도 여전히 불타오를 수 있다는 것을 보여 준다. 영적 성숙을 이룬 노인은 병에 걸린다 해도 칼빈처럼 살아갈 수 있으며, 때로는 자신의 한계까지도 감사한다. 또한 고요함과 포기로부터 성숙을 체험하며, 모든 것이 은총임을 배워간다. 그리고 영적 유산을 믿음으로 남기기 위해 애쓰고 수고하는 것이다.

하나님의 동행자, 에녹: 성공적인 노화를 이루는 영적 삶은 평범한 생활 중에 하나님과 동행함으로 이루어질 수 있다. 그 예로 에녹은[24] 65세에 므두셀라를 낳은 후 300년 동안 하나님과 동행하며 자녀를 낳았다. 에녹이 살았던 시대는 역사적으로 어두운 시대였다(창 6:4-6). 그러나 그는 삶으로 세상을 가르쳤다. 그는 단순히 정욕의 예속자가 아니며 유물론자도 아니었다.[25] 특수한 생활이나 영성을 소유한 것도 아니며 금욕주의자나 은둔생활을 한 것은 더욱 아니다. 그는 다른 사람과 마찬가지로 자녀를 낳으며 주어진 일상을 열심히 살아간 사람이다.[26]

에녹은 그의 가정에 충실하며 하나님을 섬기며 하나님과 동행하며 살았다. 에녹은 하나님이 데려가심으로 세상에 있지 아니하였다고 성경은 말하고 있다(창 5:22-24). 에녹은 어떤 기적을 행하지도 않았고, 신비적인 영적 경험을 소유하지도 않았다.

그러나 그는 일상에서 하나님과 함께하는 삶을 통해서 노년 세대에 새로운 교훈을 주었다. 하나님과의 진정한 교제는 한 가족을 부양하며 자녀를 낳는 일과 함께 진행되며,[27] 자신이 있는 자리에서 하나님을 사랑하고 섬기는 것이다. 이렇게 볼 때 성공적인 노화는 큰 공헌이나 업적, 깊은 영성을 소유한 사람에게만 있는 것이 아니다. 비록 연약할지라도 현실의 삶 속에서 하나님의 주권을 의지하며 하나님의 말씀을 따라 순종하며 사는 사람이 성공적인 노화를 이룰 수 있다.

그러므로 진정한 영적 삶은 비록 성과물이나 가진 것이 없더라도 일상의 삶에 만족하고 하나님을 기뻐하며 사는 것이다. 그리고 각자의 삶에서 인생이 일회성으로 초대된 것임을 인식하고 매일의 삶 속에서 하나님의 현존을 실감하는 것이다. 이것은 곧 앞에서 논했던 에릭슨의 '자아 통합'을 이룬 노인이 성숙한 신앙 발달의 경지에 이르는 것을 의미한다. 즉 '영적 통합'을 이루는 것이다. 신앙인에게 노년기는 '영적 통합'을 이루기 위한 내면의 여행이다. 이 여행은 세상에서 가장 긴 영적 여정이다.

따라서 영적 성공으로서의 노화를 이루기 위하여 필수적인 것 중 하나는 노년기에 겪게 되는 상실과 고립의 문제를 파악하는 것이다. 이것은 삶의 의미를 잃게 하고 영적 손실을 가져오기 때문이다.

유명한 역사가 아놀드 토인비 박사는 81세를 맞이하는 날 이런 글을 썼다. "사람이 늙으면서 과거에 붙들려 있으면 불행하다. 또한 미래에 대하여 눈을 뜨지 않으려는 약한 마음도 생긴다. 이것은 모두 후회하는 자세이며, 몸이 죽기 전에 이미 죽은 상태다. 몸이 늙어도 계

펄벅의 노년기 소감

노벨 문학상을 받은 펄벅 여사는 80세를 맞는 생일날 이런 일기를 썼다. "젊다는 것과 늙었다는 것은 나에게 의미 없는 용어다. 나는 언제나 다시 젊어지려고 노력해 왔다. 80년간의 내 생애를 돌이켜 볼 때 10년 전인 70세가 되었을 때 비로소 나의 인생 중 가장 좋은 시기를 맞았다는 확신을 가졌다. 왜냐하면 그때쯤에서야 배울 것을 배웠고 지금부터 정말 잘 살아갈 수 있다는 것을 깨달았기 때문이다."

속 배워야 한다. 미래를 향하여 희망을 가지고 내다보는 용기가 사람을 젊게 만든다."

2. 인생 후반을 의미 있게 보내려면

노인의 상실과 고립

최근 호주와 미국에서 85세 이상 노인들의 자살률이 증가하고 있다. 이것의 중요한 측면은 인생 후반에 발생할 수 있는 삶에 대한 의미의 상실이다. 노인 대다수가 은퇴로 인한 사회적 역할의 상실, 죽음, 건강의 약화, 가족과의 고립, 배우자와의 이별 등을 겪는다. 노인들에게 직업과 역할 손실은 존재감의 상실로 이어진다. 연약한 노인들에게 사회의 지원 범위가 점점 좁아지며, 점차 고립되어가고 있다.

한편 노인 숫자가 점점 늘어나면서 2041년에는 호주에서 치매가 254% 증가할 거라는 예측이 나오고 있다. 나이가 들수록 치매의 발생은 증가한다. 때문에 인간의 기억을 갉아 먹는 이 불청객은 많은 노인들에게 공포의 대상이 되고 있다.[28] 또한 치매뿐 아니라 병으로 인한 고통은 간접적인 관계의 손실을 초래하고 사회적 역할을 제한하기에 노인들이 삶의 의미를 상실하는 원인이 된다.

그리고 노인들에게 큰 고통을 주는 또 하나는 배우자의 사망이다. 그들은 나이가 들면서 서로 의존적이 되며 삶의 동반자로서,

절친한 친구로서 서로 기대기 때문에 서로에게 깊은 애착과 의존성을 갖는다. 어느 연구 결과 원래 독신으로 살아온 노인보다 금슬 좋은 부부가 혼자 남겨졌을 때 수명이 짧아진다는 것이다. 때문에 사별을 겪은 사람은 심리적 충격과 슬픔, 자책을 경험하기 쉽고, 불안과 갈망, 마비, 우울 등 혼란스러운 상태에 빠지게 된다.

이러한 요인들은 영적 상실과 고립을 가져온다. 노인들은 하나님의 형상으로서 창조된 하나님의 자녀라는 정체감보다 오히려 쓸모없게 되었다는 소외감과 인생의 허탈감에 빠지기 쉽다. 이로 인해 삶의 의미를 잃어버리면 또 다른 면에서 새로운 삶에 대한 욕구를 가지게 될 것이다. 그러므로 상실감을 극복하는 방법으로 노인들의 영적 욕구를 알고 신앙을 통해 '자기 효능감'을 심어 주어 다양한 상황에 잘 대처하도록 해야 한다.

노년기의 영적 욕구

노년기의 영적 여정을 통해서 삶의 의미를 발견하기 위한 작업으로 먼저 노년기의 영적 욕구를 파악하는 것이 중요하다. 영적 욕구는 모든 사람의 내면과 관련된 것으로 개인에게 삶의 의미와 목적, 그리고 살아갈 수 있는 힘을 제공한다.

알버트 제이웰Albert Jewell은 노인의 여섯 가지 욕구를 '고립, 자아 긍정, 축하, 확신, 화해, 통합'이라고 말한다.

■ 쉘리Shelly와 피쉬Fish의 영적 욕구

노인들은 인생 여정 후반에 큰 변화에 직면한다. 물질적, 신체적, 사회적 그리고 심리적 욕구는 많은 노인들에게 심각한 문제로 다가온다. 이러한 것들은 정신적 욕구와도 관련되며, 영적 영역으로 연결된다.

삶의 의미와 목적을 위한 욕구: 인생 후반에 때때로 쓸모없음을 느끼며 우울과 절망감을 갖는다. "왜 나야, 왜 하나님은 나를 살도록 내버려두지?" 이런 질문을 하게 된다. 이러한 욕구는 개인의 위엄과 자기 존중을 유지하기 위한 욕구와 가깝게 연결되어 있다.

사랑의 관계를 위한 욕구: 다른 사람과의 관계는 신체적 건강, 정신 건강과도 관련이 있다.

용서에 대한 욕구: 노년기에는 풀리지 않는 죄로 인한 양심의 자책과 심지어 깨진 약속과 사별 등은 다른 종류의 손실과 함께 연결되어 후회스런 감정을 가질 수 있다.

영적 통합을 위한 욕구: 영적 통합은 노년기에 강하게 나타난다. 자신의 존재를 세계적인 우주 안에서 자유롭게 펼 수 있게 도와주며, 완전한 질서 안에서 통합된 인간으로서 살 수 있게 해준다.

손실에 대처하기 위한 욕구: 노년기에는 친구나 배우자의 죽음, 건강의 상실, 경제력의 상실, 공동체에서의 사회적 역할의 손실을 경험한다.

자유로운 질문의 욕구: 노년기에는 하나님에 의해 창조된 우주에서 악의 존재, 아픔, 불구, 사별, 경제적 문제, 가족과 헤어져야 하는 죽음의 문제 등 풀리지 않는 의문에 도달할 때도 있다. 이러한 것들을 질문하고 또 함께 공유할 수 있다.

유연성에 대한 욕구: 노년기는 노인들이 열망하고 추구하는 것과 상관없이 많은 변화가 일어나는 기간이다. 그들이 새로운 상황과 만날 때 변화하는 세계에 적응하든지 그렇지 않든지 간에 실제로는 변화하고 있다. 이러한 상황에 적응하는 유연성은 삶의 만족도를 높이는 재산이 된다.

죽음을 위한 준비 욕구: 죽어가는 환자가 후손들이 평화를 찾도록 도와주는 영적 개입은 인생을 완벽하게는 아닐지라도 즐겁게 살 수 있게 한다.

유용함에 대한 욕구: 이것은 다른 사람을 사랑하고자 하는 욕구와 사랑을 받고자 하는 욕구의 형태다.

감사하고자 하는 욕구: 노인들은 자신의 삶을 돌아보고 행복한 경험, 성취 그리고 좋은 환경을 돌아보면서 균형 잡힌 관점으로 자신을 조명할 때 감사의 조건을 찾을 수 있다.[29]

위의 학자들의 공통점을 살펴보면 다음과 같다.

첫째, 노년이 되면 고립과 상실로 인한 우울증이 오고 손실에 대한 욕구가 나타난다. 둘째, 이러한 것들은 인생에 대한 의문을 만들어내고, 더 나아가 그 의문은 사후 세계에까지 연결된다. 셋째, 노년은 누구나 잘 죽기를 원한다. 이러한 욕구가 용서와 화해까지 연결된다. 넷째, 노년은 하나님 안에서 영적 통합을 소망한다. 자신의 삶을 인정하고 사랑하며, 내면 깊숙이 세상을 향해 열린 청각과 시각으로 모든 것을 관용하기 원한다.

또 다른 관점에서 살펴보면 알버트 제이웰의 경우 노인들은 자신의 모든 성취와 업적에 있어서 축하를 공유하기를 원한다. 거기에 비해 쉘리와 피쉬는 감사하고자 하는 욕구를 말하고 있다. 무엇보다도 이 두 이론 모두 젊은 세대들과 같이 공유할 수 있으며, 가족이라는 관계 속에서 따뜻한 인간관계를 발전시킬 수 있다. 특히 노년의 감사는 긍정적인 삶을 살게 하며 인간관계를 더 밀착시키고 하나님께 영광을 돌릴 수 있게 한다.

그러므로 노인들에게 하나님의 형상의 회복과 자아정체감 형성을 위한 영성교육이 필요하다. 이러한 노인들은 하나님과의 깊은 만남을 통해서 치유를 경험하고, 자신의 존재론적인 가치를 인정하게 된다. 자신이 하나님 안에 있다는 자존감을 갖게 한다는 것이다. 그렇게 될 때 비로소 상실과 고립 그리고 패배로 인한 위기에서 해방될 수 있으며, 진정한 삶의 가치를 발견하게 된다. 이러한 가치는 하나님과의 관계에서 흘러나와 사람과 사회와의 관계까지 온전하게 만든다. 이 관계의 축복은 인생에서 새로운 의미를 발견하게 한다.

3. 관계 속에서 캐내는 인생의 의미

의미 없이 사는 세월은 빈 세월이다. 인간으로서 우리는 늘 일상에서 의미를 추구한다. 의미 없이는 삶에 아무것도 남아 있지 않다고 생각할 정도다. 영적 차원에서 삶의 근본적인 의미는 매우 중요하다. 만약 일을 할 수 없다면, 늙은 뒤 어디에서 의미를 찾을 수 있을까? 노인 세대는 인생에서 그들의 역할을 벗어 버린 뒤 오직 여가를 위한 삶을 살 것인가? 인생 후반에 영적 여정을 향해 가는 노인들에게 인생의 의미는 매우 중요하게 다가온다.

노인들은 "삶의 의미를 어디에 두고 있는가?"라는 질문에 '신앙, 가족관계, 건강, 자신의 일, 풍부와 부, 여가생활 등'의 순으로 대답했다. 이러한 순서의 의미는 그 사람의 중심에 무엇이 놓여 있는지를 알게 한다. 의미의 가장 중요한 원천은 관계에서 온다. 영적 차원에서 삶의 근본적인 의미는 하나님과의 관계 혹은 다른 사람과의 관계로부터 생성된다. 더 나아가 자기 자신과 자연과의 관계까지 포함한다. 관계에서 오는 의미는 노인들에게 영적 건강을 유지하고 영적 여정을 풍부하게 하며 영적 발달에 유익을 준다. 또한 관계는 인생 후반의 연약한 사람들에게는 더 필요한 요소로 작용한다. 이러한 관계는 삶의 이유를 제공하기 때문에 노인들에게는 핵심 의미로 다가온다.

하나님과의 관계가 삶의 원동력

개인은 스스로 궁극적인 삶의 의미를 찾는 임무를 가지고 있다. 그러나 의미는 만드는 것이 아니라 발견되는 것이다. 만약 의미가 사랑하는 사람과의 관계를 통해서 온다면, 사랑하는 사람이 죽을 경우 그 중심 관계를 잃을 것이다. 또 그 의미가 자신의 일에서 온다면, 은퇴나 일에 대한 상실이 올 때 삶의 의미는 무너질 것이다. 그러나 하나님이 인생의 중심에 있다면, 어떤 상실의 관계가 온다고 해도 능히 이길 수 있을 것이다.

그러므로 하나님과의 올바른 관계는 위기에 대처하는 힘을 주며, 인생 후반의 웰빙에 대한 긍정적인 태도를 제공한다. 따라서 영적 차원의 깊은 내면성을 가지고 있는 노인들은 사회적 고립이 있더라도 영적으로는 고립되지 않는다. 오히려 깊은 영적 차원의 신앙은 사회적 고립을 극복할 수 있는 원동력이 되고, 신앙의 성숙을 체험하게 한다. 많은 그리스도인들은 하나님과의 올바른 관계에서 삶의 의미를 발견한다. 그들은 예배, 기도, 성경 읽기, 전도, 봉사 등 종교적 활동에 집중하고 그 가치를 두고 있다.

노인들이 일주일 동안 가장 많이 하는 영적 활동을 조사했더니 예배가 43.6%로 가장 높게 나타났다. 그 다음은 기도로 27.3%, 성경 읽기는 15.4% 등으로 나타났다. 또한 노인들이 영적 활동을 한다면 무엇을 우선으로 하고 싶은가의 질문에 대해서 예배 31.1%, 봉사 19.4%, 기도 17.2%, 전도 14.2% 등으로 나타났다.

위에서 본 것의 공통점은 예배였다. 이렇게 볼 때 노인들에게 있어서 하나님과의 관계는 예배와 기도를 통해서 나타나고 있음을 볼 수가 있다.

이와 같은 노인은 성숙한 신앙인으로 성장하고 하나님 안에서 의미를 찾는 사람이다. 그들은 생의 의미를 하나님과 인간에게 봉사하는 데 초점을 둔다. 또 개인 구원의 확신과 그 안에서 하나님 나라에 대해 소망을 둔다. 그리고 인생의 순례자로서 삶을 인정하고, 고독을 영적 훈련으로 극복하며 사람 사이에서 화평의 삶을 산다. 영원을 위해 준비를 하는 이러한 노인은 신앙의 명가를 위하여 기도하며 섬김과 나눔의 삶으로 인생의 가치를 높이는 사람이다.[30]

하나님 안에서 의미를 찾는 노인

한 노인은 67세의 노인으로 직분은 권사다. 남편과의 사별을 경험했다. 현재 교회 공동체에서 영성과 기도에만 집중하고 있다. 다른 한 노인은 74세의 순복음교회의 여성 목사다. 젊어서 남편과 이혼하고 홀로 사역을 한다. 현재는 한적한 곳에서 수도하며 오로지 기도와 예배에만 집중하고 있다. 두 노인의 공통점은 자녀가 없다는 것과 기도하며 오직 영적 삶을 산다는 것이다.

사례1

    67세의 K노인은 오래 전에 남편이 교통사고를 당해 고통 중에 있다가 세상을 떠나 보내는 아픔을 겪었다. 그녀는 기독교 공동체에 들어가 영성과 기도훈련을 하면서 10년 이상 생활했다. 그러던 중에 암에 걸려 생명의 위협을 느꼈다. 그러한 어려움 가운데에서도 그녀는 기도하는 중에 평안함을 되찾았다.

    그녀는 이렇게 말했다. "나는 죽어도 두렵지 않아요. 내 모든 삶의 의미가 하나님께 있고 그분만 의지하니까요. 이렇게 기도하다가 죽어도 좋아요. 죽으면 주님이 계신 곳으로 가거든요." 얼마 후에 그녀는 수술을 받게 되었고 생명을 건질 수 있게 되었다. 그녀는 수술 후에도 여전히 건강하지 않았다. 그러나 기도와 영성훈련에 열심히 참석하고 있다. 그녀는 '이렇게 살 수 있는 것은 하나님의 은혜'라고 항상 고백하며 살아간다. 자녀도 없고 부유함도 없이 공동체에서 살아가고 있지만, "하나님께 의미를 두고 사는 하루하루가 감사하며 최선을 다한다"고 말했다.

사례2

    74세의 L노인은 50년 이상 신앙생활을 하면서 남편으로부터 심한 구타를 당해 몸과 마음에 깊은 상처를 입었다. 그럴수록 하나님을 의지하며 기도하였고, 마침내 하나님의 권능으로 치유를 받았다. 그리고 그녀는 일하면서 네 교회를 건축하여 하나님께 드렸다. 노인이 된 그녀는 3년 전에 다시 시골로 내려가서 교회를 건축한 뒤 홀로 기도하고 예배드리며 찾아오는 사람들을 치유하면서 지내고 있다. 하루에 일곱 번씩 혼자서 예배를 드리며 오로지 기도에만 열중한다. 바깥 출입은 거의 하지 않고 있다. 그녀는 말했다. "나는 오직 하나님 한 분만 모시고 살아요. 이 세상에 나를 보내신 하나님의 뜻대로 살기 위해 기도만 하고 살아요. 하나님은 내 인생의 모든 것이거든요."

그녀는 노인이 되었지만 어느 누구보다도 얼굴이 밝고 건강하다. 그리고 기쁨이 넘친다. 좋은 의복과 고급스러운 식물을 구하지도 않았다. 추운 겨울에 불도 때지 않고 성전에서 기도한다. 그러나 그 노인은 강건해 보였다.

결론적으로 위의 사례처럼 노년에 만나는 하나님과의 깊은 관계는 더 길어진 후반부 인생을 풍요롭게 하고, 아름답게 만든다. 노년은 자기 실현을 넘어 자기 초월로 이행하는 것이기 때문이다. 예순여덟 살의 달라스 윌라드에게 은퇴를 묻자 "계속 나아가는 겁니다"[31]라고 말했던 것처럼 하나님 안에서 의미는 모든 관계를 새롭게 창출하며 그 안에서 주어진 소명은 결코 은퇴 없이 계속 나아가는 것이다.

이와 같이 하나님 안에서의 의미는 노인들을 영적 깊이 안으로 인도하며 내면의 성숙을 맛보게 한다. 그러므로 늙음은 연수에 있는 것이 아니고 영적 성숙 안에 있다. 그들은 주를 앙망하는 자로서 영적 젊음을 간직하고 있다. 쇳조각을 금으로 바꾼 최고의 연금술을 익힌 노인들이기 때문이다. 하나님과의 깊은 영적 관계는 삶의 의미와 활력을 주고 목적을 제공한다. 이러한 것들은 노인들이 가족관계 속에서 영적 역할을 잘 감당할 수 있도록 도움을 준다.

사회적인 관계 속에서의 의미

상실을 경험한 노인들이나 그렇지 않은 노인이라 할지라도 대부분 노인들은 친밀성에 대한 욕구를 가지고 있다. 친밀성은 인생의 어느 순간보다 노년에 강하게 나타난다. 신체적, 인지적 능력을 잃어버린 인생 후반의 연약함 속에서 사람들은 관계와 상호간의 사랑을 더 필요로 한다. 젊었을 때는 몰랐던 소중한 것들이 자꾸 생기면서 가족의 소중함을 더 느끼게 된다.[32] 특히 노인치료 시설에 거주하는 노인들은 더욱 관계의 소중함을 인식하며 더 나은 관계를 소망한다. 종종 그들은 정체성을 잃기 쉽고, 상실에 대한 두려움을 말할 사람도 공유할 사람도 없음을 경험한다.

베일런트 교수는 행복한 노화의 조건에서 사회적 관계가 필수적이라고 말했다. 그는 2008년 한 인터뷰에서 "따뜻한 인간관계가 인생에서 가장 중요하다"고 말했다. 성공적인 노화의 조건 중 하나가 관계에서 온다는 것이다.[33]

결혼한 노인의 경우 배우자와의 관계가 삶에서 가장 큰 의미를 제공한다. 그들의 인생의 의미와 영적 욕구는 거의 배우자에게 집중되어 있다고 해도 과언이 아니다. 미망인이 된 노인들은 대부분 배우자와의 사별이 가장 중요한 관계와 의미의 상실이라고 말하고 있다.

대부분 노인들은 자식들과 손자들을 돌보며 그들이 자라는 것을 보면서 슬픔을 이겨내고 다시 다양한 삶을 살아간다. 또 자녀들과 함께 사랑하고 즐거움을 공유하면서 의미를 찾기도 한다. 일부 노인들은 작은 모임에 나가거나 일을 통해서 의미를 찾는다. 어떤 노인들은 사회적 관계가 없어도 만족하는 경우가 있다. 노인들의 친밀성에 대한 욕구는 세월이 지나도 사라지지 않는다.

인간관계 속에서의 의미

다음 사례는 남편과의 사별로 깊은 고립 상태에 있는 두 노인의 이야기다. 80세의 권사와 67세의 집사인데, 두 노인의 공통점은 도시에 거주하고 있으며 경제적으로 비교적 여유 있게 산다는 것이다. 자녀들도 대체로 별 문제 없이 성공한 편에 속한다.

사례1

67세의 P노인은 얼마 전에 남편을 잃고 상실에 빠졌다. 남편에 비해 신앙도 깊지 않은 그녀는 무기력증에 빠지게 되었고, 급기야 병원 치료를 받기 시작했다. 그러나 그녀는 사별 후 아들과 며느리와 두 명의 손녀딸과 같은 집에 살면서 서서히 좋아졌다. 유난히 정이 많은 그녀에게는 자녀와 손녀딸이 위로가 된 것이다. 날마다 두 손녀를 돌보는 일이 즐겁다고 한다. "나는 연금이 나오면 손녀에게 용돈을 주고 과외 수업비도 줘요. 또 며느리 대신 집안 살림하는 것도 보람되고요." 그녀는 다시 삶의 의미를 되찾았다. 그 후 그녀는 교회 출석도 열심히 한다. 교회에 다니지 않는 아들과 며느리를 위해서 기도하는 것이 자신의 몫이라고 했다. 그리고 교회에 와서 손자들 이야기하느라 시간 가는 줄 모른다.

사례2

80세의 A노인은 남편과 10년 차이가 난다. 남편은 살아 생전 장로로서 교회의 봉사와 전도 활동에 열심이었다. 부동산 일을 했던 남편 덕분에 경제적으로 부유하게 살았다. 그러나 갑작스러운 남편의 죽음으로 혼자 생활하면서 우울증에 시달리게 되었다. 그녀는 그것을 극복하기 위해 공원에 나가서 운동하며 사람들과 만나기 시작했다. 또 아파트 경로당에 나가서 이웃과 사귐을 가졌다. 신앙생활도 열심히 했다. 그리고 나머지 시간은 교회의 노인대학에 나가서 열심히 배우는 일에 힘썼다. 마침내 그녀는 우울증에서 해방되었고 다시 활기차게 살아가게 되었다. 남편의 죽음은 그녀의 인생에서 가장 큰 손실이었다. 그러나 사회적 관계는 그녀의 인생에 의미를 주었고, 신앙생활에도 활력을 불어 넣어 주었다고 한다.

두 노인의 사례를 살펴보면 그들은 배우자의 사별 이후 심한 우울증으로 고통을 당하고 삶의 의미를 잃었다. 그러나 한 노인은 작은 사회적 모임과 공동체 안에서의 배움을 통해서 어려움을 극복하고 의미를 다시 찾았다. 다른 한 노인은 자녀, 손자와의 가족 관계 안에서 상실을 극복했다. 그 안에서 더불어 신앙이 자라나고 있었다. 그들은 노인 찬양단원으로 교회를 섬기며, 실버 웰빙 댄스 교실에서 즐겁게 춤을 배우고 있다. 또 그들은 여든이 넘은 나이에도 매주 모여 공원에서 전도한다. 그 속에서 우울증을 이기고 치매를 극복하며, 한 교회에서 즐겁게 신앙생활을 하고 있다. 이처럼 노인들의 인생 여정 속에서 이루어지는 사회적 관계는 영적 차원에도 영향을 끼치고 있음을 볼 수 있다.

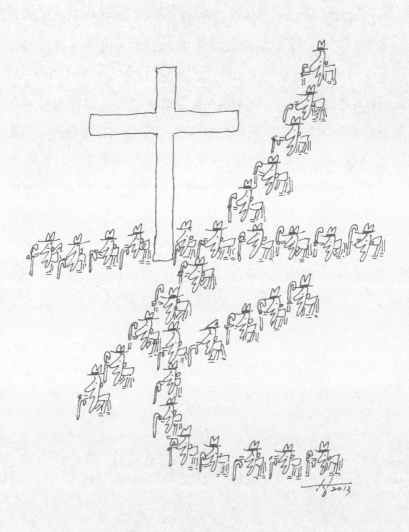

풍요로운 영적 삶을 위한 영성 키우기

1. 종교와 영성

2003년 스코틀랜드 그리스도교 통합회의에서는 영성을 이해하는 데 있어서 새로운 사실을 발견했다. 즉 일반적으로 신자들의 교회 출석률과 신앙심은 낮아지고 있는데 반해 교회 안에 노인의 수는 점점 늘어가고 있다는 것이다.[34]

교회 인구는 점점 감소하지만, 우리의 욕구와 영적인 의미의 탐색은 늘어나고 있다.[35] 현대교회는 영성과 종교가 웰빙과 건강, 그리고 믿음과 연결되어 있는 것에 대해 관심을 집중하고 있다. 따라서 영적인 차원에서 삶의 의미 찾기, 신체적 건강과 함께 영적 웰빙은 노화하는 사회에서 새롭게 떠오르는 주제다.

이제는 영적 웰에이징을 추구하는 세대다. 그러므로 웰에이징과 함께 영성은 삶 전체를 나타낸다.[36] 이와 같은 의미에서 영성은 흥미로운 주제이고, 100세 시대인 호모 헌드레드(평균 수명이 100세를 넘는 노령화 사회를 가리키는 신조어)에 눈길을 끌 수밖에 없다.

영성의 정의

영성과 종교는 밀접한 관계가 있다. 이 둘은 개념의 차이가 있지만, 우리의 삶에서 분리할 수 없고 융화되어 있다.[37] 그 범위는 광범위해서 다양한 표현과 형태를 가지고 있다. 영성이란 한 시대를 특징짓는 신앙과 실천을 가리키기도 하고, 때로는 그 시대에 특출한 사람들의 사상과 삶을 일컫기도 한다. 영성은 '우산'과 같은 것이며 마치 유리잔 같다. 따라서 어떤 영성을 선택하느냐에 따라 개성과 인격이 다르게 형성되기도 한다. 많은 사람들이 21세기는 정신과 영성의 시대가 될 것이라고 말한다. 세속적인 영성을 의미하든지 또는 종교적인 영성을 의미하든지 사람들이 각각 가지고 있는 영성은 매우 다양할 것이다.[38]

영성은 한 개인의 삶의 표현이다. 따라서 기독교 영성은 하나님과의 관계를 이루고 유지하며 그리스도인의 생업Christian enterprise 전체를 반영한다.[39] 케네스 리치는 "영성은 예수 그리스도에 의해서 그분 안에서 이루어지는 과정을 통해 그리스도의 성품을 닮는 것이다. 뿐만 아니라 그리스도로 옷 입는 것이며(갈 3:27), 그리스도 안에서 그의 죽으심과 부활을 공유하는 것이다"라고 말한다. 신학자 폴 에브도키모브Paul Evdokimov는 영성을 '그리

스도처럼 되어감'이라고 주장했다.[40]

조던 오먼은 영성은 영spiritus과 정신pneuma으로서, 신령한 능력과 초자연적 능력을 지칭하는 성경적 용어와 일치시켰다. 그는 영성을 예수 그리스도를 중심으로 설명했으며 그분을 통해서 성 삼위에 이르는 영성이라고 정의했다.[41]

옥스퍼드대학교 신학자 매쿼리John Macquarrie는 "영성은 진정 영적인 삶의 발전과 관계되며 실천들과 관련된다"고 말했다. 인간은 하나님께 영을 받은 존재이므로 그리스도의 성품을 이루고 그리스도의 삶을 따라야 한다는 것이다.[42]

홈즈는 "영성은 초월적인 하나님을 탐색하여 하나님의 존재를 삶 속에서 받아들이는 차원이다. 이는 하나님과의 만남을 통해 새로운 힘을 경험하며 삶 속에서 새로운 의미를 깨닫는 것으로 하나님의 사역에 동참하는 삶을 사는 것이다"라고 했다.[43]

권택조 교수가 미국 교회를 중심으로 한 연구 조사를 살펴보면 루터 교회는 영성을 '거룩'이라고 정의했고, 웨슬리 교회는 '칭의와 성화 중심의 영성'을 강조했다. 또한 오순절 교회는 '능력 중심의 영성'을, 개혁 교회는 '그리스도와의 연합을 통한 성화 중심적 영성'을 말하고 있다.[44]

이처럼 영성의 정의에 대한 학자들과 교단의 견해는 다양하다. 공통된 강조점은 믿음과 그리스도와의 연합이다. 또한 영성의 주체는 하나님이며 예수님 안에서 그리스도인의 삶과 능력이다. 그러므로 영성 역시 모든 주제와 내용이 성경에 근거하고 있음을 알 수 있다.

기독교 영성과 영적 삶

성경에서 말하는 하나님의 영은 인간을 창조하실 때 '루아흐 רוח'를 부어 넣으셨다(창 2:7). 히브리 인간학에서 루아흐는 일반적으로 '영'으로 번역되며 '인간 생명의 근원'이라고 말하고 있다. 루아흐는 바람, 입김, 숨, 영이란 의미로 인간은 '살아 있는 존재', '생명체'가 되는 것이다.[45] 또한 하나님은 자기의 형상으로 사람을 창조하셔서(창 1:27) 인간을 영적인 존재뿐 아니라, 전인적이고 통전적인 삶을 살도록 하셨다.[46]

기독교 영성은 철저히 하나님의 은혜와 주권에 초점을 맞추는 것이 핵심이다. 하나님의 형상으로 지음 받은 사람은 풍성하고 완벽한 존재로서 처음부터 영성을 소유하였다. 칼빈에 의하면 인간은 본래 그리스도 안에서 회복된 참 지식(골 3:10), 의와 거룩함(엡 4:24)으로 지음 받았다고 말한다. 그러나 인간은 죄로 인하여 타락했고 그 형상을 잃게 되었다. 결국 하나님과의 단절을 가져온 것이다. 그 결과 인간은 하나님의 선물로 주어진 영성을 잃게 되었다.

그러나 예수 그리스도께서는 단절된 관계를 위한 회복의 방편으로 십자가의 죽음과 부활을 이루셨다. 비로소 인간은 예수 그리스도를 통해 새로운 탄생, 영적 탄생이 이루어지게 되었다. 그러므로 예수 그리스도를 구주로 고백하는 모든 사람은 회복된 영성을 소유하게 된다.[47] 이 영성은 예수 그리스도 안에서 발생하는 능력으로서 하나님 형상의 회복이며 하나님과의 관계의 회복인 것이다. 이것은 예수 그리스도의 절대적 은혜로 발생된 한 국면이다.

또한 이것은 '하나님의 영이 전인으로서 인간에 거하는 상태'[48]라고 말할 수 있다. 이것은 단순한 내면생활이나 속사람만을 위한 것이 아니고 몸도 위한 것이다. 나아가 사회, 공동체, 이웃을 위한 전인적인 삶 전체를 의미한다. 예수 그리스도를 통해서 영성이 회복된 심령이 성령의 도우심과 인도하심으로 그리스도인의 삶을 살게 되는데, 이것을 영적 삶이라고 말한다. 영성은 영적 삶을 살 수 있는 능력이고 힘이다. 이성이 있는 사람이 이성적 삶을 살듯이 영성이 있는 사람은 영적 삶을 살게 되는 것이다. 그러므로 영적 삶은 참된 그리스도인의 삶으로 성령 안에 거하며 성령과 함께하는 삶 전체를 말한다.

여기에서 바울은 '성령과 함께하는 영적 삶'은(고전 2:14-15) 윤리적이고 자연적인 차원을 넘어 하나님의 현존을 경험하고 체험하며, 예수 그리스도 안에서 사랑을 실천하는 사람의 삶이라고 말한다. 이러한 삶은 성령에 의한 전인적이고 통전적인 삶을 사는 동시에 깊은 영적 세계 안에서 하나님의 임재를 느끼는 삶인 것이다. 인간은 항상 하나님과 관계를 맺고 있다. 더 나아가 하나님의 영광을 위해 이웃과 사회 그리고 공동체를 살리는 능력으로 발전하는 것이다.

노년기 영성

사람에게는 유아기에서부터 노년기에 이르기까지 각각 인생의 발달 단계가 있다. 이 단계의 마지막에는 노년기도 있다. 또 청소년을 위한 영성, 장년을 위한 영성이 있듯이 각 단계마다 영성이 다르게 표현될 수 있다. 그런 차원에서 노인들을 위한 영성도 가능한 것이다. 무엇보다도 인생의 고립과 상실, 패배를 겪고 죽음을 앞에 둔 노년에게는 인생의 의미와 가치를 발견하고 행복한 노후 생활을 위한 영성이 절대적으로 필요한 시기다. 그러한 의미에서 필자는 노년기 영성을 새롭게 정의하고자 한다.

노화는 노인으로만 한정되어 있지 않다. 우리는 모든 시간 안에서 늙는다. 우리는 모두 영적인 존재로서 성공적이고, 통합적이며 조화로움을 갖춘 개인이 되길 원한다. 노화와 영성은 모든 개인과 관련되어 있다. 노년기의 영성의 목표는 개인의 삶의 의미와 목적을 주고, 하나님 안에서 삶을 풍요롭게 하며, 건강한 영적 삶을 사는 것이다.

늙는다는 것은 새로운 옷을 입는 것과 같다. 노년기는 인생발달의(전 생애발달)[49] 과정에서 보면 성장의 마지막 단계다. 라이언은 노화를 성장의 한 과정으로 보았으며, 영적인 것들도 성장한다는 관점에서 노년기는 영적 성숙의 시기라고 말했다.[50]

이러한 관점에서 노년기 영성은 하나의 '성장 과정'으로서 완숙을 향해 가는 '영적 여정'이라고 정의한다. 그 안에서 노인들의 영성 생활은 필수적인 요소다. 이것은 다양한 측면에서 연약한 노인들에게도 적용되는 표현이다. 노년기는 영적 발달로 모든 성장이 멈추고 신체적, 정신적 힘이 감소할 때 자랄 수 있는 또 다른 성장 과정이다. 노년기 영성은 병과 역경으로 여겨지는 것을 초월할 수 있는 전체를 향한 '영적 여정'의 과정으로 본다. 인간의 영적 여정은 역동적이다. 시간에 따라 행동의 변화를 경험하고, 배우고, 저항하고, 즐기는 성숙의 특성을 가진다.

그런 의미에서 노년은 겉으로 보기에 패배인듯 하나 승리다. 그것은 노년의 삶 자체가 하나의 여정으로 살아 있는 동안 영적 성장을 계속할 수 있기 때문이다.[51] 영적 여정은 세계에서, 하나님과의 관계에서 자신의 위치와 의미를 찾아가는 것이다. 이러한 의미에서 노년은 영적 여정을 통해 삶의 의미를 발견하고 하나님 나라를 향해서 그 나라에 다다를 때까지 쉬지 않는다.

종국에는 건강한 노화를 이루며 위기를 극복하고 새로운 삶을 창조한다. 성숙한 노년은 일곱 색깔의 무지개와 같이 찬란하다. 예수님은 복음을 위하여 이 땅에 오시기까지 영적 여정의 길을 가셨다. 다시 오실 그날 우리의 모든 영적 여정도 끝나는 것이다. 노년기의 영성 역시 주님의 나라에 이르기까지 이 땅에서 사명을 다하며 완전한 성숙을 이루기 위해 가는 길이다. 전적으로 하나님의 은혜만을 의지하며 가는 여정인 것이다. 이 길은 홀로 가는 것이 아니고 성령님과 협동하여 간다.

"날마다의 과정 속에서 도우시는 하나님을 경험하며 동행하는 길이다."[52] 이와 같이 노년은 완숙의 시기로 삶의 열매를 거두는 시기다. 영혼의 밑바닥에서 자신의 모습을 발견하고, 그 사랑 안에서 내적 흔들림 없는 평정을 누리는 것이다. 따라서 노년기의 영적 여정을 위한 지혜와 아이디어를 얻기 위해서 에릭슨의 심리사회적 발달 단계와 제임스 파울러의 신앙발달 단계를 참고할 필요가 있다.

2. 후기 인생에서 영적 통합을 위한 영적 발달

에릭슨은 인생 발달 주기라는 관점에서 노년기를 신체적, 심리적, 정신적 문제에서 성숙을 향해 가는 삶의 완성 시기로 보았다. 또한 파울러는 신앙을 성장이라는 개념과 함께 발달이라는 관점으로 발전시켰다. 그러므로 에릭슨의 노년기 '자아통합성'과 파울러의 신앙 발달 측면에서 본 '보편화된 신앙'의 단계는 노년의 영적 성숙을 연구하는 데 필요한 부분이다.

이것은 노년기의 인생 발달을 통해서 '자아통합'이 이루어진 사람이 신앙 발달단계의 '보편화된 신앙'에 이르면 성숙한 신앙의 단계에 도달한다는 이론 때문이다. 그러므로 에릭슨의 '자아통합' 이론과 파울러의 신앙 발달 단계는 노년기의 영적 여정을 더 풍성하게 하고, 삶의 의미를 고취시킨다는 점에서 서로 중요한 관계를 형성한다. 이러한 두 개념의 통합이 영적 발달에 주춧돌이 된다.

에릭슨의 심리사회적 발달 단계

에릭슨의 자아발달 이론의 핵심은 "인간 발달은 몇 단계로 구분해 진행하고 있으며, 모든 인간에게 공통적으로 이루어진다"는 것이다. 인간발달은 어머니의 자궁에서부터 무덤에 이를 때까지 이루어지며, 자아의 개념과 정체감은 청년기에 그 발달을 완성하는 것이 아니라 일정한 단계를 거쳐 평생 동안 이루어진다고 주장했다.[53]

에릭슨은 심리사회적 발달을 8단계로 나누었다. 처음 4단계를 유아기와 아동기에, 다섯 번째 단계는 청소년기에, 마지막 단계는 성인기와 노년기에 걸쳐 일어난다고 보았다. 각 발달단계는 다음과 같다.

첫째, 영아기, 구강기(생후1세): 신뢰감 대 불신감

둘째, 유아기, 항문기(1-3세): 자율성 대 수치심

셋째, 유아기, 성기기(3-5세): 주도성 대 죄책감

넷째, 아동기, 잠복기(6-11세): 근면성 대 열등감

다섯째, 청소년기, 생식기(12-18세): 자아정체성 대 역할 혼미

여섯째, 성인기(18-35세): 친밀감 대 소외감

일곱째, 중년기(35-55세): 생산성 대 침체감

여덟째, 노년기(55세 이후): 자아통합성 대 절망감

에릭슨의 이론은 인생주기의 단계를 하나의 도전과 위기로 보았다. 이 위기는 새로운 경험을 위한 기회를 제공하며 자기 자신과 세계에 대한 관점의 변화를 요구한다. 위기를 극복하는 노력을 통해서 자아정체감은 성장, 발달과 동시에 건전한 성격으로 형성될 수 있다.[54]

에릭슨은 인간은 일생에 걸쳐서 자기만의 독특하고 고유한 정체성을 확립해가는 합리적이고 창조적인 존재라고 보았다. 자아는 개인이 직면하는 갈등이나 문제에 대한 합리적인 해결 방안을 탐색하고 현실을 검증하며, 창조적으로 문제를 해결해 나간다. 에릭슨이 주장하는 심리사회적 발달은 이러한 인생주기라는 과정을 극복하고 합리적인 자아를 발달시킬 때 비로소 노년기에 이르러 자아통합을 이룰 수 있다고 보았다.

자아통합을 이룬 노인은 자신의 과거, 현재, 미래의 인생에 대해서 만족스럽고 의미 있게 생각하며, 다가올 죽음을 인정하는 태도를 갖는다. 또 자신의 삶에 대해 적극적인 자세로 임한다. 자아통합이란 노년기의 완전한 절망이 없는 상태를 의미하진 않는다. 지난날의 후회, 자책을 경험하면서 그 안에서 다시 관계를 아름답게 재정립하며, 실패와 좌절의 위기를 극복하고 자신의 삶을 사랑하고 존중하며 수용하는 것이다.

결론적으로 에릭슨의 자아통합 이론은 노년기를 살아가는 노인들에게 새로운 삶의 방향을 다음과 같이 제공해 준다.

첫째, 에릭슨의 자아심리학 발달단계는 발달과정 속에서 긍정적인 극과 부정적인 극을 만나게 된다. 이것은 동시에 강점과 약점으로 작용한다. 그러나 모든 어려운 상황 속에서도 자신의 삶을 긍정적으로 이끌어 갈 때 발달과업은 성공할 수 있다.

발달단계의 각 역할을 긍정적인 방향으로 잘 극복하고 이겨내는 사람은 노년기에도 성숙하고 지혜로우며 풍성한 인품의 소유자가 된다. 이러한 발달은 마지막 단계에 이르러 삶의 다양성을 습득하고 다른 사람의 삶을 존중하며, 자신의 삶을 받아들이는 최선의 상태에 이른다.

둘째, 에릭슨의 자아통합의 과제는 단번에 이루어지지 않는다. 이것은 각 단계별로 자신의 역할을 체계적으로 성실히 준행할 때 얻어지는 결과물이다. 그리고 전 단계를 성취해야 다음 단계로 무난히 진입할 수 있다. 그러므로 노년기의 자아통합은 이전 단계인 생산성의 연장으로 보며, 그 단계를 잘 수행할 때 비로소 노년기는 더 큰 생산적 기능을 유지할 수 있다. 따라서 각 단계를 충실히 수행한 장년기 이후의 인간은 자신과 타인, 사회와 생태계 간에 조화로운 관계를 이루어 나간다. 지금까지 살아온 삶에 대해 감사하며, 인생을 조감하고 정리하는 마음으로 인격의 통합을 이루어 나가는 것이다.

파울러의 신앙발달 단계

파울러에 따르면 인간은 심리사회적 발달단계가 있는 것처럼 신앙발달의 단계가 일생에 걸쳐 일어나고 있다고 보고 있다.[55] 파울러의 신앙발달 이론은 신앙이 변화되어가는 상태를 구조주의적 단계별 성장에 따라 해석했다. 각각의 요소들은 고유한 기능을 가지고 있으며, 또 유기적이어서 그 안에서 신앙의 활동을 가능하게 한다. 그러므로 서로 조화와 균형을 이루어 나가도록 해야 한다.[56]

파울러의 신앙발달의 특징은 그 단계를 6단계로 분류한 것이다. 신앙의 발달은 아동기에서 노년기에 이르기까지 진행되며 이 단계를 통해 본격적으로 발달하는 단계를 걷친다. 영아기는 전 단계로서 미분화된 신앙으로 보았다.

- 0단계 미분화된 신앙 Primal Faith : 이 단계는 태어나면서부터 2세까지의 단계다. 이 시기는 자신에게 사랑과 관심을 제공해 주는 사람, 주로 어머니와 같은 사람을 통해서 신앙이 형성된다.[57]
- 1단계 직관적, 투사적 신앙 Intuitive-Projective Faith : 이 단계는 2세부터 6-7세까지의 시기로 언어와 상징적 도구들을 사용하는 특징이 있다. 이 단계의 신앙은 직관적이며 모방적인 형태를 통해 신앙이 형성된다.[58]
- 2단계 신화적–문자적 신앙 Mythic-Literal Faith : 이 단계는 6세부터 12세까지의 시기다.[59] 이 단계는 상호성에 대한 의존이 지나치거나 과장된 완전주의에 의해서 '행위를 통한 의'를 초래할 수 있

으며, 반대로 타인에 대한 학대와 무시, 불친절로 인한 비열을 초래할 수 있다.

- 3단계 종합적-인습적 신앙 Synthetic-Conventional Faith: 이 단계는 청소년기인 12-18세까지의 시기다. 이 시기에 부상하는 능력은 개인적 신화의 형성이며, 정체성과 신앙을 통해 자신이 생성된다.

- 4단계 개별적-반성적 신앙 Individuative-Reflective Faith: 이 단계는 18-30세의 청년기 이후에 주로 나타나며, 대부분의 신앙인들은 이 단계에 도달하지 못하는 경우가 많다. 이 단계의 신앙은 자신이 사용할 수 있는 개념에 대해 명백히 설명할 수 있는 능력을 갖춘다.

- 5단계 결합적 신앙 Conjuctive Faith: 30-40세의 초기 성인기와 그 후에 나타나는 신앙의 단계로 신앙의 높은 수준의 경지에 이른 경우다. 이 단계는 젊었다는 것과 동시에 늙었다는 것, 청년과 어른이 한 인생 안에 어우러져 있다.[60] 이 단계는 자신의 신앙에 대해 분명한 입장을 가진다. 또 어느 한 곳으로 치우치지 않으며 다른 사람을 포용하고 대화하려고 한다.

- 6단계 보편화된 신앙 Universalizing Faith: 40대 이후에 발생하지만 거의 도달하기 어려운 단계이며, 신앙 발달의 가장 높은 수준의 단계다. 이 단계는 인생의 말기에 나타날 수 있는 현상이다. 그러나 이것은 신앙의 수준에 따라 다르게 나타난다. 보편화된 신앙은 역설과 극단을 넘어서 존재의 힘과 하나 됨에 근거를 둔다. 그들의 비전과 헌신은 사랑 안에서 자아를 열정적으로, 분리된

채로 몰입할 수 있도록 자유롭게 해준다. 그리고 모든 분파와 억압, 폭력을 극복할 수 있게 하며, 사랑과 정의의 복지에 참여하도록 해준다.[61]

6단계에서는 자신의 보편적 견해들을 도덕적이고 금욕적인 실현을 통해서 5단계의 역설을 극복하면서 이루어진다.[62] 이것은 사심 없는 신앙을 묘사한다. 자기를 초월하고 단호히 포기할 수 있는 것을 의미한다. 이 단계는 포괄적이고 성취된 신앙구조를 형성한다. 인간 공동체 정신의 화육을 이룬 사람과 실현자들이 이 단계에 속한다. 이들은 살아 있을 때보다 사후에 더욱 존경과 영예를 받았다.

파울러는 6단계에 속한 사람으로는 간디, 마르틴 루터 킹, 캘커타의 테레사 수녀, 본회퍼 등을 제시하고 있다. 이들은 사랑과 정의의 하나님 나라를 이미 실현한 사람들이라고 소개한다. 간디를 인도 독립을 위한 비폭력 투쟁의 지도자로 만들었던 것은 멸시당하는 소수인과 자신을 동일시했기 때문이다. 테레사 수녀 역시 희망 없이 죽어가는 거리의 사람들과 자신을 동일시하고 그들을 위하여 봉사할 수 있는 새로운 비전을 만들었다. 이러한 신앙의 단계가 형성되고 비전이 탄생하는 것은 다른 사람들이 경험한 고통을 자신과 동일시할 때 발생된다. 그리고 그에 대한 사랑과 헌신으로 행동하게 되는 것이다.

파울러는, 보편화된 신앙의 사람들은 신앙의 기초를 존재의 힘, 하나님과의 '하나 됨'에 두었다고 본다.[63] 이와 같은 사람들은 예수 그리스도의 부활과 선포된 미래의 하나님 나라에 대한 비전을 본 사람들이다.

안토니는 파울러가 말하는 6단계의 신앙을 이룬 사람이다. 그는 105세의 고령의 노인으로서 자신에게 발생한 예수 그리스도의 비전을 위하여 영적 여정의 길을 간 사람이다. 그러므로 보편화된 참된 신앙은 그리스도인의 세계관을 형성하며 이웃과 세계 안에서 참 사랑의 실천을 위하여 전부를 바치는 사람이다.

노년기의 영적 발달

영적인 발달은 인생 후반에 새로운 방향을 제공하며 새로운 관점과 동기를 부여한다. 지금까지 산 것이 내 삶의 모든 것인가? 그것이 주는 의미는 무엇인가? 내가 죽을 때 무슨 일이 일어날까? 어떻게 나는 미래 세대를 위해 유산을 남기고 떠날까? 어떻게 나는 영원한 생명이 있는 나라에 들어갈 수 있을까? 이러한 많은 질문들은 대부분 사람들에게 영적 여정과 영적 발달의 원동력이 되게 한다.

신체적 감소에는 개인마다 상당한 차이가 있다. 또한 심리 사회적이고 영적인 차원의 발달도 개인마다 많은 차이가 있다. 어떤 노인들은 비록 불구나 상실, 고립이 될지라도 그들 스스로 하나님과 깊게 소통하고 인생에 대한 분명한 만족감을 가지고 있다. 이러한 사람은 노년을 향해 갈수록 심리 사회적 정체성은 통합을 이루고 신앙의 단계도 발달한다. 따라서 영적 성장은 신앙과 함께 발달하고 성장할 수 있다. 바울이 "겉사람은 낡아지나 우리의 속사람은 날로 새로워지도다"(고후 4:16)라고 말한 것처럼 인간은 영적 발달의 가능성을 가지고 있다.

이런 의미에서 바울은 영적 통합을 이룬 사람 중에 한 사람이다. 바울의 영적 통합의 상태는 고린도후서 12장 1절에서 10절에 잘 나타나 있다(AD 52-55). 바울은 그리스도 안에서 본 삼천층의 (A.D 42) 환상보다는 오히려 자신의 연약함이 가져다주는 하나님의 은혜를 더 자랑했다. 바울은 자신에게 주어진 육체의 가시조차 하나님의 선물임을 고백하며, 수용하고 용납하는 신앙의 절정을 보여 주었다. 이러한 신앙의 완숙은 오히려 약점을 강점으로 사용하시는 하나님의 뜻에 따라 복음을 위하여 자신의 생명을 기꺼이 내어 준 삶이었다.

바울 사도는 영적 성장을 위한 노력은 계속 진행되어야 한다고 말하고 있다. "범사에 그에게까지 자랄지라"(엡 4:15)는 말씀은 완전한 그리스도를 닮기 위한 영적 발달의 과정이다.

이렇게 볼 때 노년기는 그저 죽음만 기다리며 수동적으로 사는 시기가 아니고, 인간의 계속적인 노력과 개발로 신앙의 높은 단계에 오를 수 있는 영적 발달의 시기다. 즉 변화에 대한 개방과 배움, 긍정적인 의미를 갖기 위해 탐색하는 태도, 지인들과 사회구성원과의 관계, 불구나 육체의 손실에 대한 초월성, 과거 삶의 수용과 미래에 대한 준비, 죽음에 대한 수용과 준비 등을 해야 하는 시간들이다. 노년의 영적 발달은 우아한 노인으로 성장하게 하는 시간의 선물이기 때문이다. 아울러 이 모든 것은 하나님의 은혜로 주어진다는 것을 인식하는 믿음의 태도를 갖는 것이 중요하다.

3. 노년기에 영성은 증가하는가?

인생의 발달단계에서 종교는 종종 통합되어 삶 전반에 영향을 끼친다. 특히 노년기에 이를수록 종교와의 깊은 통합은 그들에게 나머지 삶을 사는 원천이 된다. 이러한 변화는 성숙한 영적 삶의 표현인가? 노화 과정의 결과인가?

심리학자 스타부크Starbuck는 "사람들이 나이가 들수록 더 영적으로 되며 그들의 신앙과 믿음은 나아갈수록 자라난다"고 말했다. 1993년 갤럽조사에서 발견한 것은 교회 출석률에서 젊은 세대와 노인세대 간에 서로 다른 점이 나타났다. 미국 교회에 참석하는 비율이 30세 미만의 성인의 경우 32%인데 비해 65세 어른들은 52%가 참석했다. 또 65세 이상 어른들은 젊은 사람들에 비해 그들의 인생에서 종교가 매우 중요함을 느낀다고 말했다.

1994년 미국의 루터교회에 대한 국가적 조사의 자료 분석에 따르면 "교회 참여, 개인적 기도, 종교적 믿음의 중요성, 성경 지식, 다른 사람에게 봉사하기, 개인적 신앙, 그리고 영성의 다른 형태"에서 65세 이상 여성들이 높은 순위를 보여 주었다. 고령자 노인인 경우 다른 젊은 노인들보다 더 주님께 대한 헌신, 그리고 그들의 영적인 삶의 중요성뿐만 아니라 개인적인 신앙심, 하나님에 대한 믿음, 그리고 다른 사람을 위한 배려와 기도 등 몇 가지 측정에서 더 높게 나타났다.[64] 연약한 노인들에게도 종교가 높은 비중을 차지했다. 그 이유는 자신의 연약함이 신에게 더 가까이 갈 수 있는 길을 제공하기 때문이다.

사례1

79세의 H노인은 부인과 별거하고 있다. 그는 20년 전 아내가 일본으로 일하러 감으로 아내와 사실상 별거하게 되었다. 그의 완고한 고집 때문에 그의 아내는 집에 돌아올 수가 없었다. 그는 혼자서 신앙생활하면서 일을 하고 살았다. 그러나 얼마 되지 않아 마음의 상처로 인해서 치매 증세를 보였다. 치매 증상이 심하진 않지만, 멀리 있는 교회에는 나갈 수가 없었다. 한동안 교회생활을 하지 않고 있다가, 한 노인의 전도로 다시 교회에 나가게 되었다.

치매로 인해 깜빡 잊어버리는 일도 있었지만, 그는 교회에 다시 돌아와서 열심히 예배드리며 신앙생활을 하고 있다. 식사시간을 가끔 잊어버리는 경우는 있지만 예배하는 날은 잊지 않고 찾아온다. 그는 이렇게 고백했다. "하나님께서 계시니 지금까지 살고 있어요. 또 믿지 않는 아들을 위해서 매일 기도해요. 젊을 때보다 지금이 더 종교의 중요성을 느끼고 하나님 앞으로 더욱 깊이 나아가고 있어요. 하나님만을 의지하고 살고 있으니 마음이 편해요."

👥 사례2

　　79세 S노인은 젊은 시절 남편과 사별하였다. 국가유공자로 살면서 꾸준히 신앙생활을 하며 별일 없이 살고 있었다. 다른 아들은 신앙생활을 잘 하지만, 큰 아들만 교회에 나가지 않고 있다. 큰 아들은 난폭했으며 이혼했다. 그런 이유로 그녀는 불면증을 앓게 되었고, 우울증 약을 먹으면서 지내고 있다. 하지만 그런 상황 속에서도 시간이 지날수록 더 하나님을 의지하며 살고 있다.

　　"나는 불면증으로 시달리고 있지만 틈틈이 운동하면서 열심히 신앙생활을 하고 있어요. 새벽예배는 거리가 멀어서 어렵지만, 수요예배, 기도회, 철야예배는 열심히 나가고 있어요. 나는 시간이 날 때마다 공원에 가서 노인들을 전도하고 있어요. 젊어서는 일하느라 못했지만 지금은 더 많이 전도해요"라고 말했다. 그녀는 나이가 들수록 하나님을 더 의지하고 더욱 사랑한다고 고백했다.

　　위의 사례에 나오는 두 사람은 79세 노인이다. 모두 한 교회의 교인이며, 서울에서 거주하고 있고 직분을 가지고 있다. 한 사람은 별거, 한 사람은 사별이다. 두 명 모두 삶의 여정이 평탄하지 않았다. 그러나 그들은 어려움을 신앙으로 극복했다. 그리고 더 열심히 하나님을 찾았다. 오히려 젊은 시절보다 하나님에 대한 사랑과 깊이가 더해졌다고 고백하고 있다. 위의 사례를 통해 노화 과정을 통해서 사람들은 젊었을 때보다 더 종교적이며 영적으로 하나님을

3장 풍요로운 영적 삶을 위한 영성 키우기 | 89

신뢰하고 의지하게 된다는 사실을 볼 수 있다. 다시 말하면 노화 자체가 신앙의 성장에 도움이 되도록 삶을 변화시킨다는 것이다.

사람이 나이에 따라 더 영적이고 종교적으로 되는 것이 사실이라면 어떻게 그것을 알 수 있는가에 대해 로저스Rogers는 네 가지 노인학의[65] 기능을 소개했다.

첫 번째, 사람이 나이 들면서 그들의 임박한 죽음은 하나님을 만날 수 있는 가능성이 된다. 더 이상 젊어질 수 없다는 것과 영원히 이 세상에서 존재할 수 없다는 깨달음은 그들이 나이 들수록, 특히 젊은 시절 믿음이 깊지 않았던 사람까지 믿음의 삶으로 나아가게 하는 요소가 된다. 신앙의 성장은 죽음에 대한 공포에서 기인한다. 이렇게 노인들은 젊은이들보다 종교의 중요성을 더 많이 부여하며 죽음이 가까울수록 종교성은 더 심화된다.

두 번째, 노인학적 기능은 삶의 의미와 중요성을 찾고 유지하도록 도와주는 것이다. 종교는 사람들에게 위로를 줄 뿐만 아니라 신의 자비로운 힘은 풀리지 않는 고난의 길에서 인생을 의미 있고 긍정적으로 만든다.

마르틴 루터는 사람은 하나님 앞에서 신앙을 통해서 산다고 믿었다. 하나님은 "내가 너를 지명하여 불렀나니 너는 내 것이라"(사 43:1)고 하시므로 각 사람의 삶 속에 하나님의 목적이 있음을 알게 하신다.

세 번째, 노인학적 기능은 노년을 피할 수 없는 상실을 받아들이고 보상적인 가치를 발견하도록 돕는 것이다. 사람들은 은퇴를 경험하면서 자신의 역할을 포기하기 시작한다. 어떤 사람은 이러한 상실을 겪으며 인생 여정의 길을 항해하면서 종교를 친구처럼 또는 안정을 주는 존재로 받아들이기도 한다. 신을 무시하던 사람도 나이가 들면서 종교를 찾고 그에 대해 관심을 강하게 표현한다.[66]

네 번째, 노인학적 기능은 사회적 필요의 충족이다. 종교생활은 인간 관계망을 형성하고 내적 삶을 풍요롭게 해주며 고독에서 벗어날 수 있는 길이 된다. 또한 비상시에는 사회적 지원망이 되며 물질적 도움이나 상담 등을 제공받을 수 있다. 교회는 노인들에게 정신적, 영적 지지를 제공하는 독특한 위치에 있다. 교회 공동체의 일원이라는 느낌은 노인들에게 더 안정감을 준다. 종교가 사회적 욕구와 더불어 영적 욕구를 만족시키는 능력을 가지고 있으므로 신앙의 조직적인 형태가 감소했어도 비공식적인 영성은 높게 남아 있거나 더 높아진다.[67]

결과적으로 노년기는 어느 세대보다도 종교적이다. 신앙을 가지고 있었던 사람은 대부분 중년 때 가지고 있었던 하나님과의 초월적인 깊은 관계성과 은혜를 노년기까지 그대로 이어온다. 때문에 노화로 인해 신체적, 심리적으로 다소 어려움을 겪게 되지만 하나님을 향한 신앙심과 영성은 더 깊어지고 발달하며 증가하고 있다는 것이다. 물론 치매와 신체적 연약함은 종교생활을 어렵게 만들 수 있다. 하지만 주권적인 하나님의 은혜가 그들 가운데 함께하시는 한, 성도를 향한 하나님의 사랑은 세상 끝날까지 항상 함께할 것이다. 따라서 영적인 성장은 대부분의 사람들에게 노화 과정을 통해서 볼 수 있는 건강한 자원이며 영적 통합으로 가는 길을 제공한다.

☺ 노년에 이를수록 더 종교적이라고 생각하는가?

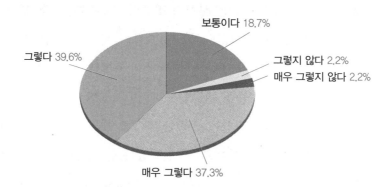

위의 분석결과를 보면 노년에 이를수록 더 종교적이라고 생각하는 노인의 평균이 5점 척도 기준에서 4.07로 높게 나타났다. '그렇다' 이상의 긍정적 비율은 76.9%로 나타났고, '그렇지 않다' 이하의 부정적 비율은 4.4%의 낮은 비율을 나타내고 있다.

☺ 노년에 이를수록 영성이 더 증가한다고 보는가?

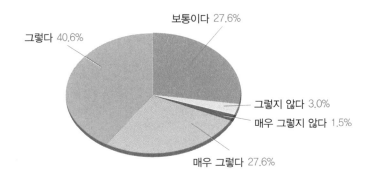

보통이다 27.6%
그렇다 40.6%
그렇지 않다 3.0%
매우 그렇지 않다 1.5%
매우 그렇다 27.6%

　　위의 분석결과에 따르면 노년에 이를수록 더 영성이 증가한다는 것의 평균은 5점 척도에서 3.09로 보통 이상을 나타내고 있다. '그렇다' 이상의 긍정적 비율은 67.9%로 평균의 숫자보다 높게 나타나고 있으며, '그렇지 않다' 이하의 부정적 비율은 4.5%의 낮은 비율을 나타내고 있다.

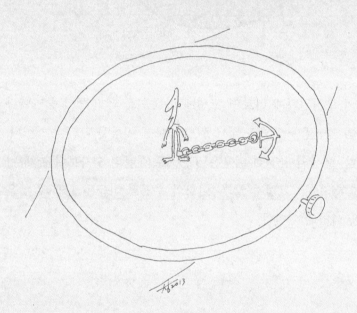

4장

노년의 역사, 고대사회에서 르네상스까지

지구상의 모든 민족은 유례없는 규모의 '집단적 노화'를 경험하고 있으며, 지금 이 순간에도 늙어가고 있다.[68] 고대 구전문화 사회에서 노인들의 지혜와 경험은 '집단의 기억'으로서 존귀하게 여겼다. 그리고 많은 자손을 거느리는 노인은 그 집단에서 성공한 것으로 인정받았다. 로마의 가부장적인 사회는 노인의 힘과 능력의 상징이었다. 그들은 사회적으로나 정치적으로 높은 지위가 보장되었다. 교황들은 노령의 나이에 선출되었고, 수많은 성직자들은 노년까지 그 자리를 지켰다.

그 예로 수도원 제도의 아버지인 안토니는 105세, 아타나시우스는 78세까지 살았으며 어거스틴은 76세로 생을 마감했다. 중세 시대 예술분야에서 미켈란젤로는 89세까지 생존했으며, 티치아노는 99세, 70대의 전사 안드레 도리아 같은 노인들이 매우 활발히 활동했다.[69]

하지만 르네상스를 지나면서 노인 정치의 위력은 사라지고 그들에게 부여하는 특권적 지위도 점차 약화되었다. 이렇게 사회의 상황과 문화에 따라 역사 속에서 노인에게 부여하는 사회적 역할은 각각 다르게 표출되었고, 그 위상은 점차 쇠퇴되었다. 노년에 개인과 사회가 짊어져야 하는 무거운 짐들과 갈등을 역사는 우리에게 끊임없이 보여 주고 있다. 그러나 역사 속에서 노년은 어두움으로 가는 길인 동시에 빛으로 가는 길임을 시사해 준다. 왜냐하면 나이 든 사람이 누렸던 특권은 세대와 세대 사이의 길을 잇는 사다리인 동시에 우리 시대의 젊은이들이 또 걸어야 할 길임을 가르쳐 주는 지혜이기 때문이다.

1. 고대 사회, 장수 노인에게 특권 부여

노인의 위상, 강자 vs 약자

선사시대 사람들은 사냥과 기근, 전쟁, 식량 부족 등으로 극소수의 사람만이 노령의 행운을 누렸다. 선사시대에는 정착생활이 이루어지면서 좀 더 많은 사람이 노인이 되었다. 이를 매우 경이로운 현상으로 받아들였으며, 조상의 신성한 세계에 참여한 것으로 여겼다.

이러한 시대에 노인의 위상은 환경과 민족에 따라 다르게 나타났다. 문자가 없는 고대 사회에서는 장수하는 노인에게 특권을 부여했다. 노인들은 초자연적인 후광에 둘러싸여서 찬양과 존경을 받았다. 신성 분야에서는 무녀와 무당, 성직자들이 있었다. 특히 투르크 몽골족은 노파들을 '신성하다'고 여겼으며, 최고의 신을 '부유한 노인'이라고도 불렀다.[70]

그러나 숭배 받지 못하는 노인들은 나쁜 영향을 준다는 이유로 죽임을 당하거나 추방당하기도 했다. 노년의 모순성은 원시 사회에서도 피해갈 수 없는 현실이었다. 늙고 추함은 노인들을 멸시로 내몰았다. 건강한 노인은 공경의 대상이었지만, 그렇지 못한 노인은 내다버리거나 질식시켜 죽이기도 했다. 아프리카의 많은 민족은 노인을 제거했으며, 기원전 5세기 마사게타이족은 그들의 가축과 함께 희생시키기도 했다.

그러나 잉카제국의 문명은 노인을 배척하지 않았다. 그들을 집단의 구성원으로 인정해 보살피며 부양했다. 노인들을 5년마다 조사해서 나이, 기능, 신체의 조건에 따라 분류하였다. 구걸은 원칙적으로 금지되었다. 맹인, 절름발이 같은 장애인들은 자기 능력에 맞게 할 일이 주어지곤 했다. 잉카제국의 노인문화와 시대적 상황은 유토피아를 방불케 했다. 그러나 그들 역시 '늙음'을 두려워했고, 이를 지연하려고 노력했다.

노년, 축복일까 짐일까

고대 사회에서 70세, 80세까지 산다는 것은 그 자체가 신의 보호와 축복으로 가능하다고 믿었다. 매우 종교적이었던 그 사회는 장수가 정의로운 사람에게 주어지는 신의 보상이라고 믿었다. 구전 문학을 영위하며 살았던 고대사회는 노인을 '기록 보관소'라고 부를 만큼 그들의 기억과 지식을 매우 귀하게 여겼다. 노인 한 사람을 살아 있는 도서관에 비유했다. 노인들은 젊은 사람들에게 그들의 경험과 지혜로 교육에서 중요한 역할을 했다. 신성한 지식의 전달자였던 그들은 문화와 성경에 대해서도 가르쳤다.[71]

성스런 노인들은 종교 분야에서 주술 영역을 담당했으며, 부족 사회 안에서 생활과 관련한 중요한 일들을 결정했다. 그뿐 아니라 노인들은 그 사회에서 정치적 역할을 수행하기도 하였다. 노인들은 지역사회 재판소의 사법 분야에서 증언자로, 황실의 재판관 역할을 했다.[72] 그러나 이와 반대로 노년의 무거운 짐을 말하는 사람도 있었다. 기원전 2450년 경, 프타호테프는 제5왕조 파라오 이세시의 재상이었는데, 그는 다음과 같이 말하고 있다.

"노인의 종말은 비참하고 노인은 하루가 다르게 약해지고 있다. 시력은 나빠지고, 힘도 약해지며 마음은 쉴 곳이 없다.… 온 뼈마디가 아프다. 노쇠는 인간을 괴롭게 하며 가장 참혹하게 불행을 준다."

근동 셈족 아리아족 사람들 역시 자신의 노쇠를 한탄했다. 그들은 '노화'의 짐을 벗기 위해 노력했다. 그러나 늙은이를 젊은이로 변화시키는 비법은 '화장술'에 지나지 않는 것들이었다. 이 사회 역시 '노화'는 모두가 경험하는 현실이었다. 노년에게 부여된 축복과 짐은 노인의 지혜와 허약함, 경험과 노쇠, 위엄과 고통으로 공경받기도 하고 죽임을 당하기도 했다.

2. 로마 시대, 노인 가장의 빛과 그늘

노인의 특권과 모순

로마 역사는 지중해 연안을 중심으로 2세기부터 시작된 전쟁의 소용돌이 속에서 라틴세계의 거대한 문화를 이루었다. 로마의 노인 인구 비중을 보면 그리스보다는 좀 더 나은 양태를 띠고 있다. 여성의 고령자 수가 남성에 비해 월등하게 낮은 현상을 보인다. 그 이유는 그 당시 출산할 때 많이 사망했기 때문이다. 그 결과 60세 이상의 남성 노인의 수가 상대적으로 많았다. 이와 같은 불균형은 늙은 남성과 젊은 여성이 나이 차이가 많음에도 불구하고 부부로 함께 살아가는 현상을 만들어냈다.

남성의 우월성과 함께 로마법은 가장인 노인들에게 특권을 부여했다. 로마체제는 사유재산을 다양한 형태로 취했다. 노인들은 여러 분야에서 부의 근원을 축적하였고, 일생을 바쳐 재산을 증가시켰다.[73]

2세기까지 로마 공화국은 노인을 우대했다. 원로원의 특권은 막대했다. 그들은 모두 외교를 장악하고 지휘했다. 옛날 우리의 전통 사회같이 '남성에 의한 부계 혈족 관계'가 형성되면서 가장이 가족의 절대적인 우두머리가 되었다. 가족을 대표하는 아버지는 나이가 들면서 더욱 재산이 늘어나게 되었다. 이에 따라 가장이 누리는 거대한 권력에 복종해야 하는 아들들의 증오심과 갈등은 커져 갔다. 로마 사회 속에서도 부와 권력의 증가와 함께 미움과 원

망은 깊어갔고, 가부장 제도는 차세대에게 미움의 대상으로 등장하게 되었다.[74]

로마제국에서 제도적으로는 노인들이 로마제국을 좌지우지하지는 못했다. 하지만 개인 자격으로는 황제를 비롯해 요직을 누리는 영광을 얻었다. 또한 로마 도시 총독의 지위 역시 종신직으로서 주로 노인들에게 돌아갔다. 네로의 통치 하에서 최고 지위의 많은 직책은 노인들의 몫이었다. 307년에 집정관을 지낸 이틸리우스 칼라티누스는 46년간 여섯 번이나 그 자리를 사수했다. 이렇게 로마가 능력 있는 노인들에게 부여하는 축복은 지대했다. 그러나 3세기부터 노인의 권력은 쇠퇴했다. 황금기에 부와 권력이 집중되었던 노년은 국가적 차원뿐 아니라 가정에서도 그 빛을 잃어 갔다. 원로원은 그 권력을 상실해 갔으며 군인들과 젊은이들의 손으로 넘어갔다.

키케로의 『노경론』De Senecutu은 노년에 대한 '변호문'으로서 노년이 누릴 수 있는 특권들을 설명하고 있다. 키케로는 이 책에서 노년이란 능력의 상실이 아니며 증가라고 말하고 있다. "국가는 언제나 젊은이들에 의해서 패망되고, 노인들에 의해서 구출되었다"라고 말했다.

동시대의 카토는 80세에도 여전히 명석한 판단력을 가졌다. 그에 대하여 키케로는 지혜와 미덕을 가르치는 자는 신체적 연약함이 문제가 아니라 진정 축복을 누리는 사람이라고 말하고 있다. 그에 반해 호리티우스는 노년을 삶과 즐거움이 사라진 서글픈 시기라고 말하고 있다. 유벨리우스는 노년의 짐을 '고통의 행렬'이라고 묘사했다. 그는 노년의 모습을 일그러진 추한 얼굴, 가죽만 남은 흉측한 피부, 떨리는 목소리와 힘이 없는 사지 등 '검은 상복을 걸친 것'과 같다고 노년의 무거움을 그렸다.

이렇게 로마에서는 노년의 가치와 모순성, 그리고 위대함과 비장함이 함께 공존했다. 그러나 그들의 현재는 과거, 현재, 미래 세대의 연결을 창조한다는 것이다.

3. 중세 초기, 노인의 위상 대체로 낮아

4세기에는 콘스탄티누스 황제 이후 그리스도교가 공인되었고, 데오도시우스에 의해 국교로 선포되었다. 이 시기는 역사상 전환기였으며 '암흑의 시대'라고도 일컫는다. 이러한 상황 속에서 노인들의 위상은 낮았다. 6세기 고트족의 법전을 보면 노인들의 살인 배상금은 어린아이들과 똑같은 수준의 금화 100수sou로 그 가치가 절하되었다.[75]

기독교 역사를 보면 교회는 4세기부터 그들을 위한 양로원과 병원을 설립했다. 그러나 노인은 과부와 가난한 자들, 병든 자들과 한 부류로 취급되는 정도였다. 어거스틴은 『83개국의 다양한 질문』에서 인생의 시기를 여섯 단계로 분류했다. 노인을 제6세대, 마지막 세대라고 불렀다. 그는 노인의 나이를 60세부터로 보았으며,

인생의 마지막 단계인 노년은 다른 시기를 모두 합친 것만큼 긴 시간이라고 말했다.

중세 초기 기독교는 십계명을 받아들였지만, 노년에는 영향을 주지 못했다. 그들은 성경의 지혜에서 나오는 개념들을 발전시켰다. 대교황 그레고리우스는 성인 전기문에서 성 베네딕트가 어린 시절부터 노인의 마음을 가졌다고 말하고 있다. 이것은 베네딕트가 어려서부터 지혜로워서 사물의 표면을 보지 않고 그 본질을 볼 수 있는 내적 논리를 가지고 있다는 뜻이다. '노인 같은 데가 있는 젊은이'가 성숙한 사람이라면 '젊은이 같은 데가 있는 노인'은 살아 온 해를 수로 셈하지 않는 진정 존경할 만한 지혜로운 자라는 것이다.[76]

5세기 성 힐라리우스는 『성 호노라투스』에서 "호노라투스와 베난티우스 형제는 젊지만 '나이 든 자의 처신을 하는 노년'에 이르렀으며, '미덕으로부터 광채'가 발하고 있다"고 그들의 지혜와 덕성에 대해 말했다.

8세기 초 리귀제의 수도사인 르팡소르는 『광채의 책』에서 "노년은 흠 없고 하나님을 기쁘게 하는 시기다. 노인들의 왕관은 커다란 경험(지혜)이다"라고 성경에 있는 솔로몬의 말을 인용했다. 노년은 욕망을 무디게 하며 쾌락을 흐리게 한다. 때문에 영혼은 노년에 이르러 굳건해지며 덕스러워지는 것이다. 그러므로 노년의 지혜와 미덕은 자신을 방어하고 권리를 지키며, 자신의 영역을 보존하게 한다.

4. 중세 후기 - 르네상스, 노인에 대해 양면성을 띠다

11세기 초는 사회적으로 대규모의 전염병과 기근으로 인구의 변동을 겪어야 했다. 봉건제도의 정착으로 상업과 도시개혁이 일어났다. 정치적으로는 '하얀 망토'를 입은 십자군의 출현이 있었고, 종교적으로는 개혁의 초기 움직임이 있던 시대였다. 특히 시토 수도회와 탁발 수도회가 등장하면서 아씨시의 성 프란시스의 명성이 유럽에 퍼져 나가기도 했다.

중세 역시 앞선 시대보다 노인에 대해 특별하진 않았지만, 노인들의 숫자가 많았고 상대적으로 기대 수명이 높았다. 중세 초기에 찾아온 전염병은 노년층에 별 영향을 주지 못했다. 오히려 다른 연령층보다 전염병으로 인한 피해가 적었다.

이 시기 또한 여성이 출산시 사망률이 높아 홀아비의 수가 급증하였기 때문에 독거노인들이 많았다. 한편 성직자 계층 노인의 비율도 높았다. 그들은 양식 부족과 흉년에 대한 걱정이 없었다. 특히 수도적 삶을 사는 것이 장수의 원인이었다. 출산 문제가 없는 수녀원도 나이 든 노인으로 넘쳤다.

14세기에서 15세기에 들어서면서 흑사병으로 유럽 인구가 급격히 줄어들었다. 그 시대의 흑사병은 주로 아이들과 젊은 성인들을 휩쓸어 갔다. 그 결과로 노인 연령층은 눈에 띄게 증가했다. 가족을 잃은 그들은 가정에서 보살핌의 대상이 되었다.

15세기에 단테는 『향연』에서 인생은 상승기가 이어지다가 30

세, 40세에는 절정을 이루고 그 후에는 하강기가 온다고 표현했다. 인생의 노년기에는 죽음을 준비하는 시기로 긴 여행을 마치고 조용히 항구에 들어가는 배처럼 평화로워야 한다고 했다.[77]

이때는 노인의 수가 증가함에 따라 점점 은퇴에 대한 개념이 높아지는 시기이기도 하다. 기력이 왕성한 노인들은 자신의 직무를 수행했다. 특히 군인, 예술가들은 은퇴하지 않고 현직에 있으면서 자기 자리를 지키기도 했다. 성직자 역시 은퇴하지 않고 긴 수명을 누렸다. 교황들은 비교적 노령에 선출되기도 했다.

중세는 노인들에 대해서 다양한 인식들이 생겨난 반면 과거와 마찬가지로 그 모순성을 드러낸다. 이 시대의 문학은 노인들의 손상된 이미지를 그렸고, 그들의 추함과 신체적 쇠약, 결핍 등의 불행한 상황을 강조하곤 했다. 그 예로 샤를 도를레앙은 젊음의 상실에 대해 애조 띤 어조로 "인생이란 할 수 있는 것이 거의 없다"라고 표현했다.

또한 로렌스 피터는 "노년은 모든 답을 알고 있더라도 아무도 질문하지 않는 시기다"라고 했다.[78] 노년기는 마치 모든 것을 소모한 건전지처럼 사라지는 안개와 같다. 이렇게 노인의 신체적 무력함과 노쇠함은 그 시대 역시 뛰어 넘을 수 없는 장벽이었다.

16세기 르네상스 시대에 들어서서 노년의 골은 더 깊게 나타났다. 유럽의 르네상스는 젊음과 아름다움을 추구했고, 노년의 쇠퇴와 죽음을 멀리했다. 이 시대는 노년에 대해 전에 없던 폭력적인 모습을 보였다. 그 이유는 인간의 신격화를 불가능하게 만드는 것이 '노화'라는 것이다. '노화와 죽음'은 이 세상에서 '영원이란 존재할 수 없는 것을 보여 주는 것'이라고 했다.[79] 이 시대에 노년은 어떤 노력에도 불구하고 그것을 멀리하거나 쫓아낼 수 없는 존재다. '노화와 죽음'은 한 짝이 되어 모든 사람의 삶 속에서 끈질기게 따라다니는 애물단지 그 자체인 것이다.

이와 같이 노년에 대한 반감은 르네상스 시대의 늙은 여자들의 추함을 화폭에 담아냈고, 에라스무스 같은 인문주의자들조차 노년을 배척하는 실정이었다. 그러나 돈 많고 존경받는 노인들은 자신의 노년을 사랑스럽게 여겼다. 그들은 자신의 모습을 원하는 대로 그림 속에 그려 넣기도 했다.[80]

이처럼 르네상스 시대는 노인에 대해 양면성을 띠고 있다. 노인을 비난의 대상으로 보기도 했고, 한편 특정 노인들에게는 중요한 책임과 영예를 수여하여 존경의 대상으로 보기도 했다. 특정 노인들은 군주와 재상이며, 군인, 외교관, 상인, 성직자가 다수였다.

그 뒤 18세기부터 서방세계는 위생적인 부분이 개선되면서 사람들이 젊어지기 시작했다. 20세기에는 도시화의 현상으로 가부장적 가정이 소멸하기 시작하면서 세계의 노년은 다양한 형태로 변모하고 있다.

5. 성경 속의 노인들

에덴동산에서의 인간의 삶은 영원한 낙원 그 자체였다. 그러나 실낙원 이후, 모든 아담의 후예들은 변화를 경험했다. 생명 있는 모든 존재에게 주어진 '노화와 죽음', 이들은 항상 한 쌍이 되어 인류 역사 속에서 지금까지 존재하고 있다.

구약 시대 인류는 노아(950)의 홍수 사건을 중심으로 해서 홍수 이전 족장시대엔 상당히 오래 살았다. 930세에 죽은 아담을 비롯해 셋(912), 에노스(905), 게난(910), 마할랄렐(895), 에녹(365), 라멕(777)까지 수명이 길었다. 홍수 이후에도 상당히 많은 수가 장수의 혜택을 누렸다. 노아의 아들 셈(600)으로부터 에벨(464), 스룩(230), 나홀(158), 데라(205), 아브라함(175), 이스마엘(137), 이삭(180), 야곱(147), 요셉(110)까지 성경은 장수한 인물들을 기록하고 있다.

창세기 본문은 인간 수명을 120세 정도라고 말한다(창 6:3). 그러나 이 수에 비해 성경의 대표적인 인물들은 꽤 오래 장수했다. 모세 역시 120년을 살았고, 그의 후계자 여호수아도 110세까지 살았다. 여호야다는 130세(대하 24:15)까지 살았다고 기록하고 있다.

시편의 모세의 기도를 보면 인생은 기껏해야 70년, 근력이 좋으면 팔십(시 90:10)이라고 했다. 여기서 말하는 노년은 오늘날 우리의 평균 수명과 비슷했다. 한편 성경은 인생을 유년기, 청년기, 장년기, 노년기 등 4단계로 구분한다(렘 51:22). 그중 노년을 마지막 단계로 보고 있다. 또한 레위기 27장 7절 말씀은 인생의 단계에 따

른 몸값을 규정함으로써 노인으로 인정하는 시기가 60세 이상임을 알 수 있다.[81]

신약시대의 노년에 대해서는 유대인들이 예수님께 "네가 아직 50세도 못 되었는데 아브라함을 보았느냐?" 하는 질문에서 당시 노년을 50세를 기준으로 측정하지 않았을까 싶다.[82]

성경 안에는 많은 노인들이 등장한다. 주요 인물들은 장수의 혜택을 누렸고, 공동체 안에서 그 존재 가치를 인정받았다. 처음 족장시대와 사사시대, 왕정시대의 노인들의 역할과 위상은 사회의 여러 방면에서 눈부신 활약을 했다. 그러나 포로시대를 지나면서 그 위상은 점점 쇠퇴되었다.

구약시대 노인, 긍정적인 면과 부정적인 면 공존

구약에는 노년과 관련된 말씀이 약 250회 정도 나온다. 구약은 노인을 자켄(וקן,렘 6:11)이라고 하며, 이스라엘의 장로나 우두머리를 가리킨다. 또 세바(שׂב,삼상 12:2)는 '흰 머리'를 의미하며, 야세스(ישׁישׁ, 욥 15:10)는 '존경할 만한, 덕망이 있는 노인'을 의미한다.[83]

고대 근동사회에서는 노인들을 민족의 대표자로 여겼으며, 가장 근본적인 일들을 맡겼다. 노인의 역할은 출애굽 사건을 통해 모세의 사역에서 나타났다. 가장 먼저 하나님께서는 모세를 명하여 이스라엘 원로들을 모으도록 명하셨다(출 3:16). 하나님께서는 민수기에서 모세에게 원로회를 설립하라고 명하셨다. 70명의 원로에게 하나님의 영을 부어 주시며, 백성의 무거운 짐을 나누어지도록 하겠다고 말씀하셨다. 이렇게 모집한 원로(장로)는 연령이 높고 경험이 풍부한 지도자들이었다. 그들은 가족과 공동체의 문제를 다루었다. 또한 충고와 권면을 하기도 하며 종교와 재판에 관한 권한을 가지고 있었다.[84]

그 예로 족장시대 노인들의 역할은 다음과 같다. 공동체가 지은 죄로 인하여 속죄제물을 드릴 때 그 재물이 되는 동물의 머리에 공동체를 대신해서 장로가 손을 얹는 신성한 천직을 수행했다(신 21:18-21). 남자가 결혼하여 아내 된 사람이 처녀가 아니라는 이유로 고발하였을 때 장로들은 이 문제의 해결사로 재판을 집행하기도 했다(신 22:13-21). 또한 살인자가 성읍 중 한 곳에 숨어 피신하였을 때 장로들은 사람을 보내어 그를 잡아다가 보수자에게 넘겨 주어 복수하도록 했다(신 19:12). 뿐만 아니라 장로 된 노인들의 역할은 여호수아를 따라 부대를 거느리고 아이 성을 공격하는 군사적 역할을 담당하기도 했다.

사사시대의 노인들은 지혜자 역할을 감당하였다. 암울한 시대에 암몬과의 대치 상태에서 장로들은 이스라엘을 위하여 입다를 사사로 세우는 역할을 했다(삿 11:5). 특히 베냐민 지파의 여자들의 멸절로 대가 끊어지려고 할 때 장로 된 자들은 그들의 명석한 지혜로 베냐민 지파의 대를 잇게 했다(삿 21:16-21).

이와 같이 빛나는 노인들의 지혜는 왕정시대에 와서 조언자로서 그 역할이 더욱 강화되었다. 다윗과 사울이 장로들의 지원을 중히 여겨 서로 자기 편으로 모으려고 하는 모습이 드러난다(삼하

3:17). 다윗은 전쟁에서 얻은 전리품을 장로들에게 보내기도 했다. 최고의 영예를 누렸던 솔로몬 왕 역시 공식 행사에 장로들을 소집함으로 그 시대 노인의 역할이 얼마나 중요시되었는지를 시사해 준다. 그 후 예후나 요시야 시대에도 마을 장로들이 혁명군을 소집하기도 하면서(왕하 10:1,5) 사회 개혁의 일원으로 장로들의 역할은 눈부시게 발전했다.

예레미야서에 보면 장로들이 사제들보다 더 현명하고 지혜로 웠으며, 예언자 예레미야를 변호하는 역할을 하고 있음을 알 수 있다(렘 26:17-19). 이처럼 선지서는 노인 된 장로들의 힘과 명예가 사회적, 정치적으로 어떤 것인가를 잘 보여 주고 있다.

그러나 바벨론 시대에 와서는 다른 두 종류의 양상을 띠고 있다. 그 하나는 포위, 약탈, 살해 등 전쟁의 공포를 그리는 데 번번이 노인들을 등장시킨다. 예루살렘의 잔혹한 파멸에 직면한 예레미야는 그 슬픔을 애도하며 다음과 같이 말하고 있다. "노유(늙은이)는 다 길바닥에 엎드러졌습니다(애 2:21). 나의 제사장들과 장로들… 성 가운데서 기절하였습니다"(애 1:19). 포로기에는 하나님께서 진노하사 노인들을 불쌍히 보지 않으셨고(애 4:16), 노인들의 얼굴이 존경받지 못한다고 예레미야는 말했다.

그 다음에 노인들은 이스라엘의 회복 시기에 평화와 번영의 표징으로 쓰이기도 했다. 그 예로 스가랴서는 이렇게 말하고 있다. "예루살렘 길에서는 늙은 남자들과 늙은 여자들이 다시 앉을 것이요, 다 나이가 많으므로 저마다 손에 지팡이를 잡을 것이요"(스

8:4). 구약성경의 노인들의 위상과 역할은 그 사회의 중요한 부분을 차지했으며, 그 영향력은 실로 대단했다. 기원전 4세기까지는 노년기의 중요성에 대해 어떤 의구심도 나타내지 않고 있어 행복한 노년기라고 표현할 수 있다.

그러나 기원전 4세기 말 이후에는 노인들의 상황이 바뀌었다. 부족사회에서의 전환과 헬레니즘의 영향으로 노년 세대의 모순성에 직면하게 되면서 노년의 위상과 역할에서 안정적 위치와 위엄성을 앗아갔다. 헤브라이즘 세계는 노인을 늙고, 병들며, 쇠퇴하는 사람으로 보았다.[85] 노인의 이전 의무들은 점점 그 자리를 잃어갔고, 문헌의 역할이 증대되고 제도화됨에 따라 노인들은 갈수록 공경의 대상이라는 허울 좋은 명분 아래 공경과 돌봄의 짐스러운 대상으로 전락해 가고 있었다.

이처럼 노년기는 긍정적인 면과 부정적인 면이 함께 공존한다. 긍정적인 면은 위에서 설명한 노인들의 지혜와 경험으로부터 오는 사회적 위상인 반면 부정적인 면은 노년기에 겪는 신체적 한계와 연약함이다. 그 예로 사라는 이미 나이가 많고 늙어서 경수가 끊어진지 오래 되었다고 표현했다(창 18:11-12). 그의 아들 이삭 역시 늙어 눈이 어두워졌다(창 27:1). 모세는 120세가 되어 더 이상 출입하지 못하여 일선에 나갈 수 없다고 했다(신 31:2). 사무엘도 자신이 늙어 쇠약하게 되자 그의 아들들을 판관으로 세워야 했다(삼상 8:1).

이처럼 노년기에 사회적 위상과 맞물려 찾아오는 모순성은 어느 노인도 피해 갈 수 없는 현실이었다. 인생을 살면서 최고의 부귀를 다 소유한 노인 솔로몬은 전도서에서 사라지는 노년의 모습을 이렇게 표현했다.

"집을 보호할 힘(팔)이 흔들리며, 건강한 남성의 몸(다리)이 구부러진다. 먹을 것과 씹을 것(이)이 점점 사라지고, 창문을 통해 바라보는 것(눈)은 점점 쇠약해지고, 울림(귀)이 사라진다"(전 12:3).

그럼에도 불구하고 고대 근동의 노인의 지혜와 경험은 존경의 대상이었다(욥 12:12, 시 119:100). 바른 판단(왕상 12:1-8), 견고한 믿음과 주를 경외함으로(시 34:11) 그들의 가치가 높이 평가되며 사회적으로 높은 지위를 차지했다.[86] 하지만 욥기 21장 7절 말씀에 보면 그렇지 못한 노인이 있어 늙을수록 점점 더 악해지고 건강해지는 경우도 있다고 한다. 그러나 정의로운 욥은 마지막까지 하나님을 경외하고 의지하였다. 그 결과 그는 부와 건강을 되찾아 140세까지 살면서 4대 손까지 보며 사는 천수를 누렸다. 이렇게 볼 때 인생은 산 햇수가 전부가 아니요 현명함이 백발이며, 티 없이 산 순결한 삶이 노년기의 완숙한 결실임을 말하고 있다.

신약시대 노인, 다양한 역할을 하다

신약에서는 노인을 '늙은이'(게론 γέρων 요 3:4), '연장자'(프레스뷔테스 πρεσβύτης 눅 1:18)란 의미로 주로 사용한다. 게라스(γηρας 눅 1:36)는 '늙은 나이'를 뜻하며, 생물학적으로 출산의 능력이 없는 노쇠한 사람과 연령적으로는 나이 든 사람을 말한다.

모세시대에 있었던 '장로'라는 용어도 신약시대에는 의미가 확장되었다. 복음서에는 장로들, 율법자들, 대제사장들이 등장한다. 여기서 장로는 평신도 귀족의 대표자들을 말한다. 초기 그리스도교 공동체는 이러한 제도를 도입했고 노인들에게 지도력을 제공했다(행 4:5, 6:12, 8:23).

한편으로는 신약은 장로 된 노인뿐 아니라 모든 노인을 자녀들과 후세대에 공경의 대상으로(딤전 5:1-9) 보고 있다. 플라비우스 요세푸스에 의하면 '장로'라는 용어는 연령만을 고려한 것이 아니라, 상당히 확장된 개념으로 지혜와 이름을 떨친 사람을 지칭하는 말이었다. 이렇게 볼 때 신약시대 장로의 의미는 더 넓은 의미를 갖고 있다고 볼 수 있다.

신약은 노인들의 역할을 다양하게 소개하고 있다. 세례 요한의 부친 제사장 사가랴는 늙고 그의 아내 엘리사벳은 나이가 많아 수태하지 못한다고 했지만, 노년에 아이를 가졌다(눅 1:18, 36). 이에 사가랴는 성령의 충만함을 받아 예언하고(눅 1:67), 메시아를 찬송하는 찬가를 불렀다.

누가는 시므온에 대해 다음과 같이 말하고 있다. "시므온은 이스라엘의 위로를 기다리며 메시아의 도래를 위해 오랜 세월 기도했던 노인이었다. 그는 아기 예수를 가슴에 안고 더 바랄 것 없는 흡족한 심정으로 고별을 노래했다"(눅 2:25-35).[87] 시므온은 의롭고 경건한 노인으로서 메시아를 기다리며 하나님 나라에 소망을 두고 산 신앙인이었다. 또한 여 선지자 안나는 과부가 되고 84세가 되도록 성전을 떠나지 않고 기도에 힘쓰며 메시아를 전하는 성숙한 그리스도인으로서 경건을 실천한 노인이다(눅 2:36-39).

유대인 지도자 니고데모는 밤중에 예수님을 찾아와서 거듭남을 체험했다(요 3:1-5). 그는 노년에 예수님의 장례를 준비하기 위해서 몰약과 침향 섞은 것을 백 근쯤 가지고 옴으로 헌신의 아름다운 모습을 보였다(요 19:39).

예수님의 수제자이자 '장로' 된 베드로(벧전 5:1)는 노년에 기록한 그의 서신에서 나이 어린 교회를 향해 자신의 임박한 죽음과 박해, 그리고 임박한 주님의 재림에 대해서 기록하였다.[88] 그는 AD 64년경에 순교하기까지 그의 사명을 다하였다.

특별히 예수님의 사랑하는 제자 요한은 90세가 넘도록 생존하면서 예수님의 노모 마리아를 모셨다(요 19:27). 그뿐 아니라 요한은 노년의 나이에 요한복음을(AD 85년 경) 저술했다. 요한 서신 역시 '장로'(요3 1:1)로서 노인의 나이에 기록하였다(AD 87-90년 경초). 그 당시 사도 요한은 70대 중반의 노인으로 혼자 걸을 수 있고, 여행을 할 수 있는 나이였다. 그는 고령의 나이에 도미티안에게 박해를 받아 밧모섬으로 유배되었다. 그곳에서 주일에 성령의 감동을 받아 신비한 경험을 하게 되었고, 계시록을 기록했다(AD 95년 경). 요한의 영적 통찰력과 성숙함은 그의 글들에 잘 나타나 있으며, 고령의 나이까지 그는 헌신된 일꾼으로 활동했다.

바울 역시 노년기에 눈부신 활약을 했다. 그의 마지막 후반기 사역은 주로 에베소 사역이었다. 그는 제3차 전도여행(AD 53-58) 중에 고린도교회에 머물면서 불후의 서신 로마서를 집필했다.

그 일로 제국의 동편 지역에 있는 그리스 세계가 복음화되었다(롬 15:19, 23).

바울은 노년기에도 예루살렘의 곤궁한 신자들을 구제하기 위한 헌금을 모금했다. 또한 바울은 라틴 세계와 서바나에 이르기까지 선교사역의 열정을 가졌다. 바울은 노년에 옥중서신과(AD 63-65년경) 목회서신을 기록하였다. AD 67년 경, 순교하기까지 로마에서 연금 상태에 있을 때도 복음을 전파하는 일을 멈추지 않았다. 그는 복음을 위하여 자기 생명을 조금도 귀한 것으로 여기지 않았다. 또한 예수님께서 주신 새 생명을 나누는[89] 승리의 삶을 살고 간 진정한 사도로서 마지막까지 그 역할에 충실하였다.

이렇게 볼 때 노년기는 육체적 쇠퇴기라 할지라도 하나님께 소망을 두는 영적 성숙의(딤전 5:5) 시기로 속사람이 날로 새로워지는 영적 번영의(고후 4:4) 시기다.

계시록에서 메시아는 현명하고 영광스런 노인으로 표현된다. 그의 흰 머리카락은 순수함과 영원한 영광 안에서 특별한 의미로 떠오르고 있다(계 1:14-17). 또한 하나님 보좌에 앉아 있는 장로들의 모습은 노인이 하나님 나라의 가치 있는 멤버임을 말하고 있다.[90] 즉 노년기는 하나님 나라를 소망하고 기다리는 시기이기도 하다.

총체적으로 볼 때 노인들에 대한 성경의 관점은 존경과 상호사랑, 책임, 돌봄을 바탕으로 세대 간의 관계에 조화를 이루며, 공동체 안에서 균형 잡는 역할을 하는 것으로 자리매김하고 있다.

지금까지 고대에서 중세 초기, 르네상스 시대까지 노인들의 다양한 영적 역할을 비롯해 성경에 나오는 노인들의 역할을 살펴보았다. 노인들은 시대적으로 배척당하기도 했다. 하지만 여전히 각 시대마다 지대한 영향력을 끼쳤음을 알 수 있다.

노인이 우리 곁에 없다면

우리는 우리 자신의 늙음을 깨닫지 못할 것이다.

우리는 노인 속에서

미래의 모습을 볼 수 있어야 한다.

'늙음'은 우리 모두가 함께 나누며

경험하는 삶의 과정이다.

실버세대, 영성의 멘토들

2부에 나오는 인물들의 노년과 죽음은 영성의 모델로서 현대인들에게 노년과 죽음의 의미를 다시 생각하게 한다. 그들의 노년생애와 삶, 목회활동, 그리고 저서와 신학사상 속에 나타난 노년기 영성은 현대 노인들에게 귀감이 될 것이다. 노년기 영성의 멘토로 교회사 속의 네 명의 노인을 선정한 것은 다음과 같은 이유에서다.

안토니는 고대 수도사의 아버지이자 수도원의 창시자로서, 그의 영적 투쟁과 경험, 삶에 나타난 영성은 주목할 만하다. 무엇보다 노인 안토니는 사막 훈련을 통하여 영성의 진가를 보여 주었다. 그리고 하나님 나라를 향해 가는 영적 여정 속에서 무엇을 취하고 버려야 하는지 깨닫게 함으로써 현대 노인들에게 새로운 도전을 준다.

어거스틴은 위대한 사상가이며, 성직자다. 그리고 로마라는 세계 속에서 영적 리더십을 발휘한 최고의 지도자다. 또한 노년기에 집필한 저작과 활동, 수도원적 삶은 노년기 영성을 연구하는 데 조금도 손색이 없다.

루터는 '오직 믿음, 오직 은혜'만을 바라보고 일생을 살았다. 그는 노년 목회와 개혁 교회를 위해 믿음을 따라 살았다. 특히 그의 가정사역은 현대인의 삶에 중요한 지표가 되고 있다. 루터는 말씀이 주는 힘이 노년의 삶에 어떤 능력으로 표현되는지 잘 설명하고 있다.

칼빈은 500년 넘도록 개신교가 나아갈 방향을 제공한 진솔한 목회자다. 칼빈의 노년기에 나타난 눈부신 활약과 성과물은 노년을 사는 인생들에게 좋은 동기를 부여한다. 무엇보다도 하나님에 대한 사랑을 실천하는 삶은 교회와 세상에 꿈을 심어 준다. 예수님을 믿는 사람들에게 이 땅에서 살아야 할 이유를 제공한다.

5장

사막의 영성으로 초대한 안토니
- A.D. 251-356

　최초의 기독교 성인 전기 작품인 『안토니의 생애』(아타나시우스)
는 국제적인 베스트셀러가 되어 안토니를 따른 은자들의 행렬에
끝이 보이지 않을 정도로 큰 영향력을 미쳤다. 그 이유는 안토니가
많은 수도사들을 사막으로 이끌어 내어 하나님의 말씀을 따르는
순종과 실천의 삶을 살게 하는 역동적 힘을 제공했을 뿐만 아니라,
한 인간으로서 이상적인 모습과 삶의 방향에 새로운 길을 보여 주
었기 때문이다.

1. 사막은 수도생활의 요새

251년, 이집트 중부 테바이드Thebaid에서 부자의 아들로 태어난 안토니는 좋은 집안에서 성장하며 기독교 교육을 받았다. 그가 18-20세 되던 때에 부모는 많은 유산을 남긴 채 세상을 떠났다. 어느 날 그는 교회에서 복음서를 낭독하는 소리를 듣게 되었다. "네가 온전하고자 할진대 가서 네 소유를 팔아 가난한 자들에게 주라 그리하면 하늘에서 보화가 네게 있으리라"(마 19:21). 그는 이 말씀에 감동을 받고 순종하여 부모에게서 물려 받은 막대한 재산을 팔아 가난한 사람에게 나누어 주고¹ 남은 여동생을 신망이 높은 수녀들에게 맡긴 후 수도생활에 전념했다.

안토니가 처음 10년 동안 수도생활을 한 곳은 자신의 고향에서 멀지 않은 곳이었다. 그 당시 마을 주변에는 은둔자들이 있었다. 이전에 어떤 수도사들도 사막을 잘 알지 못했던 그 시기에 안토니는 그들을 황량한 사막으로 이끌어 냈다.

그는 광야 암굴에 들어가 은둔하며 기도와 노동에 힘썼다. 금식하면서 기도하고, 늘 겸손한 태도로 살았던 그는 주변 사람들에게 '하나님의 친구'라고 불리며 존경을 받았다. 안토니는 한동안 무덤 안에서 지냈다. 그 뒤 은둔 장소는 사막이라고 부르는 바깥 산² 요새에서 20년 간(286-305년) 홀로 생활하면서 거의 밖에 나가지도 않았다. 그가 다시 요새에서 나왔을 때는 55세 가량 되었다. 20년 동안 고행의 삶으로 영적 전쟁을 치렀음에도 그의 영혼은 맑고 깨끗했으며, 전혀 흔들리거나 요동이 없었다. 주위 사람들은 그의 건강함을 보고 놀랐다.

모세와 바울 그리고 세례 요한, 예수님도 사막생활을 했다. 그곳은 하나님이 나타나는 곳, 하나님의 임재를 체험하는 장소였다. 사막은 하나님만이 유일한 관심사가 될 수 있도록 인간이 할 수 있는 모든 관심사를 버리는 곳이다. 노인 안토니에게 그곳은 삶의 목적을 지향하는 곳이었고, 낙원으로 가는 길, 잃어버린 조화와 완벽을 회복하는 길이었다.

『하나님의 광야』(앤드류 루스)에서 찰스 킹스리는 안토니에게 "사막은 낙원에 있는 인간의 자연스런 상태에 도달하는 것"이라고 묘사했다. 이처럼 사막이 안토니와 수도사들에게 주는 의미는 내면적인 균형뿐 아니라 하나님과 자연과의 완벽한 합일이었다. 사막이 그를 신이 된 인간으로 등장시켰다. 그가 요새로부터 나온 시점은 그의 노년기 사역의 새로운 시발점이었다. 그 노년의 무대에서 안토니는 자신의 체험과 경험 아래서 지도 받는 은수도사들을 체계화시켰다. 그리고 105세 고령의 나이로 세상을 떠나기까지 수많은 제자들을 배출하였다.

2. 노년기 영성과 삶

소유권 포기는 수도생활의 원천

안토니는 하나님을 따르기 위해서는 부모로부터 물려받은 재산은 불필요한 것이라고 생각했다. 그는 수도생활을 위하여 자신의 소유를 포기하고 사막으로 들어가는 것을 자청했다. 이와 같은 안토니의 부에 대한 포기는 영적 삶을 살아가는 시발점이 되었다.

안토니는 이 세상에서 부를 가지는 것이 헛되며, 부를 포기하면 하늘나라에서 백 배 이상을 받게 될 것이라고 가르쳤다. 또한 이 세상 전부도 우주 안에 놓고 보면 지극히 작은 것이어서 어떤 위대한 것을 포기한다 해도 이에 대해서 자랑하거나 나태하지 말아야 한다고 설교하였다.

그는 복음을 위해 소유를 포기하는 것은 영생의 길인 동시에 영적 삶을 위해 절대적인 것임을 믿었다. 이처럼 안토니가 자신의 모든 소유를 포기한 것은 하늘나라를 소유한다는 측면에서 최고의 깨달음이었다. 그 가치는 종말론적인 소망으로 이어졌다.

그는 고린도전서 15장 42절의 말씀처럼 "썩을 것으로 심고 썩지 아니한 것으로 다시 살아나리라" 하는 부활에 대한 확신과 더불어 하나님 우편에서 영원히 다스릴 왕적 존재임을 믿었다. 또한 나이가 들어갈수록 날마다 천국을 생각했으며, 그곳을 그리워하고 인간의 덧없는 삶을 묵상하기도 했다. 소유권 포기는 그가 고행과 금욕생활이라는 수도생활을 능히 해나갈 수 있는 원천이 되었다.

끊임없는 고행과 금욕생활

집을 떠나 사막으로 들어온 젊은 안토니는 무덤과 요새에서 혼자 기도했고, 자신의 암자에 머물러 있으면서 고된 훈련을 쌓았다. 안토니의 처음 금욕생활은 금식과 기도였다. 음식은 빵과 소금이었고, 음료로는 물을 마셨다. 습관적으로 그는 맨땅에 누웠고, 요새에서 생활할 때 6개월 간 빵을 먹었다. 오랫동안 이러한 수도생활을 했다.

요새에서 나왔을 때 그의 건강은 놀랍게도 이전 상태를 유지하였다. 운동 부족으로 살이 찌거나 야위지도 않았다. 노년에도 안토니의 금욕생활은 여전히 이어졌다. 몸을 위해서는 꼭 필요한 시간만 할애할 뿐 영혼의 유익을 위해서 자신을 복종시켰다.

노년에 그는 날마다 삶 속에서 양심의 순교를 겪으면서도 힘들고 고생스러운 수도생활을 게을리 하지 않았다. 그는 몸을 씻지 않았으며, 필요한 경우가 아니면 발을 물 속에 집어넣지도 않았다. 안토니는 세상에서 물러나 많은 시간을 기도하는 데 보냈고, 잠은 거의 바닥에서 잤다. 그는 기도와 금욕적 고행만이 마귀와의 싸움에서 이길 수 있음을 알고 있었다. 안토니는 그런 수도생활 중에도 하나님을 묵상하고 즐거워했다. 무엇보다 노년이 되도록 산 속에서 지내는 자신의 금욕적인 삶을 귀히 여겼다.

그는 자신의 도움이 필요한 사람들의 요청에 따라 산 밖을 나갔을 때도 금욕과 고행을 위하여 속히 돌아오길 원했다. 그는 "물고기가 마른 땅 위에 있으면 죽게 되듯이 수도사들도 여러분과 함께

머뭇거리며 시간을 보낼 때 수도를 게을리 하게 된다. 물고기가 바다로 가듯이 우리는 산 속으로 돌아가야 한다"고 말했다. 이와 같은 안토니의 금욕생활은 기도와 노동이라는 영성생활로 나타났다.

사막교부들의 금언

어느 사냥꾼이 안토니가 형제들과 함께 쉬고 있는 것을 보고 충격을 받았다. 안토니는 때때로 형제들의 욕구를 충족시켜 주어야 한다는 것을 사냥꾼에게 이해시키기 위해서 그에게 말했다. "활에 화살을 당기고 쏘시오." 사냥꾼은 시키는 대로 했다. 안토니는 "다시 쏘시오"라고 말했고, 사냥꾼은 그대로 했다. 그 다음에도 안토니는 "다시 한 번 쏘시오"라고 말했는데, 이번에는 사냥꾼은 "활을 너무 자주 잡아당기면, 활이 부러질 것입니다"라고 대꾸했다.

안토니는 그에게 말했다. "하나님의 일을 할 때도 그렇습니다. 만일 우리가 어느 정도 이상으로 형제들에게 강요하면 그들은 부러질 것입니다. 때때로 내가 형제들에게로 내려와서 그들의 욕구를 충족시켜 줄 필요가 있어요." 사냥꾼은 이 말을 듣고 양심의 가책을 느꼈다. 그는 안토니에게서 크게 교훈을 받고 돌아갔고 형제들도 영적으로 힘을 얻고 집으로 돌아갔다.

그리스도인의 덕의 모델

안토니는 깊은 산 속에 머물며 기도와 수도생활에 몰두했다. 그곳은 "아랍, 베두인족 대열에 끼어 150킬로미터를 걸어간 샘과 야자수가"[3] 있는 곳이었다. 노년에도 안토니는 어느 누구에게 신세를 지거나 남을 괴롭히지 않았다. 늘 부지런히 일했으며 방문객을 접대하기 위하여 채소를 심었다 또 바구니를 손수 짜서 찾아오는 이들에게 그들이 가져온 물건 대신 나누어 주곤 했다.

그는 노년에도 꾸준히 일했고 산 위에 홀로 앉아 열심히 기도했다. 안토니는 더 깊은 산 속에 들어가서 늘 해오던 대로 수도생활에 전념했다. 주님은 그를 통해서 많은 사람들을 치유하셨다. 그에게 일과 기도는 "매일 몇 시간 동안 행하는 활동이 아니라, 끊임없이 하나님을 향하는 삶 자체"였다.

아타나시우스는 『안토니의 생애』에서 그리스도인의 덕의 모델로 안토니를 그리고 있다. 안토니는 그의 강론에서 하늘나라에서 소유해야 할 영적 덕목들을 말하고 있다.

"그것은 사려 깊음, 정의, 절제, 이해, 용기, 사랑, 가난한 자들에 대한 관심, 그리스도를 향한 마음, 성내지 않음, 친절 등이다. 이러한 덕은 영혼의 지성이 영혼의 본성을 따를 때 생기는 것으로서 아름답고 완전한 본성이 원래의 모습 그대로 남아 있을 때 덕을 이룰 수 있다는 것이다. 이와 같은 사람은 그들 속에 이미 하나님 나라가 이루어진 사람(눅 17:21)이다." 아타나시우스가 안토니를 덕의 모델로 묘사한 것은 하나님의 형상과 모양 안에서 새롭게 된 인간이기 때문이다.

윌리엄 함래스는 아타나시우스의 기독론이 여기에서 나온다고 말하며 아타나시우스는 안토니를 묘사하는 데 매우 적합한 용어들을 선택하여 다음과 같이 말하고 있다. "안토니는 전혀 동요되지 않고 이성으로부터 이끌림을 받았다. 그는 완전한 평정을 유지했고 본성을 따르는 데 전혀 흔들림이 없는 완전한 상태였다."

아타나시우스는 이러한 안토니의 완전한 상태를 묘사하며 그리스도에 의해서 완전한 인간이 될 수 있음을 보여 주었다. 여기에서 사용된 로고스는 철학적인 개념이 아니다. 아타나시우스에게 로고스는 예수 그리스도를 말하고 있음에 집중해야 한다. 육신을 입고 오신 그리스도는 완전한 균형과 조화를 이루는 분이며 신성화 된 인간성을 갖고 있는 분이다. 아타나시우스가 그리스도처럼 된다는 것은 완전한 평정을 가지고 있는, 흔들림 없는 인간이 되는 것이다. 하나님에 의해서 거룩해진 인간은 그리스도가 가지고 있는 본성을 함께 나누어 가지는 인간이 된다.[4]

그러므로 우리는 그리스도의 형상으로 만들어졌기 때문에 덕을 행하는 것은 자연스러운 것이다. 왜냐하면 그리스도가 덕의 근본이기 때문이다. 안토니의 금욕생활의 열매가 덕으로 나타났기 때문에 마귀와의 영적 전투를 승리로 이끌 수 있게 되었다. 이제 안토니의 전 생애를 차지했던 마귀와의 영적 전투를 살펴보고자 한다.

사단과 영적 전쟁을 하다

수도생활 전반에 걸친 마귀와의 투쟁은 안토니에게 특별한 영적 경험이었다. 이것은 마치 치열한 싸움을 하는 운동선수와도 같고, 그리스도의 적과 싸우는 혈전과 같다고 표현하고 있다. 안토니가 있는 곳은 언제나 영적 전투의 연속 드라마였다. 노인이 된 안토니는 사단을 이긴 그리스도의 승리가 곧 그리스도인들이 가질 수 있는 방법과 수단이란 것을 알고 있었다.

안토니가 사용한 영적 무기는 여러 가지 금욕적인 것들이다. 즉 금식, 철야기도, 온유와 관용, 돈을 경멸하는 것, 허영심을 버리는 것, 겸손, 가난을 사랑하는 것, 자선, 분노에서 자유로움, 그리스도에 대한 모든 헌신이다. 이런 무기들은 금욕적일 뿐 아니라 도덕적이고 영적인 덕목이다. 또 다른 무기들은 예수님께서 사단을 대적할 때 기록된 하나님의 말씀을 인용하여 승리하신 것처럼 안토니도 사단을 이렇게 공격했고 이겼다.[5]

청년기의 영적 투쟁과는 달리 노년기에 마귀들과의 전투는 안토니와 그를 따르는 수도사들에게 사단을 이길 수 있는 영적 도구를 제공해 주었다. 이렇게 고령의 안토니는 일평생 동안 마귀들과의 투쟁에서 영 분별의 은사를 받았다. 안토니는 마귀들이 어떤 욕망과 취향을 가지고 있으며, 그들의 약점과 속임수는 무엇인지 분별할 수 있는 특별한 능력이 있었다. 그는 제자들에게 마귀들의 음모를 무찌를 수 있는 방법을 가르쳐 주었고, 마귀들로 인해 괴로워하는 사람들을 격려했다. 또한 마귀들의 정체와 그들이 주는 시험에 대해서 가르쳐 주었다.

사단은 본래 천사로서 지구를 다스리도록 맡겨져 있었다. 그런데 사단은 아담이 '하나님의 형상'대로 지음 받은 것을 보고 시기했다. 그래서 사단은 인간을 기만하고 설득하여 하나님을 배반하게 했다. 그 후 마귀는 세상을 두루 배회하면서 가짜 형상을 통해 그리스도인들을 속여 왔다. 마귀는 기독교인들이 천국에 들어가는 것을 싫어해서 그리스도인들을 방해하고 그들이 올라오지 못하도록 훼방했다.

그들은 모습을 수시로 바꾼다. 여자로, 짐승과 파충류로, 때로는 수천의 군사로 둔갑하고 예언을 가장하여 다가온다. 어떤 때는 지붕처럼 거대한 몸집으로 보이기도 하며, 수많은 상념과 환영을 이용해 미혹시킨다. 마귀는 수도사의 마음을 위협하며 시험하곤 했는데, 그들은 항상 대장을 앞장 세워 나타난다. 마귀는 "우리를 돼지에게로 보내어 들어가게 하소서"(막 5:12)라고 했던 것처럼 스스로 아무것도 할 수 없다. 욥을 시험할 때도 하나님께 물어 보고 허락을 요청했다.

성 안토니의 유혹 Temptation of St Anthony

안토니는 이런 마귀들의 특성과 그들의 목적이 무엇인지를 알기 위해서 많은 기도와 고행을 해야 한다고 말했다. 또한 그는 사단이 천사인지 마귀인지 구분하는 방법을 알고 있었다.『안토니의 생애』(아타나시우스)에는 다음과 같이 기록되어 있다. "거룩한 영의 환상은 우리의 기쁨이요, 아버지 하나님의 능력이신(고전 1:24) 그리스도께서 천사들과 동행하시므로 기쁨과 즐거움이 되어 영혼에 스며들게 된다. 그때 영혼이 환히 빛나게 됨을 알 수 있다. 그러나 그와 반대로 악령의 공격과 출현은 생각을 어지럽게 하며 비탄에 빠지게 한다. 또한 서로를 미워하게 하며 열의가 없어지게 한다."

안토니는 이런 영적 분별법을 수도사들에게 가르쳤다. 그리고 사단이 나타날 때 무서워하지 말고 그것의 정체가 무엇인지 물어보아야 한다면서 "당신은 누구이며 어디서 왔습니까?"라고 물을 때 거룩한 환상이면 두려움이 기쁨으로 바뀔 것이라고 했다.

그는 오직 그리스도에게만 충성하며 적들의 계략을 물리쳤다. 고령의 나이에도 적과의 싸움에서 지칠 줄 몰랐다. 안토니는 간혹 도시를 방문하는 동안 열광하는 군중들에게 둘러싸여 쉬지 못할 때나 수실에 있을 때도 같은 수의 마귀들과 싸워야 한다는 것을 주위 사람들에게 알렸다.[6] 김진하 교수(백석대학교, 교회사)는 "영적 싸움의 진정한 의미는 오직 모든 악으로부터 자유로운 인간이 되는 데 있다"고 말한다.[7]

영성의 경지에 이른 사람

노인 안토니는 교리와 모본으로서 가르친 가르침도 뛰어났지만, 귀신을 쫓아내고 병을 고쳐 주는 이적을 행하기도 했다. 또한 신비한 방법으로 땅에서 물이 솟아나게 함으로 사막의 대상들을 구원하였고, 들짐승과의 화해(욥 5:23)를 이루었으며, 바울 사도가 셋째 하늘에(고후 12:2-3) 이끌려가듯이 자신의 의식이 빠져 나가는 특별한 계시를 체험했다.

안토니는 종종 자기를 찾아오는 사람들에 대해서 며칠 전에, 때로는 몇 달 전에 그들이 오는 이유를 예언했다. 어떤 때는 자주 말을 잃었다. 그는 앉아 있을 때나 걸을 때 하나님으로부터 충만한 은혜를 경험했다. 그러나 이런 일들은 수도생활의 결실을 맺게 하기 위해서 사막의 고달픔을 위로해 주는 일이라고 여기며 늘 겸손했다.

게다가 고령의 안토니는 산 속에서 오랫동안 혼자 지냈지만, 거친 행동은 발견할 수 없었다. 그의 성품은 오히려 인자하며 공손했고 성스러운 기운이 감돌았다. 그리고 교회의 질서를 존중했다. 다른 사람들에게 유익한 일을 하면서도 오히려 자신이 도움을 받았다고 겸손히 인정했다. 그는 어떤 경우도 자신을 자랑하지 않았다. 항상 주님께 먼저 영광을 돌리며 감사하는 청결한 양심의 소유자였다. 순수한 영혼을 소유한 그는 완덕을 지향하는 영성의 경지에 이른 사람이었다.

제자 양육에 나타난 영성

안토니는 금욕생활과 영적 경험으로 인해 가장 자유로운 인간에 이르렀다. 안토니의 삶 전체는 그리스도를 따라 사는 삶이며, 이웃과 공동체를 위한 삶이었다. 그것은 이 땅에서 진정한 그리스도의 제자가 되는 길로서 다시 제자를 삼아 양육하는 것이다. 따라서 요새에서 나온 노인 안토니는 그의 삶과 영성에 열망을 품은 많은 사람들에게 자신과 같이 은둔의 삶을 살도록 권유했다. 그는 자신이 체험한 결실을 함께 나누며 공유하기를 바랐다. 때문에 그들이 수도생활을 포기하지 않도록 격려하고 권유했다.

1) 성결한 삶을 살도록 권면하다

안토니는 그의 제자들을 향해 수도생활에서 항상 태만해지지 말아야 할 것을 당부했다. 특히 자신이 주님의 종으로서 주인의 뜻에 따라야만 한다고 믿는다면 종으로서 사명을 다해야 한다고 말했다. 즉 종은 주인의 뜻에 따라 일해야 한다. "어제 일했으니까 오늘은 일하지 않겠다"고 하지 못한다. 모든 명령을 다 행한 후에도 이르기를 "우리는 무익한 종이라 우리의 하여야 할 일을 한 것뿐이라"(눅 17:7-10)고 해야 한다는 것이다. 주님의 종은 매일의 수도생활을 꾸준히 해나가며, 그 일에 전념하고 종으로서 본분을 다하는 자라고 제자들에게 가르치고 양육했다.

또한 그는 "수도생활을 위해서 쟁기를 잡고 뒤를 돌아보는 사람은 하나님 나라에 합당치 않다"(눅 9:62)며, 주님의 종 된 삶의 길이 무엇인지를 가르쳤다. "예수님께서 세상을 위한 하나님 아버지의 종"으로서[8] 삶을 살았듯이 안토니 역시 세상을 위한 그리스도의 종으로서 주님을 기쁘시게 한 삶을 살아낸 사람이었다.

노인 안토니는 마음의 순결을 이루었고, 제자들에게 아래와 같은 성결의 삶을 살도록 당부했다. "우리가 세상을 살아갈 때 매일 아침에 일어나서 저녁까지 살아 있지 못할 것이라 가정하고, 저녁에 잠자리에 들 때 그 다음날 다시 깨어나지 못할 것이라고 생각합시다. 우리의 삶은 불확실하며 하나님의 주권과 섭리에 의해 매일 주어집니다. 이렇게 생각하고 매일 산다면 죄를 짓지 않을 것입니다."

안토니는 죄를 짓지 않기 위해서는 "나는 매일 죽노라" 했던 사도 바울의 말씀을 상고하며 살라고 했다. 이런 태도로 사는 사람은 "죄를 짓지 않을 뿐더러 죄에 대해서도 자유로운 인간이 될 수 있다. 또한 누구에게도 원한을 품지 않고 용서하며, 모든 소유에서 자유롭게 될 것이다. 뿐만 아니라 덧없는 세상의 것들에서 과감히 발길을 돌리며, 심판의 날을 고대하는 사람이 될 것이다"라고 말했다.

그는 수도생활의 깊이가 더할수록 영혼의 순결뿐 아니라 마음의 노여움과 분노(엡 4:26)까지도 다스려 정결한 마음에 이르러야 함을 제자들에게 가르쳤다. 그는 죄를 이기기 위해서 자신을 단호하게 쳐서 하나님께 복종시킨 사람이요, 죄의 깊은 터널에 들어가 마침내 빛의 광맥을 발견한 사람이었다.

2) 제자들을 변화시킨 말씀 중심의 삶

안토니는 모든 가르침과 사단과의 싸움에서도 언제나 말씀을 인용하여 마귀조차도 그를 두려워하였다. 또한 철저한 복음 중심적 신앙의 사람이었고 말씀을 의지하며 순종하는 삶의 모델이었다. 교부들의 금언집에 보면 어떤 사람이 안토니에게 물었다. "하나님을 기쁘시게 하려면 어떻게 해야 합니까?" 안토니는 그에게 말하기를 "항상 눈앞에 하나님을 모시며 어떤 일을 하든지 성경의 말씀에 따라 행하라"고 했다. 어떻게 해야 구원을 얻을 수 있는지 묻는 사람에게 그는 항상 구원 받는 방법이 성경에 있음을 분명히 밝혔다.[9]

세상을 떠날 때도 그는 수도사들에게 이렇게 당부했다. "예수 그리스도를 향한 거룩한 믿음을 지켜 나가시오. 여러분은 그 믿음을 성경에서 배웠으며, 나도 여러분에게 자주 상기시켜 주었소." 뿐만 아니라 안토니는 그의 죽음 앞에서도 여호수아서 23장 14절 말씀을 인용하여 말하였다.

이와 같이 안토니는 평생을 말씀 안에서 살며 말씀으로 제자들을 양육했다. 그의 강론은 듣는 이의 마음을 뜨겁게 했으며, 삶의 태도를 변화시켰다. 아타나시우스는 안토니의 설교를 듣고 변화된 수도사들의 모습을 이렇게 묘사했다. "언덕 위에 있는 그들의 암자는 거룩한 합창이 가득한 천막 같았다. 그들은 찬송하고 연구하며 금식과 기도를 하였다. 그리고 즐거워했으며, 자선을 베풀기 위해 일했고 서로 사랑하고 협력하였다."

3) 이웃사랑, 하나님께로 가는 길

안토니의 수도생활의 근본적인 목적은 하나님과의 깊은 만남을 추구하는 것이었다. 하지만 그가 요새에 있을 때나 깊은 산 속에 있을 때도 그의 제자가 되기를 열망하며 찾아오는 사람들의 방문을 기꺼이 수락했다. 사실 그는 노년이 되면서 돌봄 사역을 더 활발하게 했고, 사람들의 일에 더 깊게 관여했던 것을 볼 수 있다.[10] 그는 자신의 경험과 진리로 타인에게 용기를 주고 유익을 주는 일에 기꺼이 응했다. 안토니는 고령이 되어서 하나님께 부르심을 받을 때까지 수도사들을 돌볼 뿐 아니라 자신에게 무엇인가를 얻기 위해 끊임없이 줄지어 찾아오는 방문객들을 기꺼이 수락한 것으로 보아 사막은 단지 지리적으로 고립되었을 뿐이다.[11]

노년에도 그는 언제든지 그를 찾는 사람들의 말을 경청했으며 권면했다. 그는 고통받는 사람들을 측은히 여기고 그들을 위해 기도했다. 마귀를 쫓아냈으며, 그들을 위로했다. 아타나시우스는 안토니가 "이웃 사랑을 최고로 가치 있는 일이라고 여겼다"고 표현했다.

사막교부들의 금언집은 안토니에 대해 이렇게 말했다. "우리가 형제를 얻는 것은 곧 하나님을 얻는 것이다. 그러나 형제를 화나게 하는 것은 그리스도께 범죄한 것이다."[12] 이와 같은 사랑은 수도사들이 가지는 삶의 최고의 목표였다. 그것은 하나님께로 가는 길이었기 때문이다.

4) 사막에서 세상으로 나온 그리스도의 참 제자

노인 안토니는 교회와 사회문제에 대해서도 관심을 가졌다. 맥시민(Maximin : 305-308년까지 로마 제국의 황제였음) 황제 아래 교회가 박해를 받을 무렵 거룩한 순교자들이 알렉산드리아로 갔을 때 암자를 떠나 그들을 따라갔다. 그는 순교를 열망했지만, 하나님은 다른 사람들에게 은혜를 베풀기 위해 안토니를 보호하셨다. 안토니는 광산과 감옥에서 신앙 고백자들을 돌보았고, 그러한 보살핌 속에서 그들과 고통을 함께하였다.

교회가 이단들과 싸울 때 정통신앙과 말씀으로 무장한 안토니는 멜레티우스 분파론자들Meletian schism과 교제하지 않았다. 또한 마니교의 이단자들을 형제로 공인하지 않았고, 아리우스파의 이단적인 주장을 혐오했으며 그들과의 관계를 공식적으로 부인했다. 아리우스파가 교회를 박해할 때도 그들을 권면하며 기도하였다. 이단에 맞서는 독실한 사람 안토니를 보기 위해 많은 사람들이 그를 찾아왔다. 그곳에 하나님께서 은혜를 베푸셔서 일 년 동안 수많은 사람들이 그리스도를 믿게 되었다.

안토니는 그리스인 철학자들에게도 인류를 구원하러 오신 하나님의 아들 예수 그리스도의 십자가와 부활을 논리적으로 설명했다. 뿐만 아니라 마귀에게 시달림을 받는 사람을 그리스도의 이름으로 치유하였을 때 그들은 놀라며 많은 깨달음을 얻었다고 고백하며 떠났다. 아타나시우스는 "안토니가 정규 교육을 받지 않았으나 철학자들과의 논쟁에서 신학적인 주장을 설득력 있게 펼칠

수 있었던 것은 그의 정신이 건강했으며, 분명한 믿음으로 알기 쉬운 추론을 펼쳤기 때문이다"라고 했다.

또한 노인 안토니는 사회적으로 중재자와 조언자로서 역할을 감당했다. 그는 아우구스투스와 같은 통치자들에게도 사회의 정의를 실현하고 가난한 사람들을 돌보는 정직한 지도자가 되라고 권면하였다. 안토니는 세상을 버리고 사막 속으로 들어 간 것 같으나 사막에서 세상으로 나온 그리스도의 참 제자였다.

3. "내가 묻힌 곳을 알리지 말라"

안토니의 노년기 영성은 죽음에서 뚜렷이 나타난다. 자신의 죽음을 감지하고 있던 고령의 안토니는 늘 해오던 대로 산 바깥에 살고 있는 수도사들을 감찰하고 지도했다. 이 세상에서 마지막까지 자신의 사명에 충실한 모습으로 그들을 방문했다. 그는 하나님의 뜻에 따라 이 세상을 떠날 때가 되었음을 알렸다. 그 소식을 들은 제자들이 울자 그들을 격려하며 권면하였다.

그는 수도생활과 이단, 그리스도를 향한 믿음에 대해, 특히 장례의식에 관해 성경의 가르침대로 할 것을 권면했다. 그 지방(이집트)의 장례의식을 따르는 것은 성경에 위배된 것이기 때문이다. 이집트의 장례의식은 경의를 표한 후 소중한 사람들이나 거룩한 순교자들의 시신은 세마포에 싸서 묻지 않고 낮은 침대에 눕혀 집안에 안치해 두는 관행이 있었다. 안토니는 주교들에게 이 문제를 여러 차례 부탁하며 성경대로 가르치라고 했다. 죽음을 앞두고 안토니는 자신의 몸을 이집트의 관습처럼 하지 않을까 염려하여 수도사들에게 계속 당부했다. 그는 수도사들을 떠나 평소처럼 산 속에 머물렀다. 몇 달이 되지 않아 병들었고 죽음을 맞이하게 되었다. 두 사람이 끝까지 그와 함께하였다(아마다스와 마카리우스).[13]

죽음을 맞이한 안토니는 "나는 성경에 있듯이 선조들이 가신 길로 떠난다. 오랜 수도생활을 무너뜨리지 말고, 마귀들을 두려워 말고, 하나님을 믿으며 가르침을 기억하여 날마다 죽는 마음으로 살아가야 한다"고 당부했다. 특히 분파론자들과 아리우스파의 이단들은 절대 용납하거나 교제하면 안 된다고 했다.

그리고 그는 그가 평소에 가르쳤던 대로 자신의 장례에 대해 "내 시신을 이집트로 가져가 집안에 안치하지 못하도록 내 몸을 땅에 묻어 주게. 그리고 아무에게도 내가 묻힌 장소를 알리지 말게"라고 말했다. 그는 자신의 몸은 죽은 자의 부활로 다시 받을 것이라고 말하며 마지막 유언을 했다. 그리고 이 세상에서 가지고 있었던 자신의 옷들을 나누어 주라고 부탁했다.

아타나시우스 주교에게는 양가죽 하나를 주었고, 세라피온 주교에게는 나머지 양가죽 하나를 주었다. 그를 돌본 두 사람에게는 안토니가 머리에 쓰던 덮개를 주었다. 그의 망토 하나는 사막에서 온 수사 테베의 폴이 113세에 죽을 때 사용하였다.

고령인 안토니는 주님의 부르심을 받았다. 안토니는 생의 마지막에도 오직 주님만이 영광 받으실 대상임을 잊지 않았다. 혹시 이집트인들의 관행에 따라 자신의 시신을 안치해 놓고 경의를 표하며 섬길 것을 우려해 자신의 무덤을 공개하지 못하게 했던 것은 바로 그 때문이다. 젊어서부터 죽기까지 이렇게 뜨겁게 헌신해 온 안토니는 오직 주님만이 그의 자랑이었으며 섬김의 대상이었다. 그는 자신의 죽음을 통해서도 제자들을 가르친 산 교육의 모델이요 스승이었다.

4. 고령화 시대, 노년 사역과 삶의 모델

안토니의 영성, 노년문화에 새로운 장 열어

안토니는 자신의 수도생활을 통해서 터득한 영적 경험과 금욕적 삶으로 수도사들을 양성했다. 뿐만 아니라 사회의 어려운 사람들을 치유하며 돌보는 진정한 사역자였다. 그의 삶과 노년기의 영성은 많은 수도사들에게 수도의 열망을 불러일으켜 세상을 버리고 과감히 떠날 수 있는 결단을 촉구했다. 그의 영성과 삶 그리고 영적 투쟁, 그 안에서 이루어지는 하나님과의 깊은 만남은 현대 그리스도인들에겐 새로운 도전으로 다가온다.

안토니는 수도생활을 통해서 영적 순결의 깊은 단계에 이르렀다. 실제적으로 종교인이나 개인, 평신도들이 노년을 은혜롭게 보내는 것은 극히 일부에 지나지 않는다. 이런 현실 속에서 안토니의 노년기 영성은 우리에게 새로운 대안을 제공한다.

또한 덕의 모델로 등장한 안토니의 영적 삶은 노년 사역이라는 새로운 패러다임을 제공한다. 고령화의 사회에서 노인 문제로 고민하는 그리스도인들에게 그의 노년기 사역과 삶은 영성생활의 필요성을 일깨워 준다. 그의 노년기 영성은 노년문화에 새로운 장을 열어 주는 계기가 될 것이다.

우리는 안토니와 수도사들처럼 사막으로 갈 수는 없다. 그러나 사막과 같은 이 시대 속에서 많은 적들과 부딪히며 살아가고 있는 우리는 안토니의 영적 투쟁 속에서 거두었던 체험과 교훈을 영성수련의 장으로 이끌어내어 적용하는 실천의 틀을 만들 수는 있다.

그의 금욕적 생활과 삶은 풍요로운 사회를 살아가는 그리스도인들에게 도무지 이해할 수 없는 부분으로 다가올지 모른다. 하지만 안토니가 추구했던 양심의 순교처럼 그리스도인들의 매일의 생활 속에서 양심의 순교가 이루어져야 한다. 그것이 곧 믿음 안에서 자유로워지는 상태에 이르는 길이며, 우리가 그분 안에서 완전한 평정을 이루는 것이다.

6장

하나님 나라의 독립군, 어거스틴

성 어거스틴은 후세에 지대한 영향을 끼친 사상가요, 성직자이자 정치 이론가이며 역사 철학자다.[14] "인간의 마음은 심연이다"라고 말한 그는 인간에 대한 깊은 회오를 가진 사람이었다.[15] 그의 신학은 칼 바르트나 데카르트 이후 근세 관념론 철학자들까지 사회 각계각층의 사람들에게 영향을 끼쳤다. 그들은 악의 문제와 정의의 기준, 교회의 일치, 교회와 국가를 논할 때도 그의 사상과 저술을 참고했다. 그가 교회와 신학이 나아갈 방향을 제시해 주었기 때문이다.[16] 어거스틴은 수많은 저작과 설교, 편지를 남겼다.『고백록』을 비롯해 노년기에 완성한 『하나님의 도성』, 『삼위일체론』등은 그의 대표작이다.

1. 어거스틴의 생애와 『고백록』

어거스틴은 354년 11월 13일 북아프리카의 타가스테Tagaste에서 태어났다. 소년 어거스틴은 부모의 요청에 따라 마다우라와 카르타고에서 필요한 교육을 받았다. 그 후 370년에 북아프리카 카르타고에서 유학을 하면서 학비 문제로 1년의 공백기를 맞게 되었다. 그즈음 성에 눈을 뜨게 되면서 한 여자(내연의 처)와 15년 동안 동거생활을 했고, 아들 아데오다투스를 얻게 되었다. 그 당시 로마에서는 서로 신분의 차이가 나는 결혼은 걸맞지 않다고 하여 용납되지 않았지만, 하급 여인이나 노예와의 동거생활은 관습으로 허용되었다. 어거스틴이 밀라노에서 신분에 맞는 결혼을 위해 다른 여인과 약혼하자 385년에 내연의 처는 아프리카로 돌아가게 되었다.

그의 아버지 페트리키우스는 비기독교 신자였지만, 어머니 모니카는 절실한 신자로서 어거스틴을 어려서부터 그리스도인으로 키우기 위해 기도를 많이 했다. 훗날 어거스틴은 『고백록』에서 이렇게 기록하였다. "하나님께서는 어머니의 눈물의 기도를 들어 주셨고, 꿈을 통해서 응답하셨다. 또 어머니가 한 주교를 찾아가서 그의 방탕한 아들의 교육을 맡아 줄 것을 간절히 요청했을 때 그 주교는 눈물의 아들은 결코 망하는 법이 없다"고 대답했다.[17]

어거스틴은 19세 때 키케로의 대화집 『호르텐시우스』를 읽으면서 작품 속에서 '지혜를 위한 사랑'을 깨닫게 되었다. 그는 그리스도교의 '참된 철학'을 추구하기 위해 성경에 몰두했다. 하지만 구약 성경의 야만적인 역사가 키케로의 위엄과 비교도 안 된다며 거절했다. 어거스틴은 마니교의 이론에 매료되어 9년 동안 마니교를 신봉했다.[18] 그러나 그 뒤 마니교의 체계에 모순을 발견하게 되었다.

384년 어거스틴은 마니교도 친구의 도움으로 밀라노로 떠났다. 그곳에서 암브로시우스의 영감 넘치는 설교를 듣게 된 것을 계기로 마니교와 인연의 줄을 끊어 버렸다. 그 뒤 어거스틴은 그의 친구 폰티키아누스를 통해서 이집트 수도사의 아버지, 안토니의 사막에서의 삶과 금욕적 수도생활에 대해 듣고 개종을 위한 분기점을 마련하게 되었다.

386년 8월 1일 어거스틴은 친구 알리피우스와 자택에 딸린 정원에서 유명한 회심의 체험을 하게 되었다. 이듬해인 387년 4월 24일 성 토요일 밤에 그는 밀라노의 대성당에서 암브로시우스 주교에게 세례를 받았다.[19] 그리고 391년에는 사제 서품을 받았다.

그는 오랜 세월을 히포에서 보내면서 기독교 역사에 빛나는 많은 작품들을 저술했다. 397-401년에는 『고백록』을 기록하였다. 그 책은 어거스틴의 사상뿐 아니라 자기 검증에 대한 새로운 차원의 모습을 발견한 작품이다. 『고백록』은 전 13권으로 되어 있는데, 그의 생애와 세례, 어머니 모니카의 죽음과 그의 내적 발전과정을 담고 있다. 어거스틴의 『고백록』은 정교한 언어의 아름다움과 하나님의 위대하심에 대한 찬양, 그리고 은혜의 고상함이 가득해서 이 작품 하나만으로도 문학적으로 불멸의 이름을 남길 만큼 그 가치가 뛰어나다고 하겠다.

2. 노년기 영성과 삶

어거스틴은 사제 시절 초기부터 그의 생애 마지막까지 이교도와의 논쟁을 피할 수 없었다. 그 중 도나투스주의자와의 치열한 영적 투쟁을 비롯해 60대에 접어들자 시작된 영국 출신의 수도사 펠라기우스와 15년에 걸친 논쟁이 있었다. 그 속에서 『세례론』, 『은총론』, 『예정론』, 『삼위일체론』 등 기념비적인 신학 체계가 형성되었고, 진주 같은 수많은 저술들이 쏟아져 나왔다.

어거스틴의 저술과 삶, 사상 속에는 우리가 주목해야 할 노년기의 영성을 발견할 수 있다. 그것은 그의 신학 저술만큼이나 우리에게 유익을 주며, 영적 풍성함으로 인도하고 있기 때문이다.

이론과 실천을 겸비한 신비주의 영성

어거스틴의 사상과 작품, 신학체계는 천 년을 거쳐 많은 사람들에게 영향을 주었을 뿐 아니라 그리스도인들의 생활 방식을 규정했다고 해도 과언이 아니다. 신비적 요소에 상당한 관심을 기울였던 그가 다룬 신비주의의 주요 주제들, 즉 영혼의 상승과 관상, 경험에 대한 설명은 그의 신학 전체에 고루 흐르고 있다.[20]

어거스틴이 중년에 기록한 『고백록』은 신비 사상의 근간을 보여 주고 있다. 어거스틴은 『고백록』 7권에서 처음으로 신비적 경험을 그리고 있다. 그의 신비적 경험은 빛을 만났을 때 자신의 깊은 곳으로 들어가서 영의 눈을 뜨게 했다는 것이다. 그 빛은 전혀 변하지 않으며, 육신의 눈으로 볼 수 없는 것으로써 하나님의 참빛이었다. 어거스틴은 그 빛에 의해 눈을 떴을 때 자신을 발견했고, "진실로 네게 이르노니 나는 스스로 있는 자이니라"(출 3:14) 하고 말씀하시는 주님의 음성을 들었다고 고백했다.[21]

어거스틴은 밀란에서 수사학 교수로 생활하는 중 수도원 창설자인 안토니와 그의 추종자들에 관한 폰티키아누스의 이야기를 듣고 큰 상처를 받았으며 수치심을 느꼈다고 한다. 그의 회심의 시작은 무화과나무 아래 엎드려 폭포수 같은 눈물을 흘릴 때 일어났다. 그는 "집어라 읽어라, 집어라 읽어라tolle lege, tolle lege"하고 부르는 아이들의 노래를 들었을 때 분명 자신에게 명령하신 하나님의 음성임을 깨닫게 되었다. 곧바로 펼친 성경말씀(롬 13:13-14) 역시 하나님의 명령이었다고 고백한다.

회심 후, 어거스틴이 오스티아에서 본 신비적 체험은 깊은 황홀 상태를 그리고 있다. 어거스틴의 신비 사상은 밀란에서와 오스티아의 신비적 체험으로 이어지고 있다. 그의 신비적 경험은 '하나님의 존재하심과 선하심에 대한 확신'을 가져왔다. 그때의 신비적인 체험은 천국의 기쁨을 맛본 상태로서 '근본적인 제한의 벽'을 깨뜨린 경험이었다.

『고백록』에 나타난 신비 사상인 '영혼의 상승'이 하나님을 향하여 가는 움직임, 그리움이었다면 노년에 기록한 『편지』, 『시편설교집』, 『요한복음 설교집』, 『삼위일체론』 등은 하나님을 아는 것이요, 바라봄이다. 노년의 어거스틴의 신비주의적 영성은 어느 한 부분을 강조하기보다는 그의 삶 전체에 흐르는 하나님을 향한 그의 사랑이다.

어거스틴은 하나님께로 나아가기 위해 청결한 마음과 '사랑' caritas을 통해 '하나님의 형상'에 따라 재창조된 속사람의 회복을 강조했다.[22] 그는 '하나님의 형상'의 회복을 하나님 안에서의 삶의 영성으로 보고 있다. 이 형상의 회복은 그의 저서 『삼위일체론』에 나타난다. 인간의 영혼은 하나님과 닮았으며, 하나님의 이미지로서 삼위일체의 신비적 요소와 만나게 된다. 즉 하나님은 삼위일체시며, 인간의 모습 속에 있는 하나님의 모습도 삼위일체인 것이다.

여기에서 어거스틴은 영혼과 하나님과의 관계를 통해서 영혼이 어떻게 하나님께로 돌아갈 수 있는가를 설명하였다. 그것은 참된 본성을 찾는 길이며 삼위일체의 교리를 통해서만 가능하다.

그러나 타락한 영혼은 원죄로 인해서 진리에서 떠났으므로, 지식과 지혜의 온갖 보화의 주인이신 예수 그리스도(골 2:3)의 '강생'을 믿는 믿음으로만 하나님께 돌아갈 수 있다. 이러한 '상승'의 과정을 통해서 영혼은 하나님께로 돌아가는 단계에 이르게 되는데, 그것은 하나님을 아는 지식과 지혜의 관계 안에서 이루어질 수 있다.

여기에서 믿음의 삼위일체가 나타나며 '강생'에 대한 진리를 관상하게 되므로 그 진리 안에서 기뻐하게 되는 것이다. 인간의 영혼이 자기를 창조한 하나님을 알고 기억하며 사랑할 때 영혼 속에 하나님의 형상은 완성의 단계에 이른다. 비로소 그 영혼은 하나님에 의해서 재창조되어 하나님의 이미지로 변화되는 것이다. 그러므로 삼위일체의 유비인 사랑의 경험, 자아 안에서 재형성된 인간은 사랑만으로 현세와 내세의 하나님을 볼 수 있게 되는 것이다.

결국 영혼은 하나님께로 돌아가며 성령을 통해서 영혼 속에 현존하는 삼위일체를 관상하게 된다. 성령은 하나님을 향한 영혼의 사랑이다. 그러므로 성령의 내주하심으로 하나님의 사랑에 참여함에 따라 완전해진다. 이로써 영혼은 인간과 하나님에 대한 사랑으로 불타오르게 되는 것이다.[23]

이웃사랑은 곧 하나님 사랑

『삼위일체론』 제 8권에서는 하나님을 본다는 것은 이웃 사랑을 통해서만 가능하다고 말하고 있다. 그러므로 어거스틴은 바울이 말했듯이 이웃 사랑이 곧 하나님 사랑이라고 주장한다.[24]

그러나 어거스틴은 인간이 하나님을 이해하고 하나님을 향하여 나아가는 '상승'은 하나님의 은혜이지 성취가 아니라고 한다.

이러한 과정 속에서 어거스틴은 영혼이 하나님을 볼 수 있는 지혜에 이르는 관상의 7단계를 그의 저서 『기독교 교육론』에 다음과 같이 소개하고 있다. 첫째는 영혼이 하나님을 '두려워'하며 하나님의 뜻을 구하는 것이다. 둘째는 성경에 대해 '경건'한 마음으로 복종하는 것이다. 셋째는 '지식'의 단계로서 자신과 이웃에 대한 사랑, 곧 하나님에 대한 사랑을 말한다. 넷째는 힘과 '결단'의 단계로 무상한 것들에 대한 애착에서 방향을 바꾸어 영원하신 삼위일체에 애착을 갖는 것이다. 다섯째는 이웃에 대한 사랑의 실천으로 원수까지 사랑하는 '자비의 실천'에 도달하는 것이다. 여섯째 단계에 올라서면 눈이 깨끗이 씻어져 하나님을 볼 수 있는 '마음의 정화'에 이르게 된다. 그러므로 그 영혼은 '지혜'의 마지막 단계에 이르게 되는데, 그곳에서 평화롭고 고요를 즐기는 평정에 다다르게 되는 것이다.[25]

결론적으로 하나님을 봄으로써 그분의 사랑 안에서 형상이 회복된 심령은 마지막 심판 후 얼굴과 얼굴을 대하여 보듯이 하나님께로 돌아가게 된다. 진정으로 어거스틴이 말하는 신비란 이 세상에 오셔서 스스로 낮추신 예수 그리스도의 은혜와 사랑이신 성령이 그리스도인들의 마음에 부어짐으로 드러나는 지극한 하나님의 사랑이다. 그러므로 노인 어거스틴에게 아름다운 신비적 환상은 '하늘나라에서 성도들의 교제의 완성'으로서 그분을 이웃에게서 보고, 그 자신 안에서 보는 것이다.

이와 같은 이론 속에서 형성된 어거스틴의 신비 사상은 그의 생의 말년에 이르러 목회적 체험으로 이어졌다. 어거스틴은 히포의 사제로 있으면서 생의 마지막 몇 년 동안 많은 기적 체험을 했다. 카르타고에 문벌이 높고 경건한 인노센티아 부인이 유방암에 걸렸을 때, 그 부인은 꿈에 지시를 받은 뒤 세례를 받고 나오는 첫 번째 여자에게 가서 자신의 환부에 십자가의 표를 해달라고 부탁하자 즉시 병이 나았다고 말했다.[26]

히포의 카파도키아의 가이샤라에 사는 한 귀족 가정에 7남 3녀가 있었다. 그들은 과부가 된 어머니를 박대함으로 저주를 받아 무섭게 떠는 병이 들게 되었다. 과부의 아들 중 한 청년이 부활절 아침에 스데반 사당의 난간을 붙잡고 기도를 드렸다. 그는 갑자기 쓰러져 죽은 사람 같이 되었다가 곧바로 병에서 고침을 받았다.[27]

어느 날 임종이 가까운 병자가 어거스틴에게 기도를 받겠다고 찾아왔다. 그 병자에게 어거스틴은 "만약 그 은사를 내가 가지고 있다면 내가 맨 먼저 나에게 사용하겠네"라고 말하였다. 그러나 그 병자는 자기의 꿈을 의지하고 왔다고 주장하자 어거스틴은 즉시 손을 얹어 안수했다. 그는 사제로 있는 동안에도 악령이 들어간 사람을 위하여 기도하면 그 사람에게서 악령이 떠났다.[28] 이처럼 어거스틴의 말년은 기적적인 치유가 많이 일어났다. 그러나 그는 그 기적이 무가치한 신앙적 행습이 된다거나, 하나님과 영혼에 올바른 관계를 제공하지 않는다면 가차 없이 비평했다.

『하나님의 도성』 22권은 노인 어거스틴이 생의 끝자락인 426년 경에 쓴 것이므로 많은 기적 사건을 정확히 다루고 있다. 그뿐 아니라 그는 '기적 소식'이라는 소책자를 기록함으로써 그리스도인들의 소망의 진보와 비그리스도인들을 믿음으로 인도하는 데 필요한 사업을 추진하였다.[29]

이와 같이 고령의 어거스틴의 생의 전반에 흐르는 신비주의적 영성은 이론과 체험이 함께한 것이라고 말할 수 있다. 그의 신비주의적 영성은 『고백록』에서 시작한 하나님을 안다는 것, '하나님을 봄'이 그의 인생의 노년기에 기록한 여러 작품 속에서 하나님의 형상의 회복으로, 사랑과 성령의 은혜로 파도치고 있음을 볼 수 있다. 이러한 이론적 경험들이 노년의 어거스틴을 신비한 기적 체험의 현장으로 이끌었다. 때문에 어거스틴은 실천적인 삶의 적용으로 로마라는 세계 속에 자신을 던졌다. 어거스틴에게 진정한 신비는 하나님의 자녀로서 세상을 향하여 실천적인 삶을 사는 것이었다. 어거스틴은 노화로 인해 영적 위기에 있는 노인들에게 실천적인 삶을 통해 의미를 깨닫게 해주고 하나님 나라의 소망을 일깨워 주는 그 시대의 횃불이 되었다.

회중을 가슴으로 껴안은 지도자

어거스틴은 『하나님의 도성』에서 말하듯이 "하늘나라의 성인들, 천사들과 친교를 맺는 삶, 더불어 사는 삶을 이 땅에서 어떻게 발견할 수 있을까"를 염두에 두었다. 그 결과 그는 그리스도인으로 구성된 완벽한 공동체적인 생활방식을 추구하였다. 그의 사상에는 궁극적 행복이란 '함께'하는 것임을 강조하였다.

로마는 실로 재난의 시기였다. 410년 8월 24일 알라릭Alaric이 이끄는 고트족에 의해 전 세계의 여왕으로 군림하던 로마는 산산이 무너졌다. 이런 재난 속에서 어거스틴은 사회적이며 교회 공동체적인 고통에 대해 하나님의 백성으로서 분개하며 '우는 자와 함께 울기'를 원했다. 어거스틴은 교회의 어려운 소식을 접할 때마다 "나의 마음이 무너지고 부서졌다"라고 표현하였다. 황혼기에 있는 어거스틴의 영적 삶은 하나님의 교회에 대한 사랑과 열정으로 짙게 물들어 가고 있었다.

어거스틴은 노년에 접어들었지만 사회 문제와 교회 공동체의 문제에 대해 삶의 노련미를 보였다. 또한 노인의 특별한 영적 지혜로 재앙이 난무하는 사회 속에서 사람들을 빛 가운데로 이끌어 갔다.[30]

그는 로마와 함께 늙어가면서 전쟁의 소용돌이 속에서 실망과 절망으로 흔들리는 히포의 주민들을 섬겼다. 실로 노인 어거스틴은 교회의 감독으로서 지쳐 있는 회중을 가슴으로 껴안은 지도자였다. 그는 격동하는 시대에 정체되었던 것이 아니라, 그 시대와 함께 그의 영성도 흘러 빛을 뿜어내고 있었다.

궁극적인 영성의 목표는 하나님 나라

어거스틴은 로마의 대재난과 정치적인 붕괴에 대해서 멸망의 원인을 명확하게 분석하였다. 이 시기에 일어난 재난은 인류 전체에게는 압박이었다. 어거스틴은 고난의 의미를 "육체를 압박하면 영혼은 오히려 깨끗하게 흘러내리는 기름과 같다"고 표현했다.

이처럼 대재난의 현장에서 일어나는 대학살, 화재, 약탈, 살해는 회중들에게 불안과 심각한 정신적 타격을 주었다. 그러나 노령의 어거스틴은 충격 받은 청중들을 설득했다. "형제들이여, 상심하지 맙시다. 이 지상의 모든 왕국은 언젠가 끝이 오기 마련입니다. 지금이 그 마지막이라고 하더라도 하나님은 알고 계시고 마지막이 아직 오지 않았는지도 모릅니다."

이런 위기의 상황에서 늙은 어거스틴은 그가 항상 중요하게 여겼던 '하늘의 도시'에 대해서 회중들이 관심을 갖도록 이끌어 갔다. 그는 기독교 회중을 향하여, 현재의 고난은 그리스도의 고난에 동참하는 것으로 장차 올 영광과 비교할 수 없다는 믿음을 갖게 함으로써 '하늘의 도시'에 대한 소망으로 고난을 한 단계 승화시켰다.

어거스틴에게 로마는 그가 육십 평생을 살아온 세계였다. 그가 늙고 건강도 쇠하여진 것처럼 로마도 이제는 늙어서 거친 숨을 몰아쉬며 굽은 허리로 땅 끝을 향해 걸어갈 뿐이었다. 그는 늙고 지쳐 버린 세상 속에서 '하나님의 도시를 향해서' 나아가길 원했다. 그리스도 안에서 젊음을 되찾는 세계로 말이다. 노인 어거스틴에게 궁극적인 영성의 목표는 하나님 나라였던 것이다. 그 도시는 목마른 세계에 오아시스와 같은 것이었다.

412년에 시작하여 425년의 고령의 나이에 끝을 맺은 『하나님의 도성』은 시대적 요청이었다. 이 책은 '이방인인 고트족에게 영원한 도시 로마가 정복당하게 되었을 때 놀라움과 충격으로 이를

이해하지 못하는 회중들에게 하나님 나라가 어떤 것인가를 이해 시키는 데' 그 목적이 있다.[31]

어거스틴은 『하나님의 도성』 11권에서 '세상 도성'과 '하늘의 도성', 두 도성을 말하고 있다. 또 그는 인류를 두 등급으로 분류하고 있다. "하나는 인간의 기준을 따라 사는 자들이며, 다른 하나는 하나님의 뜻에 따라 사는 사람들이다. … 두 개의 도성으로서, 하나는 영원에서 영원토록 하나님과 함께 통치하도록 택정 받은 사람이며, 다른 하나는 사단과 함께 영벌을 받도록 예정된 사람들로 구성된 두 사회를 뜻한다."[32]

어거스틴은 이 저서를 '땅의 도성'이라는 로마의 과거로부터의 영광을 이끌어 내어 인간의 역량이 미치지 못하는 "하나님의 가장 영광스러운 도성"으로 바꾸어 놓는 데 공헌하였다. 그뿐 아니라 그는 "지상에서의 삶을 천상신국의 삶으로 이끌어주는 가능성"을 청중들에게 보여준 대작가였다.[33]

이와 같은 것들을 통해서 볼 때 로마의 멸망 속에서 그려진 어거스틴의 노년기 영성은 공동체를 향한 열정과 시민사회 속에서 하나님의 백성으로서 영적 삶을 사는 것이다. 그는 격동하는 로마와 함께 격동했다. 우는 백성과 함께 울었고, 몸부림치는 민중 속에 함께 있었다. 노년의 나이에도 분파론자와의 논박은 마치 나라를 지키기 위한 하나님 나라의 독립군과 같았다.

그의 영성은 하나님의 백성으로서 공동체와 교회를 향한 영성이었다고 말할 수 있다. 그의 비전은 로마의 멸망과 절망의 소용돌이 속에서 또 하나의 세계인 '하나님의 영원한 도성'을 바라는 것이었다.

3. 사랑과 나눔의 수도 공동체

어거스틴은 사제 서품을 받은 이후 교회의 감독과 수도원의 업무를 병행하였다. 그는 40여 년 동안 그가 죽을 때까지 아버지다운 돌봄을 쉼 없이 했다. 그의 수도원들은 '사랑과 나눔'의 공동체였으며, 신학과 종교 분야에 새롭고 독창적인 이상을 제시했다. 어거스틴이 한평생 이룩한 수도생활은 후대 수도원의 위대한 스승이라고 불릴 정도로 큰 영향을 미쳤다. 그리고 다양한 영성생활의 방법들을 제공해 주었다.

공동체 속에서 피어난 '하나 됨'

어거스틴의 공동체 삶의 목적은 함께 사는 것이고, 하나님을 향한 '하나의 믿음과 하나의 영혼'을 가지는 것이다. 그것은 곧 기독교적 공동체 삶을 말하는 것으로 '하나님께 온전히 뿌리를 둔 공동체' 이상을 추구하는 것이다. 그러므로 '한마음 한 영혼'은 그리스도와 일치하는 동시에 형제들과의 일치를 나타낸다.

따라서 어거스틴의 수도원적 이상은 사회와의 고립이 아니고 사회 속에서 그들과 '하나 됨'이었다. 그것을 삶으로 전환시킨 것은 그리스도와의 연합을 의미한다. 공동체 속에서 피어난 '하나 됨의 영성'은 어거스틴이 마지막까지 지탱하는 지주가 되었으며, 민중 속에서 빛을 발하는 보석이 되었다. 또한 이것은 이기주의를 극복하게 하며, 소외감과 고독감에서 벗어나 성숙한 그리스도인의 삶을 지향하는 이들에게 사랑의 지표를 보여 주었다. 이와 같은 영성은 나를 위한 삶이 아니라 너를 위한, 우리를 위한 멋진 그림으로 사랑과 가난의 금욕적 삶으로 표현되었다.

『어거스틴의 규칙서』에서 근본적인 관심을 둔 부분은 '영원히 남을 사랑'하는 것이다. 특히 노년의 어거스틴의 지침도 하나님 사랑과 이웃 사랑을 똑같이 강조하고 실천하는 것이었다. 그는 이러한 사랑의 실천을 수도원적 삶에 적절히 접목시켰다. 어거스틴은 고린도전서 9장 29절의 해석에서 "공동체에서는 형제 사랑이 우리의 경주이고 금욕이다"라고 공동체적 의미를 부여했다. 그 애덕의 표현 방법으로 노인 어거스틴은 재산의 통교와 형제에 대한 봉사적 순명을 요구한다.[34] 노인 어거스틴은 이 사랑이 기독교인의 마지막 목표이며, 이것은 하나님의 사랑과 분리될 수 없다고 설명했다.

사실 어거스틴의 수도 공동체는 사회적으로 빈부의 차이점이 많이 있었다. 그러나 '누가 얼마나 많은 재물을 가지고 수도원에 왔느냐'보다 신도들에 대한 사랑의 정도를 더 높이 평가했다. 사랑은 모든 분쟁과 개인의 욕심을 잠재우는 마술사였다.

사랑의 실천, 재산의 자발적 나눔으로

어거스틴은 "원래 인간은 사유 재산의 권리를 가지고 있다 그러나 이 재산상의 문제가 인간 사이에 갖가지 분열과 전쟁을 일으키는 것을 알 수 있다"고 시편 주해에서 말하고 있다. 그러므로 수도원에서는 '내 것과 네 것'의 개념은 사라져야 한다고 보았다. 따라서 수도원에서 실천하는 사도적 가난은 재산의 자발적 나눔을 통한 인간생활의 높은 차원 이상으로 생각했다.[35]

처음에 어거스틴에게 매력과 충격으로 다가왔던 것은 안토니의 완전한 복음을 위한 소유의 포기와 완덕에 이르는 수도사의 생활방식이었다. 그는 초기 예루살렘 공동체 생활에서(행 4:32) 그리스도적 재산 공유의 모델을 발견한 뒤 그의 고향 카다스테의 수도 공동체에서 자기의 모든 것을 포기하고 가난에 이르는 삶을 추구하기 시작했다.

어거스틴의 가난의 영성은 그리스도 사상의 실천이었다. 그는 주교가 되어서도 아무것도 소유하지 않았으며, 임종 시에도 주교로서 유서를 작성하거나 유언을 남기지 않았다. 그것은 "하나님의 가난한 사람은 유언할 이유가 없었기 때문이다"라고 포시디우스는 증언하고 있다. 노인 어거스틴의 의복과 침구는 검소했다. 그는 값비싼 옷을 오히려 부끄러워했으며 자신의 체구나 백발과도 어울리지 않는다고 말하곤 하였다.

노인이 되어서도 어거스틴은 교회 소유의 수익과 신자들의 헌금을 가난한 자들에게 나누어 주었다. 또한 그들을 돕기 위하여 성

물마저 아끼지 않고 그것을 팔아 필요에 따라 나누어 주었다.

복음적 가난은 단순히 겉으로 보이는 모습만 포기하는 것이 아니었다. 어거스틴이 노년에 쓴 『시편 설교』에서 보면 "가난은 마음에서 나오는 덕성이며, 마음이 탐욕으로 가득 차 있으면 빈손으로 있다는 것 자체는 아무 소용이 없다"고 말하곤 했다. 그러므로 돈에 대한 욕망을 비운 사람은 하나님으로 충만할 수 있다고 어거스틴은 그의 제자들에게 가르쳤다.

이런 공동체에서의 복음적 가난은 그 시대의 문화적 골을 메우는 데 크게 기여했다. 이와 같이 가난의 정신은 그 당시 수도사들에겐 모든 것을 '기쁨으로 포기하는 그 자체'였던 것이다.

425년 고령의 어거스틴은 수도원에서 재산 상속문제로 물의를 일으킨 성직자 수도원의 야누아리우스Januarius라는 사제가 그의 재산의 일부를 자기 딸을 위한 유산으로 남겨 두었는데, 그가 임종할 당시 그는 그 재산이 딸을 위한 것이 아니고 자신의 것임을 고백하기에 이르렀다. 그리고 그가 그 재산을 교회에 헌납하겠다고 하자 상심한 어거스틴은 "그 선물을 받지 않겠다"고 단호히 거절하였다.[36] 그리고 노년까지 복음적 실천의 하나로 가난을 추구하며 마음을 비웠다.

어거스틴의 수도 공동체의 목표는 하나님과의 '하나 됨'에서 나오는 사랑과 가난을 통한 금욕생활이다. 이것이 어거스틴이 요구하는 자기극복과 수덕의 목적이었다. 어거스틴에게 진정한 금욕적 삶은 십자가를 따르는 것이다. 어거스틴의 금욕적 삶은 적절한 조화를 이루었다. 이러한 삶은 세상과 교회 안에서 그리스도인의 삶을 사는 것으로 선택된 수도사뿐 아니라 모든 사람에게 적용되는 것이다.

4. 아름다운 마무리, 죽음의 영성

어거스틴은 노년(421-430년)의 나이에도 불구하고 계속되는 논쟁과 회의, 설교와 섬김으로 사역을 멈출 수 없었다. 그의 개인적 서신에 보면 각종 복잡한 교회의 문제로 인해 괴로워하며 지쳐 있는 자신의 모습을 그리곤 했다.[37] 이제 나이든 어거스틴은 자신의 남은 생을 정리하는 일 중의 하나로 후계자를 선출했다. 426년 9월 26일 에라클리우스를 그의 후계자로 지명하고 모든 교회의 법적 업무를 그에게 일임하면서 이렇게 말했다.

> 이 생에서 우리는 죽을 수밖에 없습니다. 모든 사람에게 그의 마지막 날은 불확실합니다.…젊었을 때는 장년이 되기를 기다리고 장년이 되면 늙습니다.…그러나 노인은 앞날을 기대할 것이 없습니다. 이제 나는 늙었습니다.[38]

어거스틴은 마지막까지 부단히 노력하여 작품을 남겼다. 425년에는 『하나님의 도성』을 완성하였고, 426년에는 『은혜와 자유의지

에 관하여』, 429년에는 마지막 저서 『성도의 견인에 관하여』 등을 남겼다. 어거스틴은 자신의 작품들에 눈을 돌려 폭넓은 문화적 유산을 정리하여 『재고론』을 가지게 되었다. 이곳에는 그의 저작 93종과 232종의 작은 책자들, 서신 또한 속기록으로 기록한 설교선집들을 정리했으며, 책의 내용에 각주를 덧붙였다.

429년 5월, 겐세릭의 반달족 기병대 8만 명이 모리티아에 침입하였다. 이듬해인 430년에는 누미디아 지방을 황폐케 했다. 신자들이 신앙을 잃고 쓰러지는 시대적인 재앙에 노인 어거스틴은 뜨거운 눈물을 흘리며 날마다 기도하곤 하였다. 생의 지친 숨을 몰아쉬는 어거스틴은 신자들이 신앙을 고수해 나가길 바라며 기도하였다. 감독들에게는 그가 그랬던 것처럼 회중과 함께 남아 있기를 부탁했다.

430년 8월 고령의 어거스틴은 지친 육신을 자리에 눕혔다. 평소에 사람들과의 교제, 우정, 나눔을 즐겨 했던 그는 이제 온전히 혼자 있기를 원했다. 어거스틴이 평소에도 습관처럼 하던 말이 있다. 비록 세례를 받았다고 해도 온당한 참회를 수행하기 전에는 이 세상을 버리고 떠나면 안 된다는 것이다. 마지막을 향해 가는 어거스틴은 이 말을 자신에게 적용시켰다.[39]

그는 정한 시간에만 방문객을 만났다. 식사 시간 외엔 혼자 있으면서 기도와 명상의 시간을 가졌다. 그가 세상을 떠나기 열흘 전부터는 의사가 진찰할 때와 식사 시간 외엔 아무도 만나지 않았다.

노인 어거스틴은 일곱 개의 회개 시편들을 필사해서 벽에 걸어두고 묵상했다고 전한다. 포시디우스는 『어거스틴의 생애』에서 이렇게 설명한다. "그는 침대에 앓아 누워 있으면서 매일 이 종이를 보았다. 그분은 이것을 읽으면서 항상 깊은 통회의 눈물을 흘렸다. … 그분은 모든 시간을 기도에 바쳤다.

어거스틴이 기도했던 7개의 시편 목록은 다음과 같다. 교만은 시편 32편, 질투는 시편 130편, 분노는 시편 6편, 나태는 시편 143편, 탐욕은 시편 102편, 탐식은 시편 38편, 정욕의 죄는 시편 51편 등이었다.[40] 어거스틴은 430년 8월 28일 북아프리카를 점령한 반달족이 히포를 석 달 동안 포위하고 있을 때 하나님께 부르심을 받았다.[41] 숨지기 전 포시디우스와 다른 두 감독들이 그와 함께 찬송을 부르고 있었다. 포시디우스는 그의 생애 끝을 이렇게 기록하고 있다.

> 그분의 모든 지체는 온전하셨고, 시력과 청력도 건강했으며 우리가 곁에서 기도하는 중에 성경에 기록된 대로 행복한 말년을 보내셨다. 그리고 그분께서는 다른 어떤 유언을 남기기보다는 당신의 저술을 갖춘 교회 도서관을 훗날 사람들을 위하여 잘 보존할 것을 당부하셨다.[42]

어거스틴은 고령의 나이에도 자신의 사역에 최선을 다했다. 그의 삶에서 영적 형성을 위한 어떤 투쟁은 찾아보기 어렵지만, 그의 생애 전반에 흐르는 하나님을 향한 사랑과 인간을 향한 열정이 '하나님의 도성'을 향하여 들어갈 수 있는 사다리를 만들어 놓았다.

이와 같이 자기의 마지막을 준비하고 정리하는 사람은 그리 많지 않다. 그렇게 할 수 있는 사람은 끊임없이 하나님을 향한 영성을 가진 사람이다. 어거스틴은 그 가능성을 이 시대의 청중들에게 심어 준 노인이었다.

5. '늙음'은 인생의 끝이 아니다

어거스틴의 영성은 앞에서 보았던 안토니의 영성과 다른 양상을 보여 주고 있다. 어거스틴의 영성은 그 시대에 적합하게 좀 더 구체화된 것을 볼 수 있다. 어거스틴의 노년기 영성의 특징은 하나님께 나아가는 신비주의적 영성에 있다. 하나님께 나아가는 영혼의 '상승'은 그의 신비스러운 회심 체험과 어머니 모니카와의 신비 체험들이 하나님께 더 가까이 나아가게 하는 길이 되었다. 그의 신비주의적 영성은 삶과 사역 속에서 조화롭게 뿌리를 내리고 있는 것을 볼 수 있다. 또한 그의 저술들과 사상은 후대에 신학의 지표가 되어 많은 신학자들에게 바른 길을 가게 했다.

어거스틴은 교회의 공동체성을 중요시했으며, 그의 회중들과 항상 함께했다. 그리고 위로자가 되어 영적 리더자의 사명을 다하였다. 어거스틴은 노구의 몸을 이끌고도 회중들을 하나님의 나라로 인도하였고, 영혼의 어두운 밤을 걷는 시민들에게 고난 이후에 있는 영원한 나라를 소개했다. 특히 그의 수도원적 삶은 세상과 교회 그리고 개인의 삶이 조화를 이룰 때 얼마나 아름다운지를 보여 주었다. 또 수도원적 삶을 통해서 그는 하나님 나라를 위하여 모든 것을 버리고 가는 제자의 삶이 구체적으로 어떤 것인지 보여 주었다. 그러므로 어거스틴의 노년기 영성은 내면세계와 외면세계 가운데 나타나는 조화로운 열매였다고 할 수 있다.

이와 함께 그의 노년기 영성을 통해 '늙음'은 인생의 끝이 아니고 열매를 거두기 위한 연속적인 신앙의 여정임을 배울 수 있다. 그리고 노년에도 영적 사명을 잘 감당하면 충분히 빛을 발할 수 있고, 후대에 영적 유산을 남길 수 있다는 확신을 심어 준다. 하나님의 사랑을 세상 가운데 실천적인 모델로 나타내려면 그러한 삶을 살기 위해 영혼의 정화된 삶, 십자가의 희생과 사랑의 훈련 등이 동반되어야 할 것이다.

하나님께서는 현대를 살아가는 노인들에게 그리스도 안에서 새로운 결단을 요구하신다. 영적 여정을 가는 노인들은 그리스도 안에서 모든 사람을 가슴으로 끌어안으며, 주님과 함께 걸어온 신앙의 여정 이야기를 다음 세대에 알려야 하는 사명이 있다. 어거스틴이 노년에 그 사명을 다했던 것처럼 노인일지라도 자신의 본분에 최선을 다하며 감사함으로 모든 것을 수행할 수 있다. 노년에도 여전히 하나님은 역사하시고 일하고 계시기 때문이다. 그러므로 숨 쉬는 순간까지 그리스도인들은 주님의 제자라는 것을 명심해야 한다.

7장

개신교의 초석을 놓은 마르틴 루터

불멸의 종교개혁자, 신학교수인 루터는 성경 번역, 요리 문답 작성, 찬송가 창작 등 다재다능한 사람이다. 하지만 그도 역시 우리가 일상에서 겪는 영적 투쟁을 겪었으며, 그 투쟁에서 허구한 날 실패하기도 했다. 극심한 좌절과 우울감, 두려움을 느꼈고 자신감을 상실하기도 했다. 또 하나님께서 자기를 버렸다고 생각한 적도 있었다.

이러한 그가 500년이 지난 지금도 뭇사람들의 가슴에 여전히 살아 숨 쉬는 것은 그가 끼친 영향력 때문이다. 루터는 '믿음으로 의롭게 된다'는 것을 깨닫고 나서 '오직 성경'만이 권위를 가진다는 역설을 펼쳐 오늘날 많은 청중들에게 하나님의 사랑을 더 잘 이해하도록 하였다.[43]

1. 루터의 생애

마르틴 루터는 1483년 11월 10일 한스 루터와 마카레테 사이에서 태어났다. 루터의 아버지는 고향에서 재산을 물려받을 수 없었기에 직업을 찾아 만스펠트로 이주했다. 그의 아버지는 농민에서 광부로 전입했다.[44]

루터는 만스펠트에서 6세부터 엄격한 교육을 받았다. 그는 13세 때 마그데부르크의 라틴어 학교로 옮겼고, 1년 뒤 1498년 루터는 아이제나흐에 있는 성 게오르크 사제학교를 다녔다. 노래를 잘 불렀던 루터는 친구들과 함께 찬송을 불러 사람들에게 종종 빵을 얻기도 했다.[45] 1501년 에르푸르트의 대학에서 학업을 시작하고 철학사 학위(1502)와 석사학위를(1505) 받았다. 그러나 그 해 7월 17일 서약에 따라 아우구스티누스 수도원으로 들어가게 되었다. 1507년 2월 27일 그곳에서 사제 서품을 받았다. 1512년 10월에 루터는 비텐베르크에서 성경신학을 강의하는 교수로 일하고 곧 신학박사 학위를 수여받았다.

1517년 10월, 루터는 면죄부와 관련하여 95개조 논제를 비텐베르크 성문에 게시했다. 이듬해 8월 그 일로 인해 루터는 하이델베르크에서 논쟁을 가졌고, 1518년 9월 26일 아우구스부르크 교황청의 이단 재판소에서 심문을 받았다. 1519년 6월 라이프치히 신학 논쟁에서 루터는 모든 공의회가 교황보다 우선하는 것은 '오직 성경'뿐이라고 주장했다. 그리고 1520년 12월, 루터는 교황의 문서(법서)와 스콜라 신학 서적을 불살랐다.

1521년 루터는 보름스 국회에 출석하여 유명한 말을 한다. "성경의 증거와 이치에 맞는 논증에 의해서 폭로되지 않는 한 어느 것도 철회할 수 없습니다. 제가 여기 서 있나이다. 하나님이여 저를 도우소서." 1522년 루터는 바르트부르크 성에서 지내면서 신약성경을 독일어로 번역하였다.[46]

1525년 루터는 농민전쟁이 일어난 그 해 7월 13일 비텐베르크에서 폰 보라와 결혼했다. 1528년 황제는 보름스 포고령을 강제 집행했으나 독일 귀족들이 루터를 옹호하였다. 1529년 제2차 슈파이어 회의를 위하여 전제후와 신학자들이 아우그스부르크로 떠나게 되었을 때(1530) 제국의 추방 아래 있었던 루터는 콜부르크에 머물게 되었다. 그곳에서 그는 시편, 예언서, 이솝우화를 편집했다.

1531년 복음주의 대표자들은 동맹을 결성하기 위해 슈말칼트에서 모였다. 그리고 1537년 슈말칼트에 모인 개신교도들은 황제가 주재하는 회의에 복종을 거부했다. 이를 위한 협정으로 라이프치의와 보름스, 레겐스부르크에서 회의가 열렸다. 마지막으로 1546년 루터가 죽던 해에 로겐부르크에서 회의가 열렸으나 성공

을 거두지 못했다.[47]

2. 오직 믿음, 오직 성경으로

루터는 법학자로 키우고자 하는 부친의 요청으로 법학 공부를 시작했다. 1505년 루터는 방학을 맞아 잠시 집을 방문했다가 다시 돌아갈 때 폭풍우를 만나게 되었다. 그는 천둥을 피해 느릅나무 아래로 갔다. 어려서부터 마녀와 도깨비에 대한 두려움이 많았던 청년 루터는 우르릉거리는 천둥소리가 마치 노한 하나님의 심판의 목소리처럼 들렸다. 그는 기도했다. "성 안네여 나를 구하소서. 그리하면 학업을 포기하고 수도원으로 들어가겠습니다." 그 뒤 신기하게도 폭풍우는 잠잠해졌다.[48]

루터는 수도원에 들어가서 독서와 기도, 명상의 시간으로 하루를 보내면서 선한 일과 자기 부정의 삶을 추구했다.[49] 그러나 하나님은 여전히 자신에게 분노하시며, 자신은 그분의 용서를 받지 못할 것이라는 불안감을 떨쳐 버릴 수가 없었다. 루터는 혹독한 수도원의 규칙이 자신을 의롭게 할 수 있다고 생각했고 몸을 복종시키기 위해서 자신의 몸을 채찍으로 때려 혼수상태가 되기도 했다. 그는 밤마다 자신의 죄악들을 생각하느라고 잠을 이루지 못했다. 그는 여전히 자기 구원에서 벗어나지 못한 겁 많은 수도사였다.

1511년 루터는 로마에 갔을 때, 예수님께서 재판받기 위해 오르셨던 본디오 빌라도의 궁전에 있는 28개의 계단을 손을 짚고 오르면서 각 계단마다 주기도문을 외우고 계단에 입맞춤을 하면서 올라갔다.[50] 그러나 그는 그곳에서 여전히 자신이 의로워질 수 없다는 것을 깨달았다.[51]

1513년 루터는 첫 강의로 시편을 가르쳤다.[52] 1514-1515년에는 로마서 강의를 했다. 루터는 수도원이 딸린 종탑 건물 2층에서 바울이 기록한 로마서를 읽으면서 모든 두려움을 떨쳐 버릴 수 있는 구절을 발견했다.

루터가 알고 있는 하나님은 죄인들이 잘못할 때마다 징계하심으로 자신의 의를 나타낸다고 믿었다. 그러나 '하나님의 의'는 자신의 아들을 죽음의 형벌로 내어주심으로 우리를 의롭게 하셨다는 것이다. 이것은 결국 죄인에 대한 하나님의 사랑이다. 루터는 여기서 자신의 과오를 발견했고 동시에 중생의 체험을 했다.

루터는 1545년 라틴어 전집 서문에 로마서 1장 17절은 천국으로 인도하는 문이 되었다고 기록했다. 그는 "그때 나는 참으로 기뻤으며 내게 성경 전체와 하늘이 열렸다"고 말했다.[53]

결과적으로 폭풍우 가운데 느릅나무의 경험은 루터에게 더 이상 공포의 사건이 아니라, 하나님께로 인도한 은혜의 관문이었다고 해도 과언이 아니다. 이렇게 그의 영성의 출발은 느릅나무에서 시작하여 '하나님의 의'를 경험하므로 절정을 이루었다. 그는 평생 '오직 믿음'을 강조했다. 그의 영성 역시 '오직 성경'을 기반으로 한 개혁이었다.

3. 노년기 영성과 삶

십자가의 영성, 하나님 사랑 안으로

루터는 로마서를 쓴 바울의 사상을 재발견했다. 그는 로마서 1장 17절 말씀으로 의롭게 되었다는 바울의 말씀을 이해함으로써 '하나님의 의'에 대한 바른 이해를 통해 '믿음으로 의롭게 된다'는 칭의를 발견하게 되었다.

그러면서 가끔 루터는 두 가지 칭의를 말했다. 하나는 믿음으로 '하나님 앞에서의 칭의'이고, 다른 하나는 '행위를 통한 세상 앞에서의 칭의'다. 루터는 바울의 신학에 전적으로 동의했다. 칭의에 대해서는 "하나님 앞에서 인간의 행위는 아무런 효력이 없으며, 인간의 행위는 구원에 필요한 것이지 구원을 일으키지는 않는다. 오직 믿음만이 칭의를 얻기에 합당하다"고 말했다.[54]

루터는 비텐베르크에서 예수 그리스도의 십자가를 중심 주제로 다루고 있다. 첫 번째 시편 강의에서 '내 의의 하나님'(시 4:1)이라고 말함으로써 그리스도의 십자가에 대해 설명하고 있다. 이것은 그리스도께서 십자가를 지심으로 우리가 의롭게 되었다는 것을 의미한다. 그러므로 우리도 마땅히 십자가를 지고 주님을 따라가야 한다. 십자가는 하나님께서 그리스도를 믿는 사람들에게 지워 주신 것이다. 따라서 십자가는 경건하게 살고자 하는 성도들이 하나님께로 가는 필수 과정이다. 루터는 그리스도인이 당하는 고난과 환난을 십자가로 보고 있다. 루터의 로마서 강의(1515-1516)에 보면 그리스도인은 환난을 통해서 인내와, 연단, 그리고 소망이 이루어진다고 말하고 있다(롬 5:3).

1527년 루터는 우울증으로 고통당하게 되었을 때 "시련이 없이는 하나님의 사랑을 이해할 수 없다. 한 번도 시험을 받아 보지 않은 사람은 소망의 의미를 깨닫지 못하기 때문이다"라고 말했다.

또한 루터는 갈라디아 강의(1531-1535)에서 그의 신학을 십자가로 연결하고 있다. 그가 노년에 했던 창세기 강의(1535-1545)에서도 "시험이 없이는 아무것도 배우지 못하며, 앞으로 나아가지도 못한다"고 말하고 있다. 이처럼 성도의 십자가는 고난을 통해 감추어진 하나님을 인식하게 한다. 이것은 하나님의 사랑이 그의 마음에 부은바 되었기 때문이다(롬 5:5). 그러므로 십자가는 그리스도인의 보화다. 하나님의 은혜로 주어지는 것이다.

하나님께서는 루터가 '하나님의 은혜'를 잘 이해하도록 만들기 위해 일생 동안 어둡고 고통스러운 밤들을 지나게 하셨다. 루터는 "거룩한 십자가는 신앙을 체득하는 것과 말씀의 권능을 체득하는 데 도움이 된다. 그리스도인들은 먹을 것이 없이는 지낼 수 있지만, 십자가 없이는 살 수 없다"고 고백했다.

그러므로 노년에 겪는 고통과 고독은 하나님께로 확실하게 가는 길임을 인식해야 할 것이다. 하나님은 고난 중에 있는 노인들을 만나신다. 하나님은 노인들의 고난을 통해서 믿음을 드러내신다. 이는 하나님께서 사랑하는 자녀들을 예수 그리스도의 형상을 닮도록 하시는 데 그 목적이 있기 때문이다. 그러므로 그리스도를 따르는 노인들은 십자가가 삶의 중심에 있어야 한다. 그리고 환난 중에 즐거워하며 십자가를 통해 부활과 승리를 주시는 하나님을 붙잡고 살아가야 할 것이다.[55]

루터의 노년 목회사역

루터의 후반 인생은 개혁교회를 향한 여러 가지 사건들과 논쟁 속에서 보냈다. 인문주의자들에 대해서 싸워야 했고, 츠빙글리와의 성만찬 논쟁이 여전히 합의를 보지 못하고 있었다.[56] 그러한 가운데서도 루터는 종교개혁으로 인해 많은 동료들을 얻었다. 루터와 그의 동료들이 활약한 개혁교회는 독일 동북부지역과 폴란드 서북부지역까지로서 이곳에서 성공적인 사역을 했다.

그러나 루터는 노년에 병으로 인해 심한 고통을 겪었고, 매우 고독한 시간을 보내기도 했다. 멜란히톤과의 우정은 점점 사라지고, 그의 말년에 부겐하겐만 유일한 위로자로 남았다. 루터는 언제나 선구자적인 인물이었다. 그는 종종 반교황주의자로 묘사되기도 했지만 어떤 타협도 하지 않았다. 그의 마지막 몇 년은 재세례파(1540), 유대교(1543), 로마의 교황에(1545) 대하여 철저히 규제했다. 이러한 일들은 그의 생에 가장 관심을 끄는 공적인 일들이었다. 특히 그는 노년에 변하지 않는 세상에 대해 소망을 두지 않았으며, '마지막 날'을 사모하며 산다고 말했다.

• 충실한 목회자, 작가: '루터'는 죽을 때까지 설교하고, 저술

하며 서신을 보냈다. 그리고 성경번역은 숨을 거둘 때까지 했다. 1534년 히브리어 교수들의 도움으로 구약성경을 번역하고 완역 성경인 성경전서를 출판했다. 또한 그의 서신은 무려 4천 회 정도 된다. 책들의 서문을 쓴 것만 해도 118회 정도다. 1538년에는 『상담』과 『기독교 신앙의 세 상징과 세 신조』를 썼고, 이듬해에는 루터의 소논문 『공의회와 교회에 관해서』 등을 썼다.

또한 루터는 기독교 역사상 위대한 설교가 중의 한 사람이었다. 그는 목회자로서 끊임없이 설교사역을 했다. 루터가 1510-1546년까지 했던 설교 횟수는 9천 회 정도다. 그는 한 주일에 여러 번 설교했고, 하루에 두 번 이상 설교했다. 어떤 때는 건강이 악화되어 설교를 줄이기도 했다. 하지만 그는 다른 사람이 세 시간 해야 하는 일들을 한 시간에 처리할 정도로 목회사역의 일들을 열정적으로 처리했다.[57]

노년에 루터는 때론 적절한 휴식을 갈망하기도 했으나, 늘 갖가지 일들이 넘쳐났다. 1546년 그는 아이슬라벤에서 네 번 설교를 했다. 그 해 마지막 설교는 2월 15일에 했다. 특히 1544년 노년의 설교집으로 『가정 주해』라는 바이트 디트리히의 수집물이 출판되었다. 이것은 그가 건강 문제로 공적 설교를 못할 때(1532-1534) 행한 가정설교다. 그는 진정한 가장으로서 가정에 관한 말씀을 전했다. 1559년 루터가 세상을 떠난 뒤에 뢰러와 포아흐에 의한 『가정 주해』가 출판되었다.

• 목회적 돌봄과 영적 조언: 루터는 목사로서 목회적 조언에도

탁월했다. 무엇보다도 그는 비텐베르크에서 목사의 역할을 충실히 했다. 그는 목회적 조언과 돌봄을 아끼지 않았으며, 교회의 정치적인 일에도 개입했다. 많은 지역에서 그에게 자문을 얻기 위해서 왔다. 그렇게 바쁜 일상 가운데서도 루터는 하루에 3시간 이상 기도하는 영적 사람이었다.

1531년 루터는 환자가 찾아왔을 때도 늘 인간적으로 친절하게 대했으며, 영적 위안을 주었다. 그가 병든 자를 방문할 때는 "병든 지가 얼마나 되었는지, 의사는 누구인지, 약은 무엇을 드시는지 물어보아야 한다"고 말했다.

1534년 루터는 사단에게 고통을 받고 있는 마티아스 벨러에게 서신을 보냈다. 마귀로부터 사단이 엄습할 때 "일어나라. 너는 오르간으로 우리 주 그리스도를 위한 연주를 해야 한다. 그리고 그 생각이 사라질 때까지 큰소리로 찬양하라"고 충고했다. 이렇게 루터가 목회적으로 배려한 것은 안페히퉁(우울증)으로 고통받았던 체험이 있기에 스트레스 받는 사람들을 이해하며 그들과 기꺼이 하나가 되어 주었다.

1535년 페터 빌비어는 술에 취해 군인인 그의 사위를 칼로 찔렀다. 루터는 그가 처형을 면하도록 옹호해서 처형을 당하지는 않았고, 모든 소유와 집을 다 잃게 되었다.[58] 1540년 멜란히톤이 필립의 중혼 문제(이중 결혼)에 대해서 감정적으로 처리했을 때 루터는 그에게 다음과 같이 충언했다. "하나님은 마귀가 이 사람을 진리의 도구로서 오용하는 것을 금하신다." 1542년 루터는 세례를 받지 못하고 죽은 아이들은 저주 받은 운명이라는 것에 대해『유산을 한 여인을 위한 위로』라는 책을 썼다.

• 교수로서의 사역: 루터에게 교수직은 설교 못지않게 중요했다. 루터는 마지막 10년 동안 학장을 역임했다. 그는 강의할 때도 학생들의 덕성을 함양시키는 일에 최선을 다했다. 강의는 학문적인 자료와 원문, 그리고 문헌적인 주석을 중심으로 했다. 1535년 뢰러는 루터가 1531년에 강의했던『갈라디아서 강의』를 출판했다. 그리고 1535-1545년에도 창세기를 강의했다. 1523-1545년, 그는 구약의 서문에 구약을 그리스도가 누워 있는 '강보와 구유'라고 표현했다. 1546년 비텐베르크의 학생들은 루터의 죽음에 대해서 이렇게 말했다. "슬프다. 이스라엘의 마부와 마차여, 이 낡은 세계에서 교회를 다스렸던 그가 사라졌도다."[59]

4. 극심한 병고를 너머 거룩한 죽음으로

루터는 젊은 시절에는 건강한 편이었으나 수도원에서의 금욕적 삶과 과다한 업무와 목회로 인해 건강을 점점 잃어갔다. 그는 사흘 동안 아무것도 먹지 못하는 일도 있었다. 루터는 전생에 걸쳐 불면증으로 고생하기도 했다. 1527년에 그는 정신적 질병으로 고생했다. 그는 병약했고 나이가 들수록 병이 악화되었다. 루터는 질병이 심해짐에 따라 때로는 예민해지거나 분노를 터뜨리기도 했다. 하지만 마지막 사역을 하면서 여전히 놀라운 능력으로 자신의 일들을 해나갔다.

루터는 결석증, 소화불량, 불면증, 신경성 두통, 치질, 극심한 중압감, 우울증 등을 앓았다. 그러나 이러한 병들에 대해서 그는 믿음과 기도만이 가장 중요한 약이라고 말했다. 1538년 루터는 신장 결석으로 인한 통풍으로 지팡이를 의지하기도 했다. 그리고 심각한 영적 안페히통(우울증)이 와서 고통받았다. 그는 겟세마네 동산에서 유혹받는 예수님이 그의 중재자가 되심을 알았다.[60] 병으로 인해 극심한 고통 가운데 있을 때는 서신 왕래가 어려울 때도 있었다. 루터는 그런 고통 가운데 사는 것도 한 번이고, 죽음도 한 번이라고 생각했다. 루터는 바울이 경험했듯이 질병이 악마의 공격과 나이 듦의 증상이라고 하면서 이러한 것들을 극복하기 위해서 찬양을 드렸고, 이겨냈다.

1540년 유행성 전염병으로 고통을 당하는 시기에 안 좋은 소식을 접했다. 루터는 이러한 문제에 대해서도 악마와 불가피한 전투가 진행되고 있다고 믿었다. 그러나 그는 이미 오래 전에 하나님께 드려진 몸으로 여겼기에 질병에도 불구하고 죽음에 대한 두려움이나 자신의 삶에도 애착이 전혀 없었다.[61] 1541년 목의 종기와 순환기 계통의 심한 고통 속에서도 계속 일을 했다. 그는 기도 외에 아무것도 할 수 없었기에 하나님께 돌아가고 싶다고 간절히 말했다. 늙고 일에 지친 루터는 마지막까지 많은 사역을 감당하느라 은퇴 후의 쉼을 맛보지는 못했다. 그러나 그는 창조적 삶을 살았다.

"우리들은 거지다. 참으로 그러하다"

1542년 루터는 유언장을 썼다. 거의 모든 소유는 아내인 카티에게 맡겼다. 그녀는 남은 자녀들을 양육해야 했으며, 집을 살 때 남은 부채도 해결해야 했다. 루터는 아내가 아플 때를 위하여 재산을 그녀에게 주었다. 그는 그녀를 진심으로 사랑했고 소중히 여겼다. 그는 친구들에게 카티를 잘 부탁한다고 말했다.

루터의 마지막 사역은 만스펠트의 백작들의 논쟁을 조정하는 것이었다. 1545년 멜란히톤과 함께 그곳에 갔지만, 아무런 성과를 거두지 못했다. 1946년부터는 다시 한번 만스펠트 지역에 있는 아이슬레벤에 갔다. 그곳에서 카티에게 쓴 세 번째 편지에서 루터는 "염려해 주어서 고맙소. 그리고 나는 당신과 모든 천사보다 더 좋은 보호자가 있소. 그 때문에 나는 행복하오"라고 아내를 위로했다. 그리고 편지의 마지막에 "당신을 사랑하는 마르틴 루터"라고 서명했다.[62] 루터는 아이슬레벤에서 네 번 설교를 했다.

어느 날 루터는 가슴에 중압감을 몹시 느끼고 자리에 눕게 되었다. 그는 침실에서 다음과 같이 기도했다. "저는 제 영혼을 당신의 손에 맡깁니다. 당신은 저를 구속하셨나이다. 오 주님, 신실한 하나님이시여." 루터는 몹시 늙고 지쳤다. 그는 한쪽 눈밖에 보이지 않았다. 2월 18일 루터는 긴 의자에 누워 성경을 암송했다. 그는 자신의 전 생애의 초석이었던 요한복음 3장 16절을 외웠다.

루터의 곁에는 콜리우스 아우리파베르와 유스투스 요나스가 함께했다. 그들은 루터가 임종이 가까이 온 것을 보고 그에게 질문했다. "존경하는 신부님, 당신은 당신이 설교한 그리스도교와 그 가르침을 언제까지나 지키겠습니까?" 루터는 "예"라고 대답하고 고요히 잠이 들었다.[63]

그가 죽은 후에 그곳에서 "우리들은 모두 거지다. 참으로 그러하다"라고 쓰여진 메모지가 발견되었다.

루터의 장례는 성 교회에서 이루어졌다. 부겐하렌이 설교하고 멜란히톤이 조사를 낭독했다. 멜란히톤은 조사에서 루터를 예언자들 가운데 포함시켰다. "루터는 선하고 겸손하고 친절했으며 그는 거짓 없는 마음을 가졌다"고 증언했다.[64]

5. 성직자의 결혼, 편견을 깨다

루터가 님스뷰 수도원에서 탈출한 카타리나 폰 보라와 결혼한 것은 그 당시 큰 화제를 일으켰다. 그의 결혼은 "성직자들은 자유롭다"는 것을 보여 주었기 때문이다. 또 루터는 결혼이 하나님 보시기에 좋고 거룩한 것이라고 믿었다. 그는 자신의 결혼을 통해 결혼에 대한 복음적 가르침을 바로 세우는 데 그 목적을 달성한 사람이다.[65]

대체로 두 사람의 결혼생활은 모범적이었다. 무엇보다도 루터에게는 가정이 행복의 원천이었다. 그는 평소에 "지상에서 아내를 사랑하는 것보다 더 사랑스러운 것은 없다"는 말을 자주했다. 그리고 그것을 삶 속에서 실천하며 살았다.[66] 루터는 그의 마지막 편지에서도 아내에 대해서 '사랑하는 당신'이라고 표현했다. 그는 남편이 자신의 아내에 대해서 사랑을 표현하는 것이 적절하다고 말하곤 했다. 루터는 결혼생활을 하나의 인격을 닦는 학교로 묘사했으며, 용기와 인내, 자선, 겸손이 필요하다고 말했다. 결혼생활에서 남편은 가족의 생계를 책임져야 하고, 아내는 해산의 고통이 따르기 때문이라고 말했다.

루터의 슬하에는 여섯 명의 자녀가 있었다. 루터는 여느 아버지와 마찬가지로 자녀를 사랑했다. 그는 자녀에게 강인한 아버지인 동시에 너그러운 부성애적 사랑을 띤 아버지였다. 루터의 가족은 음악을 즐겼다. 저녁식사 후 루터는 종종 류트를 켰다. 그리고 가족과 함께 노래를 불렀다. 그러나 루터는 살아 생전 두 자녀를 잃었다. 그는 생후 8개월 된 딸 엘리자베스를 잃었다. 그리고 노년에 잃은 사랑하는 딸 막달레나(13세)의 일로 시름에 빠지기도 했다. 그러나 루터는 딸들이 마지막 날에 다시 일어날 것을 믿었다.[67]

루터의 집에는 많은 식탁 손님들이 있었다(레네 아주머니, 루터의 세 조카딸, 임시조교, 여러 조카들, 머물 곳이 필요한 사람들). 또 그 집에 적은 비용으로 하숙하는 학생들도 있었다.

『탁상담화』는 1531년부터 그 식탁에 지속적으로 참석했던 손님들 중에 몇몇이 루터와 나눈 이야기를 기록해야겠다는 착상에서부터 시작되었다. 여기에는 루터가 여러 신학자들과 더불어 나눈 신앙과 교리문제, 다양한 지식과 위로, 조언, 예언, 훈계, 교훈들이 담겨 있다. 학생들은 식탁에 앉을 때마다 루터의 말을 옮겨 적었다. 그 항목은 6,596개로 되어 있다. 『탁상담화』의 첫 독일어판은 1566년에 아이슬레벤에서 출간되었다.[68]

폰보라, 내조의 여왕

폰 보라는 루터의 가정사역에 큰 영향을 준 내조자였다. 루터가 그의 아내에게 보낸 편지를 보면 "친애하는 케트님, 나의 주인 케트님"(폰보라의 애칭)이라고 표현했다. 루터에게 아내의 역할은 친절한 충고자였기 때문이다. 루터는 가정경제에 대해서 무지했다. 자신에게 들어오는 선물들을 어려운 이웃들에게 나누어 주곤 했다.

그들은 수도원과 교수의 적은 사례로 생계를 꾸려 나가야 했기에 검소하게 살아야 했다. 경제권은 폰 보라가 맡았다. 루터가 노년기가 되었을 때(1539), 폰 보라는 비텐베르크 남동부에 있는 농장을 임대했다. 그리고 1540년 그녀는 자신의 형제로부터 소 농장을 610굴덴을 주고 구매했다. 또 손수 맥주를 빚었다. 이렇게 그녀는 여러 가지 일들을 맡아 사업가로서 활발하게 일했다.[69]

그뿐 아니라 남편에게 내조를 잘했으며, 동시에 봉사자로 섬겼다. 루터는 임종 전에 그녀에 대해서 멜란히톤에게 이렇게 말했다. "그녀는 아내로서 뿐 아니라 하녀로서 나를 섬겼소. 하나님은 그에 대해 보답할 것이오".[70]

루터가 아플 때 그녀는 정성스럽게 간호했다. 특히 루터가 우울증에 걸렸을 때에도 명랑하게 대화하고, 사랑스러움을 잃지 않은 진실한 아내였다. 또한 루터가 멀리 떠나야 할 때 자녀교육을 도맡아 하면서 가정을 꾸려 나갔다. 그녀는 항상 남편의 그늘 속에 가려져 있었으나 한결같이 남편을 존경했다. 또한 루터를 '박사님'이라고 불렀고, 항상 존칭을 쓴 현숙한 여인이었다.

루터가 죽고 나서 6년 반 동안 폰 보라는 혼자 살았다. 전쟁시대에 매우 힘들게 살았던 그녀는 1552년 염병이 도는 동안 죽음을 맞이하게 되었다. 그녀의 이름은 루터를 논할 때마다 함께 거론되어 지금까지 많은 독자들의 사랑을 받고 있다. 그녀는 복음적인 가정을 세우는 데 공헌한 여인이다. 이 두 사람이 만들어 낸 가정은 가장 중심적 가정이었으나 다정하고 경건한 가정의 표본이었다.

6. 경건생활의 기준을 제시하다

새 힘을 공급해 주는 성경 읽기

루터는 '하나님의 의'가 그리스도인의 삶의 체험과 연결되어 있다고 말하였다. 그는 그리스도인이 경건생활을 어떻게 해야 하는지에 대해 다음과 같이 밝히고 있다.

그는 성경은 무오한 하나님의 말씀으로 최고의 권위를 나타내고 있으며, 하나님께서는 그리스도를 통해서 계시하시며 성경을 통해서 일하고 계신다고 말했다. 또한 그는 "하나님의 말씀은 인간의 혼과 영을 살리기 위해서 필수적인 것이다. 영혼은 말씀으로 살도록 창조되었으므로 말씀 없이는 살아갈 수 없다"고 하면서 기록된 말씀은 어떻게 이해하고 공부해야 하는지 설명하고 있다.

또한 성경은 기도하고 부지런히 묵상하며 그 의미를 찾아야 한다고 『탁상 담화』에서 말하고 있다(1566). 노년기에 접어든 루터는 자신이 1539년에 쓴 『독일어 저술』 서문에서 성경 읽기에 관해 다음과 같이 말하고 있다.

첫째, 기도로 준비해야 한다. 당신은 골방에 들어가서 예수 그리스도께 성령을 부어 주시라고 겸손과 간절한 마음으로 기도해야 한다.

둘째, 말씀을 묵상해야 한다. 성령께서 말씀을 통해 무엇을 의미하시는지 알 수 있도록 해야 한다.

셋째, 하나님의 말씀을 연구한 후에 시험단계가 온다. 마귀는 하나님의 말씀이 뿌리를 내리고 자라나자마자 우리를 침략하고 공격할 것이다. 그러나 그것을 통해 하나님은 우리에게 말씀을 추구하고 사랑하도록 가르치신다. 그러므로 누구든지 성경을 연구해야 하며, 후에 시험을 받을 각오를 해야 한다.

넷째, 선포되는 말씀을 듣고 성만찬에 참여하는 것이 주님과의 영적교제에 있어서 중요한 부분이다.

다섯째, 교회 예배에 참석해야 한다. "무가치한 설교라는 생각이 들 때도 경멸하거나 무시하지 말아야 한다. 언제 설교자를 통해 하나님께서 자신에게 역사하실지 모르기 때문이다. 그리고 개인적으로 성경을 읽을 때도 잠깐 멈추어 서고, 주님이 전하시려는 메시지에 마음을 기울이라. 이와 같은 성경 읽기는 주님을 기다리는 자들에게 '새 힘을'(사 40:31) 줄 것이다"라고 했다.

기도, 하나님과 이야기하는 것

루터는 기도를 '하나님과 이야기하는 것'이라고 말했다. 기도는 쉬지 말고 해야 한다. 기도하지 못하는 것은 사단의 괴롭힘 때문이다. 수도원 속담에 보면 "기도보다 더 힘든 일은 존재하지 않는다"라고 했듯이 기도에 대해서 힘써 권면하고 그 방법에 대해서도 말하고 있다.

루터는 기도시간을 '아침의 처음 일과와 밤의 마지막 일'이라고 정했다. 그는 기도에 대해서 이렇게 말했다. "다른 업무나 생각 때문에 기도에 대해서 열의가 없고 냉랭해질 때 나는 시편 책을 가지고 방으로 가거나 회중이 모여 있는 교회로 가서 십계명과 사도신경을 한 단어씩 독백한다. 시간이 남으면 그리스도나 바울, 시편 말씀을 나 자신에게 독백한다."[71] 그는 코부르크에서 오랫동안 기도했다. 그리고 묵상했다. 그 묵상은 신비적 몰입이 아닌 말씀에 매이는 것이었다.

아침기도와 저녁기도는 다음과 같다. 1529년 『성인용 대교리문답』에 의하면 아침기도는 무릎을 꿇거나 서서 사도신경과 주기도문을 반복해서 암송한다. 저녁기도는 동일한 절차에 따라 하며 끝맺는 기도는 적절하게 바꾼다. 이러한 기도는 글을 읽을 수 없는 사람들이나 읽을 줄 안다고 해도 시간이 여유롭지 않을 때 할 수 있는 기도이며, 환자도 할 수 있는 기도다. 루터의 저녁기도는 다음과 같다.

하늘에 계신 나의 아버지여, 당신의 사랑하는 아들 예수 그리스도를 통하여 이 밤에도 모든 해와 위험으로부터 지켜 주신 것을 감사하나이다. 오늘도 모든 죄와 악으로부터 보호해 주시고 나의 모든 행위와 삶이 당신 보시기에 기뻐할 만한 것이 되게 하옵소서. 내 자신과 나의 몸 영혼 모든 것을 아버지의 손에 맡깁니다. 아버지의 거룩한 천사들이 나와 함께 있게 하시어 악한 자가 나를 지배하지 못하게 하옵소서. 아멘[72]

응답받는 기도, 이렇게 하라

첫째, 그리스도인은 온 마음으로 기도하며 기도에 집중할 준비가 되어야 한다.

둘째, 큰소리로 기도해야 한다. 그것은 우리 마음이 기도하면서 방황하지 않기 위해서다.

셋째, 마음을 집중하여 기도하는 내용을 기억하며 한다. 즉 시작부터 끝까지 모든 생각과 말씀을 기억하는 것이 좋다.

넷째, 말은 적게 하되 내용과 의미는 심오해야 한다.

다섯째, 기도는 자신과 남을 위해서 한다. 서로를 위해서 기도하는 것은 섬김의 사역을 하는 것이다.

여섯째, 믿음의 기도다. 하나님께서 더욱 자기의 기도를 들으시고 응답하신다는 믿음을 갖는 것이다. 의심하는 기도는 그 기도를 무효화시키고 하나님을 거짓말쟁이로 만드는 것이다.

우리가 드려야 할 기도: 주기도문, 십계명, 사도신경

1520년 '십계명, 사도신경, 주기도문에 대한 간명한 이해'라는 글에서 루터는 개인기도와 주기도문 묵상의 관계를 설명하고 있다. 이같은 기도에 대해서 루터는 "나는 이미 노인이 되었지만 아무리 해도 물리지 않으며, 내가 사랑하는 시편보다 더 좋은 기도다"라고 말했다. 특히 주기도문은 그리스도인들에게 영적 부요를 안겨 준다고 말했다. 뿐만 아니라 주기도문은 성도들을 하나로 결속하게 하며, 서로를 위해 기도하게 한다. 그리고 그 결속은 힘이 있어 죽음의 두려움도 물리쳐 준다고 말하고 있다.

루터는 십계명에 대해서 이렇게 말했다. 각각의 계명은 네 개의 시각으로 접근해야 한다.

첫째, 나는 각 계명을 하나의 가르침으로 생각한다.

둘째, 각 계명을 하나의 감사의 이유로 본다.

셋째, 해당 계명과 관련해서 나의 죄를 고백하는 것이다.

넷째, 계명에 대해서 죄를 범하지 않고 선을 행하게 해달라고 기도한다.

루터는 사도신경에 대해서도 네 가지로 설명하고 있다. 그리고 주기도문이나 다른 기도를 할 때 성령께서 그 말씀을 통해 이야기하신다면 멈추어 서서 침묵 가운데서 조용히 경청해야 한다고 말한다. "나는 독서와 사색보다 한 번의 기도에서 더 많은 것을 배운다."[73]

이와 같은 프로그램은 유동적으로 사용할 수 있으며 엄격한 규율로 보지 않는 것이 필요하다. 적당하게 조화를 이루는 것이 경건 생활에 유익하다. 루터는 아침마다 시간이 있을 때면 주기도문, 십계명, 사도신경을 암송했다. 그는 바쁜 일정이 많을수록 영적 준비에 더 많은 시간을 할애했다.

루터는 아침 시간은 강의와 설교, 오전 10시에는 아침 식사를 했고, 오후에는 연구와 저술, 오후 5시에는 저녁식사를 했다. 그리고 저녁때는 대화와 독서를 하고 9시에 잠자리에 들었다. "나는 기도할 시간을 얻기 위해 종일 서둘렀다. 십계명, 주기도문을 외우고 그밖의 것을 기도한다. 그리고 그것을 생각하며 잠드는 것을 족하게 여긴다"고 말한다. 그러므로 기도, 말씀, 묵상이 신앙인들에겐 영적 자양분이며, 사단의 올무에서 이기게 하는 보호책이다.

루터는 황혼기에 십계명과 주기도문, 사도신경의 묵상에 대해 말하면서 경건훈련 프로그램을 주장하였다. 아들 요한과 딸 막펠렌과 함께 그것들을 공부하면서 아직도 충분히 이해하지 못하고 있다고 탁상담화에서 말하고 있다.[74] 루터는 그리스도인들이 이 말씀을 암송하면서 영적 묵상의 토대를 만들어야 한다고 보았다

사단의 공격에서 승리하려면
루터는 생의 끝까지 마귀가 세상에서 주는 고통에 대해서 슬퍼

하였다. 그리고 이 세상에서 오랫동안 살아온 노인들은 마귀를 배후에서 볼 수 있는 영적 시야가 열려야 한다고 말했다. 또한 루터는 그리스도인들이 이런 고통의 문제에서 어떻게 승리해야 할 것인가를 다음과 같이 조언하고 있다.

• 그리스도인들은 명랑해야 한다. 그리스도인들은 근심하기 쉽다. 때문에 주님은 "너희는 마음에 근심하지 말라"고 하신다.

• 그리스도인들은 서로 교제를 나누어야 한다. 루터는 식탁담화에서 우울증을 극복하기 위한 방법을 말했다.[75] 그 방법은 다른 사람과 함께 먹고 마시며 이야기를 나누는 것이다. 어떤 아름다운 여인을 생각하는 것도 스스로에게 도움을 줄 수 있다.

• 그리스도인들은 음악을 들어야 한다. 찬양은 마귀를 내쫓으며 명랑하게 하고 인간의 마음의 감정을 다스리게 한다. 다윗이 수금을 탈 때 사울의 악신이 떠나기도 하였다(삼상 16:23).

• 끊임없이 감사해야 한다. 루터는 근심에 관해서 "사람을 의지하지 말라. 그리스도인은 구원의 문제에 대해서 공격을 받는 자라고 상상하지 말라. 하나님께 복종 없이 고통으로(십자가)부터 구원받을 수 없다. 시편 18편 '내 원수들에게서 구원을 얻으리로다' 한 것처럼 그리스도인은 은총 받을 가치(십자가)가 있는 존재이므로 끊임없이 감사해야 한다"고 말하고 있다. 하나님은 그리스도인이 모진 고통과 비참함 속에서도 믿음으로 기뻐하시기를 원하신다.[76]

여기에서 루터는 마귀를 물러가라고 선포했다. 그리고 이러한 사단의 역사와 시험을 이길 수 있는 길은 건전한 경건생활이라고 주장했다.

개신교의 창시자, 독일인의 사도

루터는 독일 기독교의 창시자이며 독일인의 사도라고 불릴 만큼 그들의 국민성을 형성하는 데 큰 공헌을 했다. 그의 설교는 많은 회중들에게 읽혀졌고, 전례는 노래로 불려졌다. 성경은 그의 청중들에게 위로와 용기가 되었다.

루터가 가진 지식의 폭은 따를 사람이 없었다. 그는 거의 다섯 사람의 몫을 감당했다. 어휘력과 세련된 스타일은 세익스피어밖에 견줄 사람이 없다고 할 정도로 창조적이었다. 그의 일생에 펼친 '하나님의 의'를 중심으로 한 개혁운동은 스칸디나비아를 장악했고, 전세계에 개신교를 세우는 데 시발점이 되었다. 그는 독일과 복음주의 교회를 위해서 염려하고 그들이 순수한 가르침 속에서 성장하기를 기도했다. 루터의 생애는 영적 전투로 가득 찼다. 그는 최후의 날을 소망했지만, 자신의 자리에서 마지막 순간까지 최선을 다했다.

루터는 우리와 같은 성정을 가지고 있다. 그는 우울과 고독, 실패 속에서도 하나님을 향한 열정이 식을 줄 몰랐다. 루터가 만난 부성애적인 하나님은 루터를 자유로운 인간으로 만들었다. 노인이 되면 병과 고독은 자연스럽게 따라온다. 그러나 이러한 환경을 이길 수 있는 것은 '신앙의 힘' 곧 믿음이다. 이러한 것들이 루터를 영적 삶으로 인도했다. 그리고 사단과의 영적 전투에서도 승리할 수 있게 만들었다. 루터를 통해서 본 노년은 우울할 수도 있지만, 활기차고 보람될 수도 있다는 확신을 우리에게 준다. 루터처럼 도전하는 노년은 행복해질 수 있다. 이와 같은 노인은 본이 되는 삶을 살기 때문이다. 노년은 쓸모없는 낙엽이 아니다. 오히려 자신을 물들여 보는 이의 마음에 평안을 주는 가을 산의 단풍과 같은 존재다.

8장

종교개혁의 기수, 칼빈

　신학자, 성경주석가, 교회 조직자, 설교자, 목회자로 활동했던
칼빈은 로마 가톨릭을 개신교로 새롭게 개혁한 위대한 지도자다.
그는 교회론을 새롭게 정립했으며, 교회의 예배와 성례 등 목회
의 실천적 지침을 이 시대에 제공해 주었다. 그의 노년기의 작품들
(1551-1564)은 160여 권 정도로 알려져 있다. 그중 성도들의 신앙의
지표 역할을 하는 칼빈의 불후의 명작 『기독교 강요』는 전세계 기
독교인들의 필독서가 되었다.

　종교 개혁자로서 과거와 현재, 그리고 미래까지 교회사에 주요

인물로 자리매김하고 있는 칼빈(1509-1564)은 55년간 이 땅에서 살았다. 현재 기준으로 보면 그의 노년의 삶을 말하기엔 다소 무리가 있지만, 중세 시대의 평균 수명은 40세 정도였다. 그러므로 그 당시의 상황을 고려하여 칼빈의 노년기를 정하였다.

1549년 칼빈은 아내를 잃고 난 후 병약해지면서 신체적인 노년기에 접어들었다. 여기서는 칼빈의 노년기를 두 번째 제네바로 부르심을 받은 뒤인 1554년부터 1564년까지 마지막 10년의 목회와 삶에 중점을 두었다.

1. 출생과 회심 그리고 제네바

개혁자 존 칼빈은 프랑스의 피가르디의 지방에 자리 잡은 조그마한 도시 누아용Noyon에서 태어났다. 칼빈이 12세 때 그의 아버지Genard Calvin는 아들의 교육비를 충당하기 위해 주교에게 부탁하여 교회의 사제직을 구해 주었다. 칼빈의 어머니는 그가 6세 때 세상을 떠나고 말았다. 그래서 칼빈의 생애에서 그의 아버지는 어머니보다 더 많은 영향을 끼쳤다.

칼빈은 14세 때 남쪽 파리로 가서 마르슈 대학에서 라틴어와 고전을 공부했다. 이어서 1526년 17세 때는 몽테규대학에 입학했으나[77] 법학이 부를 가져다 준다는 아버지의 권유로 갑자기 법학으로 진로를 바꾸게 되었다. 칼빈이 세네카의 『관용론』에 대한 주석서를 발간한 사람을 찾기 위해 파리로 가다가 누아용에 갔을 때 아버지가 돌아가셨다. 그 후 칼빈은 파리로 돌아와 부르주로 갔다. 그곳에서 그는 헬라어 교수인 볼마 교수를 만나 그에게서 생명의 말씀을 배웠고 그곳에서 복음을 선포하게 되었다.

칼빈은 예기치 못했던 회심을 경험하게 된다. 그의 시편 서문에 보면 자신이 '교황의 미신'에 헌신적이었다고 말한다. 그의 회심은 그를 '배우는 자의 자세'로 하나님께서 이끄셨다고 고백한다.[78] 『시편 주석』은 그의 회심에 대해서 "다년간 완악해진 마음을 하나님께서 온순하게 만드셨다"고 말하고 있다.

칼빈의 생애에 큰 전환점을 맞이하게 된 계기가 있다. 니콜라 콥Nicolas Cop이 1533년 11월 1일 만성절에 파리대학 학장 취임 연설을 했는데, 이 연설문을 칼빈이 작성했다. 그 내용은 옛 체제의 폐해에 관한 것으로 종교개혁을 촉구하고 니콜라 콥과 칼빈을 파리에서 몰아내는 결과를 초래했다. 그 뒤 칼빈은 오를레앙에서 『기독교 강요』 개요를 작성했고, 1536년에 바젤의 캐더린 클라린의 집에서 『기독교 강요』 초판을 냈다. 1536년 7월에 칼빈은 파렐William Farel과의 만남을 통해 하나님의 손에 이끌려 인생 항로를 가게 된다. 그는 시편 서문에서 파렐이 "극도로 어려울 때에 우리를 돕지 않는다면 하나님께서 당신의 휴식과 연구를 저주하실 것이다"라는 강력한 요청을 해서 제네바에 머물게 되었다고 말한다.

1536년 제네바에서 주어진 최초의 사역은 신학교의 교수 일이었다. 그러나 칼빈은 1538년 스트라스부르그로 떠났다. 그곳에서 칼빈은 1540년, 사별한 이델레트 드 뷔르Idelette de Bure와 결혼했다. 그 뒤 아들을 출산했으나 미숙아였기에 태어나자마자 죽고 말았다. 그리고 병약한 아내가 1549년 3월에 세상을 떠났다. 그는 "아내 없는 나는 반쪽짜리 인생이다. 그녀는 나의 조력자인 동시에 반려자였다"고 그때를 추억했다. 칼빈은 그 후 재혼하지 않았다. 그 이유는 자신이 다른 사람보다 덕이 부족하고 독신으로 사는 것이 하나님을 더 잘 섬길 수 있다고 생각했기 때문이다.

칼빈은 1541년 9월 13일에 제네바로 돌아왔다. 그즈음 그는 세르베투스의 사건을 겪게 되었다. 세르베투스는 스페인 내과 의사로서 삼위일체와 하나님의 아들에 대한 신성모독으로 비엔느에서 사형선고를 받았다.

2. 노년기 사역의 열매

교회의 권징과 종교개혁

1541년 칼빈은 다시 제네바로 초청되어 9월 27일에 '교회법을 개정'했으며 컨시스토리(Consistoire 장로들과 목사들로 구성된 권징을 책임지는 '치리 법원'을 말한다)를 구성하였다. 그러나 교회의 권징 문제와 관련해서 시당국 대다수와 다른 편의 목사들과 의견이 일치하지 않아 싸움은 계속되었다.

1553년 논쟁은 더욱 커졌고 출교된 힐 베르트 베델리에 사건과 맞닥뜨리게 되었다. 컨시스토리는 힐 베르트를 파문했다. 하지만 그는 자신을 여전히 교회의 선한 구성원으로 생각했으므로 소의회에 이 문제를 상소했다. 소의회는 힐 베르트에게 교회에 출석할 수 있는 권리를 주었다. 이에 대해 칼빈은 교회 규율에 대한 조항을 걸고 비레에게 "나는 주의 거룩한 성찬을 부끄럽게 하느니 죽음을 택하는 것이 낫다"고 하며 힐 베르트에게 성찬 허락하는 것을 거절했다. 그로 인해 소의회 내에서는 격렬한 논쟁이 일어났다. 그러나 소의회에서 칼빈을 지지하는 목사들이 칼빈에게 힘을 실어 주었다. 비로소 교회가 파문, 재입교의 결정을 내리는 권한을 갖는 데 승리했다. 1561년 11월 13일 수정, 확대된 '교회 법령'이 성 피에르 교회에서 선포되었다.[79]

교회 권징에 대한 권리 확보와 함께 하나님은 제네바를 새로운 장으로 이끌어 나가셨다. 정치적 상황도 칼빈을 돕는 듯했다. 프랑스 출신의 많은 피난자들이 시민권을 획득하게 되었고, 시민으로서 권리와 투표권이 주어졌다. 또 페랑 일파에게 실망한 다수당이 칼빈에게 힘을 실어 주었다. 비로소 교회를 중심으로 한 도시 전반에 개혁의 바람이 불어왔다. 장로들은 목사들과 잘 협력하여 개혁을 위한 과업을 잘 이행해 나갔다. 주로 장로들은 심방을 담당했는데, 그들은 개혁 교회관과 정치관, 사회관에 대해서 교육했다.

개혁교회는 매일 성경을 강해하였다. 교육은 훈련이 잘 된 목사들과 언어와 수사법을 잘 알고 사람들에 대한 감정을 잘 다스릴 수 있는 충실한 사역자들이 담당해 나갔다. 제네바는 이들을 통해서 어려서부터 매일 성경에 대한 전인적 교육을 받음으로써 도시 전체가 교육의 장이 되었다. 학교, 교회, 가정 동시에 세 곳에서 교육을 함으로써 제네바는 하나님의 은혜로 변화되어 갔다.

칼빈의 개혁은 광의적인 면에서 사회 전체의 개혁이었다. 그 예로 칼빈의 시편 찬송은 예술분야를 크게 발전시켰으며, 제네바의 아카데미와 같은 교육체계는 유럽 전 지역의 교육 분야에 공헌하였다. 또 교회의 권징 부분은 제네바 시를 정화시켰다. 그 결과 제네바는 개혁이라는 성령의 거센 바람을 타고 축복과 번영의 도시로 변했다.[80] 혼란스럽고, 폭발적인 제네바가 쉼과 번영의 도시로 교회와 세상이 조화를 이룬 평정의 상태에 이른 것이다.

칼빈의 소망은 제네바에서 시작해서 세상을 새롭게 변화시키는 것이었다. 그로 인해 영국, 이탈리아, 스페인 공동체가 형성되었으며, 각각 서로 다르지만 독자성을 인정하는 교회가 생겼다. 오순절 사건에서 각 나라의 방언으로 말했듯이 하나의 신앙 공동체가 형성되었다. 칼빈으로 인해 많은 사람들이 제네바로 몰려왔고, 그는 유명인사가 되었다.

존 녹스는 감격하여 "여기에는 사도 시대 이후 가장 완벽한 그리스도의 학교가 있다. 나는 지금까지 도덕과 신앙이 이처럼 순수하고 개혁된 것을 보지 못했다"라고 했다.[81]

노년에 이룬 종교개혁은 칼빈의 전 생애 동안 거둔 최대의 열매였다. 이렇게 노년기에 이룬 칼빈의 개혁적 영성의 목표는 하나님과 인간, 인간과 세상의 연합을 이루는 것이었다. 제네바의 개혁은 말씀과 훈련을 중심으로 한 성숙한 인간이었다. 즉 세상 속에서 신앙적인 인간, 도덕적인 인간, 사회적인 인간으로 기능하는 것이다. 그리고 그리스도인으로서 세상 속에서 그 임무를 충실히 감당하는 것이다.

이와 같은 사람은 세상에 대하여 건강한 태도를 가지며 하나님의 백성으로서 전인적인 삶을 소유한다. 이것이 노년기 영성의 최고봉이다. 칼빈의 이 같은 정신과 삶이 노년에 제네바를 바꾸는 원동력이 되었고, 그의 목회와 삶 속에서 능력으로 작용하였다.

3. 노년기 영성과 삶

노년기 목회, 치열한 영적 전투

칼빈은 28년간 목회자로서 제네바와 스트라부르그에서 보냈다. 1526년 8월부터 1528년 4월까지 제네바에서 처음 2년간 목회를 했으며, 독일령의 스트라부르그에서 3년간 프랑스 피난민 교인들을 위해서 일했다. 그리고 다시 제네바로 초청되어 1541년부터 그가 죽을 때까지(1564년 5월 27일) 23년간 제네바에서 목회자로서 활동했다.

그가 제네바에 두 번째 목회자로 왔을 때도 성경의 가르침에 대한 설교를 했다. 칼빈의 목회 원리 중 하나는 하나님의 말씀이었다. 칼빈은『기독교 강요(1559)』에서 인간의 미련하고 둔감함을 내어 쫓는 도구로 안경의 예를 말하고 있다. 노인이나 시력이 약한 사람은 아름다운 책을 제대로 해독할 수 없지만, 안경을 쓰고 보면 똑똑하게 읽어 내려갈 수 있다. 이와 같이 성경은 우리의 우둔함을 내어 쫓고 혼돈한 지식을 우리 마음에서 바로잡는다는 것이다.[82]

칼빈은 성경 주석과 더불어 청중을 향한 설교에 전 생애를 바쳤다고 해도 과언이 아니다. 1549년 이후의 설교는 그의 속기사 데니스라게니에Denis Raguenier가 받아 적었다. 출판된 설교문의 인세는 제네바에 있는 프랑스 피난민들의 복지 후원금으로 썼다. 또한 니콜라 콜라동이 1546년에 칼빈의 2,040여 설교를 필사하고 보충했다. 니콜라 콜라동은 칼빈의 하루를 다음과 같이 이야기하였다.

"칼빈은 제네바시와 근교의 목사들에게 지속적으로 강의했다. 그는 1549년 이후로는 격주로 거의 매일 설교해서 약 4천 편 이상의 설교를 했다. 칼빈은 매일 새벽 4시에 일어나서 밤늦게 취침했다. 조직적이며 능률적으로 일했으며, 노년의 바쁜 일정 속에서 시간을 쪼개어 사용했다. 그는 노년에 병으로 육신의 고통을 느끼기도 했지만, 거의 모든 시간을 자신을 위해 쓰지 않고 근면하게 사용했다."

칼빈은 노년 목회를 '끊임없이 능동적으로 임하는 군 복무'로 보았다. 실제로 칼빈의 노년의 삶은 전투적 성향을 가지고 있었다. 1559년 그는 황혼의 시기에 실제로 군 복무를 했으며, 동료들과 함께 성벽을 보강하는 작업에 동참하기도 했다. 칼빈은 야곱이 천사와 씨름했듯이 하나님의 종을 사단과 씨름하는 군사로 보았다.[83] 그의 군사적 임무는 하루뿐 아니라 일생을 통해서 싸우는 것이었다.

사람을 세우고 격려하는 신실한 멘토

칼빈은 설교와 성경 주석을 쓰는 일에 힘썼지만, 편지를 통해 조언자의 역할도 감당했다. 1557년 12월에 쓴 편지에 보면 칼빈은 신앙을 지키다가 옥에 갇힌 순교자를 위한 구제를 아끼지 않았다. 또 종교 재판소 판사의 질문에 대비할 답을 제공하고 준비시켰으며, 감옥에서도 그들에게 힘을 북돋아 주었다. 죽음 앞에 있는 그들에게 용기를 주었고, 하늘의 소망과 지복을 전하며 위로했다. 화형의 불꽃 앞에서 꿋꿋함으로 감동을 준 랑 띠니 부인과 롱쥬모 부인과 편지를 주고받으며 그들을 돌보았다.[84]

1558년 7월 파렐에게 보낸 편지를 보면 칼빈은 몹시 힘들고 어려운 책임을 가진 개척자였지만, 목회자로서 한 영혼을 위해 최선을 다했음을 볼 수 있다. 칼빈은 결혼을 갈망하는 한 젊은이를 위해서 아름답고 온순한 연인을 힘써 찾았다. 뿐만 아니라 뇌샤텔의 조카에게 제네바의 세탁소 견습 자리를 마련해 주기도 하는 자상함도 보였다.

1559년 교회 조직과 신앙고백을 확립해야 할 시기에 칼빈은 나바르의 왕인 앙투안 드 부르봉에게 충고의 편지를 보냈다. 앙투안은 루에와 사랑에 빠졌다. 그로 인해 앙투안이 개혁정치에 많은 것을 포기했다는 소식을 듣고 칼빈은 그가 모든 애정행각을 끝내고 하나님의 일에 헌신해야 한다고 단도직입적으로 충고하였다.

또 칼빈은 정치적 제도로서 군주제가 권력이 남용되거나 한 사람을 신성화할 수 있다는 단점을 파악했다. 그래서 프랑스 왕에게 이런 유혹에 빠지지 않기를 권면하며 "왕이 하나님의 종으로 인정받기를 원한다면 자신의 나라에 진정한 아버지 같은 자임을 보여 주어야 한다"고 조언했다.

1562년 2월, 기욤 드 트리가 가족과 헤어져 죽게 되자 칼빈은 자신이 고아들을 보호하고 책임을 질 것에 대해 베자에게 편지했다. "나는 이 특별한 친구를 기억합니다. 그의 자녀를 내 친자식처럼 사랑해야만 합니다.… 그가 내게 준 신뢰를 저버리는 것은 죄가 됩니다."

이런 일화들은 개혁자 칼빈의 인간성을 보여 준다. 그는 냉정하고 타산적인 인물이 아니었고, 고집불통의 선동자도 아니었다. 오히려 탁월하고 자상한 성품으로 목회사역에서 실천한 사랑은 주변 인물들을 놀라게 했다. 그의 동료 니꼴라스 더 걀라스는 칼빈에 대해서 이렇게 말했다. "그는 얼마나 신실하며 모든 이들에게 관심을 가졌던가. 얼마나 고통당하는 자를 부드럽게 위로하고 용기를 주었던가. … 그가 하나님의 참되시고 신실한 종의 모든 임무에 얼마나 전념했던가. 나는 이 모든 것을 어떤 말로도 표현할 수 없다."[85]

조언자이자 권면자인 목회자 칼빈은 고통받는 자를 위로했다. 그는 어려움 당하는 자를 돕는 친구이자 아버지 같은 사람이었다. 칼빈이 노년목회에서 이와 같은 역할을 할 수 있었던 것은 충실한 하나님의 종으로서의 사명감과 말씀에 대한 열정 때문이었다. 결과적으로 칼빈의 노년기 사역은 복음 전파와 목회적 돌봄이었다.

즉 이웃을 사랑하고 그들과 함께하는 영적 멘토 역할을 한 것이다. 이러한 돌봄과 경건이 이웃 사랑의 실천으로 사회복지를 이룰 수 있게 한 원동력이었다.

칼빈의 사회관과 이웃 사랑

칼빈은 나이가 들수록 자신의 이웃을 찾는 데 항상 주의를 기울였다. 그가 노년에 완성한 『기독교 강요(1559)』 제3권은 이웃에 대한 의무에 대해서 잘 설명하고 있다. 즉 한몸의 지체로서 이웃을 돌아볼 때 오만하거나 멸시하는 자세로 돌아보지 않아야 한다는 것이다.[86]

칼빈의 이러한 사회관은 '프랑스 기금'을 모으는 데 지대한 영향을 끼쳤다. 칼빈은 집사들을 선택하여 종합구빈원과 복지센터에서 일하도록 맡겼다. 그로 인해 가난한 자와 거지까지도 도시에서 사라지게 되었다. 1545년 부장통은 죽으면서 피난민들을 위해서 거금의 유산을 남겼다. 장 뷔데는 죽을 때 유언으로 프랑스 기금을 위해서 600플로린, 구빈원에 100플로린, 제네바 아카데미를 위해서 100플로린을 기부했다. 또 디디오 루소는 1551년 4월 6일에 기금의 도움을 받았었는데, 죽을 때 유언장에 자신의 재산을 프랑스 기금을 기억하여 내놓았다고 기록했다.

이렇게 수혜자가 다시 기부자가 되는 현상으로 프랑스 기금은 300년 이상 제네바에서 계속 활용될 수 있었다. 칼빈의 시편 찬양집은 16세기 가장 큰 출판 사업이었다. 그 책의 판매 수익금의 일부는 기금으로 사용되었다.

수혜자는 다양한 계층이었다. 여행자를 위한 여비에서 질병, 장애, 노환, 자활, 도제훈련 비용, 의료서비스까지 이루어졌다. 그뿐 아니라 기금은 프랑스의 복음화 사업에도 쓰여 선교사를 파송하기도 하였다. 기금은 유대인과 터키인을 포함하여 다른 나라의 피난민에게도 적용됨으로 칼빈의 노년에는 제네바가 국제적인 구호기관들의 중심지가 되는 역할을 담당하기도 했다.[87] 하나님의 형상을 따라 지음 받은 그리스도인으로서 하나님 사랑과 이웃 사랑의 실천적 삶을 살아가는 본보기를 그는 노년목회를 통해서 명백히 보여 주었다.

노년기 저작의 최고봉, 『기독교 강요』 최종판

칼빈의 저작 중 최고봉으로 전세계를 빛으로 인도했던 것은 『기독교 강요』다. 이 책은 1536년 초판으로부터 시작하여 1559년 최종판으로 출판되었다. 처음 6장에서 80장으로 늘어나 마치 대형 도서관 같아서 기독교 사상가, 목사, 교수들이 이 책을 통해 자신의 자리를 발견하고 신학적 좌표를 세웠다. 또한 칼빈은 몇 세기 동안 교회를 세우고 다지며 신학적 쇄신을 도왔을 뿐 아니라, 이 책으로 세계적인 성공을 거두었다. 『기독교 강요』는 그를 '개신교 종교개혁의 탁월한 조직신학자'라는 영예를 안겨 준 걸작으로 세계에 소개되었다.[88]

『기독교 강요』 최종판은 마치 유언처럼 제시되었다. 이 책을 펴낼 무렵에는 칼빈은 몸이 쇠약하고 열병으로 인하여 임박한 죽음을 느낄 때였다. 그는 하나님께서 자신의 생명을 지켜 주심에 보답하는 마음으로 이 책을 끝마쳤다. 이 책의 특성은 '길과 진리요 생명이신 그리스도에게서 비롯된 생명'이다. 칼빈이 전 생애 노년까지 걸쳐서 쓴 이 책은 수많은 독자층에게 교리적 통찰을 제공해 주었고, 그들로 하여금 예수님의 좋은 제자가 되는 지름길을 보여 주었다.[89]

특히 칼빈의 영성을 특징 짓는 '경건'은 그리스도인의 삶과 신앙을(1559년 최종판 3권) 다루고 있다. 칼빈은 그리스도인의 신앙생활의 주요 훈련이 되는 것이 '기도'라고 말한다. '기도'는 그리스도인의 주요활동으로써 하나님 아버지께서 우리를 위하여 준비하시는 온갖 풍성한 것을 얻는 데 절대적으로 필요하다고 『기독교 강요』 제3권은 말하고 있다.[90] 따라서 『기독교 강요』에서 가장 긴 부분을 '기도'에 대해서 다루고 있다.

칼빈은 독자층에 따라 문체를 다르게 사용했는데, 『기독교 강요』는 신학생을 위한 문체를 사용했다. 『기독교 강요』는 사도신경의 순서에 따라 쓰여진 것으로서, 제1권은 창조주 하나님에 대한 지식으로 "전능하사 천지를 만드신 하나님 아버지를 내가 믿사오며", 제2권은 예수 그리스도를 구원자로서의 하나님에 대한 지식으로 "그 외아들 우리 주 예수 그리스도를 믿사오니… 저리로서 산 자와 죽은 자를 심판하러 오시리라"고 쓰여 있다. 제3권은 그리스도의 은혜를 받는 방법, 혜택으로 이어지는 효과로서 "성령을 믿사오며"에 대해서 기록되어 있다. 제4권은 하나님이 우리를 그리스도와의 연합에 초대하고 그 속에서 신앙을 보존하는 외적 방편, 도움에 대한 것으로서 "거룩한 공회와… 영원히 사는 것을 믿사옵나이다"로 논하며 교회와 성례의 중요성을 기록하고 있다.

아카데미, 말씀의 전사들을 길러내는 학교

칼빈의 노년은 목회자로서의 설교사역과 더불어 교수로서의 강의사역이 절정을 이루었다. 칼빈은 1536년 제네바 체류 초기 성경교사로서 삶을 살았다. 그 뒤 칼빈은 스트라스부르그에서 요하네스 슈투름이 교장으로 있는 아름다운 학교를 알게 되었다. 그는 스트라스부르그의 모델에 따른 대학의 이상을 꿈꿨다.

1558년 시정부는 '김나지움'이라 불리는 '사립학교'와 '아카데미'라고 불리는 '공립학교'를 위한 적합한 장소를 물색하기에 이르렀다. 제네바 의원들은 성금을 모으는 일에 몰두했고, 그들은 대학을 위하여 '범법자'에게 무거운 벌금을 부과하기도 했다. 페랑의 추종자들에게 압수한 재산의 일부도 대학을 위해 사용되었다. 출판업자로서 부자인 로베르 애티엔은 312 플로린을 기부했고, 한 제빵사의 부인은 5페니를 기부했다. 제네바 사람들은 자기가 죽을 때 구빈원이나 아카데미에 유산을 남겼다. 그 예로 장 뷔데는 자신의 유언에서 일부를 아카데미를 위해 내어놓기도 했다.[91]

이러한 과정을 통해서 칼빈은 제네바에서 사역하던 마지막 시기인 1559년 6월 5일에는 성 피에르 교회에서 성대한 개교식을 가졌다. 아카데미는 1559년에 162명의 학생들이 등록했고, 1564년에는 1,200명의 '사립학교'와 300명의 공립학교 학생들이 들어왔다.[92]

아카데미는 처음에 신학수업을 위해 세웠다. 그 후에는 법학부와 의학부가 생겼다. '아카데미'는 칼빈의 노년기 사역의 절정으로서 목사 후보자를 양성했고, 도시를 끌고 갈 지도자를 양성하는 데 공헌했다. 설교자들을 위한 교육 역시 매우 훌륭하여 어떤 대학 코스에 비견될 수 없었다. 르네상스 시대의 어느 대학보다도 우수했다고 전한다.[93] '아카데미' 초기에는 프랑스 학생들이 주를 이루었다. 하지만 후에는 유럽 전 지역에서 몰려왔으므로 국제적 성격을 띠게 되었다.

'아카데미'의 핵심적 교육은 주석 성경이 토대가 되었고, '사립학교'의 교육 과정은 교회와 사회를 섬길 수 있는 자격을 갖추도록 짜여졌다. 학생들은 경건의 삶이 자신과 다른 사람의 삶에서 나타나야 하는 것에 최대한 관심을 보였다.

칼빈은 구약성경을 주로 강의했다. 그는 주로 히브리어 본문을 읽고 라틴어로 번역한 뒤 해설했다. 노년의 칼빈은 메모지를 사용하지 않고 거의 '즉흥적으로 유창하게' 강의했다고 전한다. 칼빈은 매주 세 번 강의를 했다. 칼빈의 노년의 모든 사역활동은 성경 영역 안에서 전개되었다. 그러므로 '아카데미'는 신학 강의에 치중하게 되었다. 이런 형태는 종교개혁을 유럽 전체에 확산시키는 영향을 끼쳤으며 '아카데미'는 모든 나라 대학교의 모델이 되었다.

그는 '아카데미'를 통해 세상을 제네바처럼 바꾸고 변화시키는데 목적이 있었다. 칼빈의 노년 작 『기독교 강요(1559)』최종판은 "하나님은 항상 자신의 말씀을 통해서 그들에게 인간의 모든 견해를 능가하는 확고한 믿음을 갖게 하셨다"고 말했다. 이처럼 노년의 칼빈에게 '아카데미'의 교육적 사고방식은 하나님의 말씀에서 산출되고 실천하는 일꾼을 만드는 것이었다. 그는 이 사역을 성공적으로 수행했고, 프랑스 전역으로 흩어질 말씀의 전사들을(마 28:20) 파송했다.

4. 노년의 가르침 속에 나타난 경건

칼빈의 노년 작 『기독교 강요』최종판 제3권은 1536년 판에 없었던 '그리스도인의 생활'을 다루고 있다.[94] 그 장의 의도는 "신앙의 열심을 가진 사람들을 참된 경건(딤전 4:7)에 이르게 하는 것이다"라고 밝히고 있다. 이에 대해 칼빈은 그리스도인의 전생애는 경건의 연습과 실천이라고 말한다.[95] 칼빈의 『기독교 강요』에서 나타난 경건의 의미로 사용되는 '피에타스pietas'는 하나님과의 관계에서 '신앙생활religion', '하나님을 공경함godliness', '경건piety'이라는 뜻을 담고 있다.[96] 경건의 개념은 하나님에 대한 지식에 뿌리를 두고 있는 것으로 하나님을 향한 경배, 섬김 그리고 사랑 속에서 오는 그의 태도와 행위에 있다.

경건한 삶에 따르는 하나님의 축복

구약과 신약시대의 평균 수명을 정확히 말하긴 어렵지만, 구약의 평균 수명은 대략 44세 정도라고 본다.[97] 그래서 성경은 노인의 백발은 영광스러운(잠 20:29) 면류관이며 하나님의 축복임을(잠 16:31) 강조하고 있다.

성경은 장수하며 산 하나님의 축복된 사람들을 말하고 있다. 그 예로 하나님께서는 아브라함에게 "너는 장수하다가 평안히 조상에게로 돌아가 장사될 것이요"(창 15:15)라고 말씀하고 있다.[98]

칼빈의 노년 작『여호수아 주석(1563)』에서는 갈렙의 장수의 축복은 목적이 분명한 것이라 말한다. 그로 인해 갈렙은 약속하신 기업을 받았으며, 85세의 노인이 되어서도 장년기(40세)의 기력과 용기, 육체적 힘이 그대로 남아 있었다고 말하고 있다.[99] 칼빈의 노년 저작『시편 주석(1557)』은 이렇게 밝히고 있다.

"여호와를 경외하며 그의 길을 걷는 자마다 복이 있도다. … 너는 평생에 예루살렘의 번영을 보며, 네 자식에 자식을 볼지어다"(시 128:1-6). 칼빈은 하나님과 맺은 언약의 말씀을 지키는 것이 경건의 원칙이었다. 따라서 하나님을 경외하며 그 말씀을 따라 사는 경건의 삶은 그 수고가 헛되이 돌아가지 않으며 개인적인 축복과 더불어 교회의 공통적인 축복이 연결되는 것이다.[100]

리스트니Listney는 "성경은 탁월한 건강, 왕성한 육체적 활력, 위대한 영적 삶과 지도력을 가진 노인들을 소개한다. 장수의 삶은 높은 도덕적인 순결과 그에 대한 보상, 하나님의 말씀에 대한 성취다"[101]라고 말한다. 따라서 현대 노인들이 왜 경건의 삶을 살아야 하는지 그 답을 제공한다.

노인은 지혜와 가치 전수자

노인의 지혜는 오랜 경험과 근본이 되는 하나님으로부터 나온다(욥 12:12). 젊은이들은 노인의 가르침을 받고, 그에게 물으라고 (신 32:7) 말하고 있다.

칼빈은 『요엘서 주석(1559)』에서 다음과 같이 해석한다. "늙은 자들아 너희는 이것을 들을지어다"(욜 1:2)라는 말씀은 노인들의 삶과 체험을 통해서 많은 것을 배우게 됨을 의미하고 있다. 또 요엘서 2장 28절에서는 하나님의 영이 임하면 노인들이 꿈을 꿀 것이라고 말한다. 이것은 칼빈의 경건에서 말했듯이 하나님을 아는 지식에서 출발하여 그분과 연합된 영성을 이루게 될 때 노인은 하나님의 뜻을 분별하고 세상을 아는 지혜로 깊어지게 된다는 것이다.

노인이 보여 주는 지혜와 경험, 세상을 향한 하나님의 뜻은 지극히 훌륭한 것이므로 사회와 격리시키고 고독하게 할 것이 아니라는 것이다. 따라서 노인들은 "노화에 따라 생리적 기능은 감소하였지만, 정신적이고 영적인 차원에서의 성장은 계속될 수 있다는 가능성"을 충분히 가지고 있다. 이러한 노인들은 고결한 정신을 가진 지혜자라고 묘사할 수 있다.

노인 공경과 섬김, 나눔 강조

성경은 노인의 표시로 흰 머리(백발)를 말한다. 사무엘은 그의 인생 말년에 "보라 나는 늙어 머리가 희었고"(삼상 12:2)라고 한다. 성경은 백발과 함께 노년기에는 시력, 청력, 절망감, 우울증(사 54:4, 계 18:7)과 상실이 나타나며, 기운을 잃고, 스가랴서 8장 4절의 말씀처럼 지팡이를 의지하게 된다고 기록한다.

칼빈은 『시편 주석(1557)』에서 "나를 늙을 때에 버리지 마시며 내 힘이 쇠약한 때에 떠나지 마소서"(시 71:9)라고 했던 것처럼 노인은 연약하며 도움이 필요하기 때문에 성경은 자녀들에게 부모에 대한 책임과 의무를 다할 것을 강조한다.[102] 특히 칼빈은 그의 저작 『출애굽기 주석(1563)』에서 십계명 중 다섯 번째 계명을 들어 "네 부모를 공경하라"(출 20:12)고 말하고 있다.

아버지는 하늘에 계신 하나님뿐 아니라 인간의 육체에 대해서도 동일한 의미를 가지고 있다. 이것은 하늘에 계신 하나님께서 우리를 지으셨으며 아울러 이 땅에서도 육신의 부모를 주셨기 때문이다. 따라서 자녀들이 부모들에게 복종하지 않는다든지, 하나님의 법도에 따라 남보다 높은 자리에 세워진 권위를 가진 자들이 마땅히 존경받지 못한다면 그 사회는 부패한 사회이며 제대로 유지될 수 없다.

칼빈은 『디모데전서 주석(1548)』에서 "먼저 자기 집에서 '효'를 행하여 부모에게 보답하기를 배우게 하라"(딤전 5:4)고 말하고 있다. 그리고 경건은 인간으로서의 '효'를 행하는 것은 하나님을 예배하기 위해 단련하는 준비과정이 될 것이라고 우리에게 교훈하고 있다.[103] 이처럼 부모에 대한 순종과 섬김은 이 땅에서 장수와 부차적인 축복까지도 약속한다.

칼빈은 노인 공경과 더불어 돌봄과 섬김에 대해서도 언급하고 있다. 노인은 신체적 위기뿐 아니라 영적 위기를 겪는다. 이 위기는 구원을 희미하게 하며 영성을 약화시키기도 한다. 따라서 칼빈은 『디모데전서 주석(1548)』에서 "늙은이를 꾸짖지 말고 권하되 아버지에게 하듯 하며, 늙은 여자에게는 어머니에게 하듯 하며 … 참 과부인 과부를 존대하라"(딤전 5:1-3)고 말하고 있다. 이웃에 대한 올바른 태도는 부모 외에 모든 노인 그리고 지위를 가진 사람들에게 존경과 복종을 요구하는 것이다.[104]

칼빈에게 참된 경건의 최종 목표는 '하나님의 영광'을 드러내는 데 있다. 진실로 경건하게 살고자 하는 사람은 하나님을 우리 안에서 영화롭게 하는 것이다. 결과적으로 칼빈의 노년에 대한 가르침은 방종하며 거역하는 세대에 노인 공경의 필요성을 일깨워 준다. 참된 경건의 진리는 예수 그리스도에 대한 고백적인 삶으로 가족과 이웃, 더 나아가 사회 속에서 교회를 중심으로 자라가는 것이다.

5. 병과 죽음이 주는 영적 의미

병은 고통스럽지만, 하나님의 섭리

1551년 칼빈은 불링거에게 보낸 편지에서 글 쓰는 것이 너무 지치고 힘들어서 정기적으로 글을 쓰기가 어렵다고 밝혔다. 칼빈은 자신의 병에 대해서 종종 기록했는데, 그가 죽고 나서 두 개의 보고서가 나오게 되었다. 칼빈의 육체적 고통은 그를 정신적 고뇌로 이어지게 하였다. 또 밤에는 잠을 이룰 수 없는 지경에까지 이르렀다고 고백하고 있다.

칼빈은 편두통에 시달렸다. 그로 인해 며칠간 침대에 누워 있기도 했다. 또한 복통으로 인한 설사와 변비가 있어서 치질이 생길 때는 화장실에 앉기도 힘들었고, 말을 탈 때 출혈이 상당히 있었다. 1558년에는 폐병이 악화되기도 했다. 그해에 발병한 열병이 이듬해 5월까지 계속되어 생명의 위험을 느낄 정도였다. 또한 칼빈은 말년에 신장 결석으로 고통을 당했다.

그러나 결석이 제거된 후에는 그것이 빠져 나오는 경로를 상세히 기록하였다. "결석이 방광에서 요도로 지나가다가 빠져 나오지 않아 참을 수 없는 고통에 시달렸다. 나는 몸을 30분 이상 흔들면서 이것을 없애려고 했더니 마침내 개암열매 크기의 결석이 나왔다." 하지만 이 결석은 심한 통풍 때문에 나타난 것으로 1562년에는 통풍으로 자리에 눕고 말았다.

지치고 노쇠한 칼빈은 병으로 인한 갈증 때문에 많은 양의 포도주를 마셔야 했다. 그러나 칼빈은 의사의 처방대로 움직였다. 그는 그러한 중에도 침대에서 편지를 받아 적게 했고, 불어와 라틴어로 된 『기독교 강요』 최종판을 세상에 내놓았다. 칼빈이 자신의 병들을 기록한 내용은 의학 전문가들의 분석 대상이 되었다. 그는 병에서 비롯된 정서적 문제까지도 그 원인을 심리적인 부분에서 찾으려고 노력했다.

칼빈은 자신의 병을 하나님의 섭리로 이해했다. 마담 드 콜리나가 병에서 회복되었을 때 그에게 편지하면서 "병은 하나님이 주시는 훈련으로 해석하므로 유익을 얻어야 한다"고 했다. 또한 병을 통해 연약함이 드러날 때 자신을 살펴서 약함을 인정하고 하나님의 자비를 구해야 한다고 했다. 뿐만 아니라 칼빈은 세상의 욕심을 버리고 더 나아가 언제든지 주님께로 갈 준비를 하라고 주시는 메시지라면서 자신의 경험에서 발견하고 터득한 영적지식을 아낌없이 털어놓았다. 이와 같은 병에 대한 그의 태도는 '왜'라는 질문보다 자신의 삶에 대한 하나님의 목적을 생각하게 하고, 겸손하게 하는 '개혁교회 목사들의 전형'이 되었다.

가난한 자 같으나 부요한 자

노년기에 접어든 칼빈은 "인생은 계속 늙어간다. 삶은 눈 깜박할 사이에 사라지며 결국 모두는 죽음을 향해 간다"고 고백했다. 칼빈은 자신의 아들이 죽었을 때 이런 고백을 했다. "주님은 어린 아들의 죽음을 통해 우리에게 큰 고통을 안겨 주셨습니다. 그러나 하나님은 우리의 아버지이심으로 자신의 자녀에게 무엇이 좋은지 알고 계십니다."[105]

늙고 병약한 칼빈은 1564년 2월 2일 수요일 오전에 열왕기상을 설교했고, 오후에는 에스겔 65번째 마지막 설교를 했다. 그리고 부활절에는 교회에 가서 주의 만찬에 참여했다. 칼빈은 1564년 4월 25일 제네바 시민이며 공증인으로 있는 피터 체나리에게 다음과 같이 유서를 기록하게 했다.

하나님께서는 제네바교회의 말씀의 사역자인 저에게 은혜를 베푸사 저를 우상의 자리에서 건져내시고 복음의 빛 가운데 인도하사 '구원의 가르침'에 동참하게 하셨습니다. 저는 오직 예수 그리스도의 은혜로 구원 받았으며, 복음의 진리를 전파하는 데 저를 도구로 사용해 주셨습니다. 저는 하나님의 은혜의 풍성하심에 따라 집필과 주석 쓰기, 또한 설교와 충실한 성경 해석을 했습니다. 그리고 모든 논쟁과 논리 가운데 술수를 사용하지 않았으며, 진리를 따라 신실하게 변증했습니다. 하나님의 선하심과 도우심이 모든 직무를 무모하고 헛된 것으로 돌아가지 않게 하셨습니다. 내 육체는 흙으로 돌아가지만 행복한 부활의 그날이 도래하기를 기다립니다.[106]

칼빈은 4명의 시행정 장관들과 모든 시의회 의원들에게 작성한 유언장을 알렸다. 이어서 자신의 재산을 상속하여 나누었다. 4월 27일에 칼빈은 침상에서 소위원회를 초청했고, 그 다음날 컨시스트리와 토의했다. 그는 시의회와 목회자들을 초청하여 두 편의 설교를 했다. 칼빈은 먼저 자신의 행동과 연약함에 대해서 용서를 구했다. 수많은 논쟁과 다툼은 의회의 잘못이 아니고 자신의 잘못이라고 고백했다. 그는 "나는 늘 가난하고 소심한 학생에 불과했다"고 말하며 자신의 오류를 인정하는 겸손을 보였다. 그리고 그는 "내가 저지른 잘못을 용서해 주기 바란다. 그나마 선한 것이 있으면 그것을 기억해 주기 바란다"고 말하는 아름다운 사람이었다.

칼빈은 참석한 사람들을 위로했으며, 옳은 길을 가라고 권면했다. 칼빈의 마지막 말은 개혁적이고 변화를 추구했던 젊었을 때의 말보다 더 큰 영향력을 발휘했다.

1564년 5월 11일 칼빈을 보기 위해 방문하겠다는 80세의 노장 파렐에게 편지하기를 "제가 살고 죽는 것은 그리스도를 위한 것이므로 모든 것을 족하게 여깁니다. 그리스도는 그를 따르는 모든 자에게 사나 죽으나 유익한 것이기 때문입니다"라고 말했다.[107]

칼빈은 죽음에 이르는 순간까지 끊임없이 하나님께 기도를 드렸다. 그의 눈은 끝까지 흐리지 않았으며, 하늘을 향하여 얼굴을 들면서 열정적으로 기도했다. 칼빈은 다윗의 시편 39편 9절과 이사야 38장 14절을 인용하여 기도로 고백하기도 했다.[108]

1564년 5월 27일 칼빈은 세상을 떠났다. 베자는 칼빈의 죽음을 '믿음의 영웅'이 세상을 떠났다고 묘사했다. 칼빈은 아무도 모르는 곳에 묻히길 원했다. 그것은 사람들이 영웅숭배 사상으로 자신을 신성화할까 염려해서였다. 주일 오후에 장례가 있었다. 그는 유언에 따라 가장 평범한 나무 관에 눕혀졌다. 그리고 플랭 궁전의 묘지에 묻혔다. 제네바 시는 애도의 물결이 넘쳤다.

칼빈이 죽은 후 첫 번째 모인 목사회는 칼빈을 '아버지 같은 존재'라고 밝혔다. 칼빈은 자신의 잘못에 대해 용서를 구한 진정한 승자였다. 그런 의미에서 칼빈은 바울의 말처럼 가난한 자 같으나 부유한 자였다.

칼빈이 노년까지 그려낸 영성은 죽음 앞에서 회개치 못하는 사람에게, 화려한 장례문화에 길든 무분별한 사람에게 도전을 준다. 그는 그리 길지 않은 삶을 살다 갔지만, 목회자로서 부끄러움 없이 자신의 삶을 산 성직자다. 칼빈의 신학과 영성은 세상의 역사 속에서 오랫동안 장수를 누리고 있다. 그리고 현대 노인들이 병과 죽음 앞에 어떤 태도와 신앙을 갖는 것이 바람직한지 잘 보여 주고 있다.

6. 노년 삶의 네 가지 모델

칼빈은 노년에 제네바에서 목회자로서 경건을 실천하는 삶을 살았다. 그는 성경연구에 마지막까지 최선의 노력을 다했으며, 한 사람의 인간으로서 모범적 삶을 살았다.

• 청지기적 영성: 노년기에 경건한 삶을 산 그는 사회와 교회 공동체 속에서 자신의 직무에 충실한 하나님의 종이었다. 그는 목회자이자 아카데미의 교수로서 전 생애를 바쳤다. 그는 오직 설교를 통해서 심령을 변화시키는 것을 사명으로 여겼기에 자신의 몸을

사리지 않고 설교와 자신의 직무에 최선을 다했다. 뿐만 아니라 병약한 몸을 이끌고 온 힘을 다해 목회활동을 계속하였다. 하루에 여덟 번씩 정기적으로 기도하며 말씀 연구에 파묻혀 살았는데, 이는 하나님을 닮고자 하는 거룩한 열망에서 비롯된 것이었다.

이와 같은 칼빈의 노년기 삶은 현대 노년들에게 귀감이 된다. 정년 퇴직 후 많은 노인들은 신체가 건강함에도 불구하고 그저 무의미하게 하루를 보내고 있다. 신앙 공동체인 교회 안에서도 노인은 신앙의 연륜과 지식을 보유하고 있음에도 생산성이 없으며, 시대의 정보에 뒤처져 더 이상 사역에 동참할 수 없는 존재로 취급당하기도 한다.

그러나 칼빈이 보여 주었던 목회사역 속에 나타난 청지기적 영성은 노년기를 맞이한 그리스도인들에게 육체적으로 쇠퇴할지라도 영적으로 성숙하는 이 시기는 교회 안에서 직분자, 리더, 설교자, 봉사자로서, 또는 복음전도자와 지도자로서의 사명이 남아 있음을 일깨워 준다.

• 목회적 돌봄의 영성: 칼빈은 영혼을 사랑하는 뜨거운 마음의 소유자였다. 개인적인 조언과 권면뿐 아니라 위기를 겪는 이들에게 목회적 돌봄을 아끼지 않았다. 이로 인해 어떤 때는 특별한 연구를 계속할 수도 없었고, 탁월하고 유능한 책들을 저술하지 못할 때도 있었다.[109] 하지만 바쁜 업무에도 불구하고 개인에 대한 사랑과 관심으로 수많은 편지를 보내고 만남을 가졌다.

그의 목회적 돌봄은 위로자와 지혜자, 가치전수자의 역할로 나타났다. 칼빈이 노년의 경험과 지혜로 위기에 처한 자들을 권면하고 가르치며 돌보았던 일은 현대 노인들이 이 시대에 무엇을 위해서 살아야 하는지, 하나님께로부터 받은 노년에 주신 축복된 삶을 어떻게 활용해야 하는지에 대해서 그 답을 준다.

• 사회개혁의 영성: 이것은 교회를 중심으로 펼친 사회를 변화시키는 영성이다. 칼빈은 교회를 어머니와 같다고 표현하였다. 자녀가 어머니의 품을 떠나 살 수도, 성장할 수도 없듯이 성도는 교회라는 공동체 안에서 서로의 체온을 느끼며 서로의 영적 스킨십을 통해서 배우고 성장하며 건강하게 자라가는 것이다.

성숙한 성도는 이렇게 교회를 중심으로 사회 속에서 바르게 기능하며 그리스도인의 삶을 살아갈 수 있다. 이러한 기틀 속에서 실행한 종교개혁은 교회 영역뿐 아니라 사회 영역 전반에 걸친 개혁이었다.

그리스도인의 삶은 교회를 중심으로 한 높은 윤리적 표준을 성도의 삶에 적용하는 것뿐 아니라, 교회 밖의 생활 즉 사회 속에서도 바르게 적용하는 삶이다. 이웃에 대한 그의 실천은 어려운 난민과 고아, 과부, 장애, 노환으로 고통하는 자들을 돕는 일들이었다. 칼빈은 믿음과 행함이 교회 밖에서 어떻게 적용되고 실천해야 하는지를 깨닫게 함으로 이원론적 사고방식을 버리게 했다. 실로 그의 영성은 그리스도인의 삶과 깊은 관계를 의미하는 것으로 하나님께 대한 인간의 바른 태도를 지시한다.[110]

이것은 하나님의 사랑에 대한 고백적 태도로 세상 속에서 이웃에 대해 열린 마음을 갖는 것이다. 이웃부터 내가 아는 이웃에서 내가 전혀 만나지 않은 이웃까지 사랑하며 제한을 두지 않는다.

이같은 칼빈의 사회개혁의 영성은 격동하는 노년세대에 새로운 비전으로 다가온다. 현대 노인들은 신체적 무력감과 사회적 고립으로 노화를 절망의 굴레로 보는 경향이 많이 있다. 또 미래에 대한 불확실성과 사회와 가족에게 무거운 짐이 된다는 두려움과 고통을 느끼기도 한다. 그러나 칼빈은 자신의 삶을 통해 노년기 영성을 사회 속에서 어떻게 적용하고 실천할 수 있는지 보여 주었다.

그의 삶에 비추어 볼 때 노인은 무익한 존재가 아니며 얼마든지 사회 속에서 빛을 발할 수 있는 유익한 존재다. 노년은 인생에서 방황의 종착역이며 하나님을 향하여 나아가는 시기다. 그러므로 노인들이 사회 속에서 떠밀려 고독한 세월을 보내야 한다는 인식에서 벗어나 그 속에서 참다운 영성을 소유함으로 사회와 교회, 이웃에게 은혜를 끼치는 삶을 살아야 할 것이다.

• 거룩한 죽음으로서의 영성: 칼빈은 선천적으로 허약하기도 했지만, 환경적 스트레스와 과다한 업무에 따르는 과로로 인해 수많은 병들과 싸워야 했다. 그는 병의 고통에 시달리는 것으로 끝나지 않고 후대에 그 치료법을 기록한 보고서를 내놓는 데 공헌했다. 그는 노년에 겪은 자신의 병들에 대해 하나님의 섭리를 적용하는 영적 깊이를 보였으며, 자신의 연약함을 통해 하나님의 자비를 구해야 한다는 영적 이론을 내놓았다.

칼빈의 이와 같은 병에 대한 해석은 죽음을 통해서 잘 적용된

듯하다. 그는 죽음 앞에서 교만하지 않고 겸손했으며, 사랑하는 사람들에게 자신의 잘못을 인정하고 진심으로 용서를 구했다. 칼빈이 노년기에 병과 죽음을 통해서 보여 준 영성은 현대인들이 노년기에 찾아오는 병과 죽음을 어떻게 바라보아야 하는지 그 태도와 자세, 그리고 바른 믿음이 무엇인지를 알려주는 좋은 모델이 되고 있다. 아울러 육신의 죽음 이후 반드시 영생의 기쁨과 소망이 있다는 것을 보여 준다.

노화는 계속 일어나고 있기에

변화하지 않는 사람은 없다.

계절마다 각기 고유한 아름다움이 있는 것처럼

노년만의 아름다움이 있다.

노년은 삶의 신비를

우리에게 보여 주는 성장 과정이다.

3부

일상의 영성, 삶 속으로

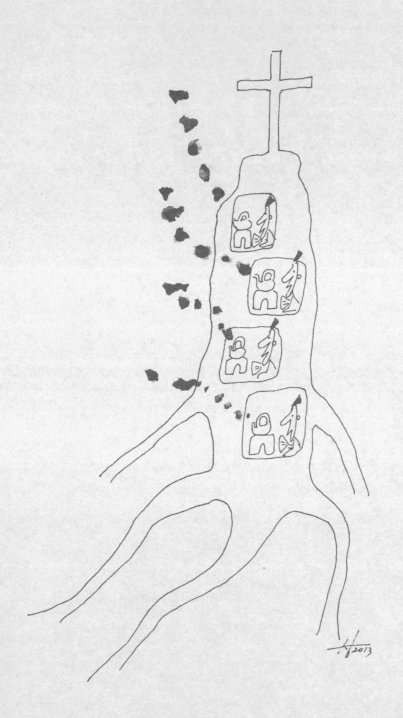

9장

노인의 리더십, 신앙의 명가를 만들다

1. 신앙의 조언자

노화는 복잡하고 다차원적인 문제다. 그런데 많은 사람들이 노년기를 두려워하는 한 가지 이유는 사회와 가족관계 속에서 노인을 위한 의미 있는 역할을 발달시키는 데 실패했기 때문이다.

지난 역사를 살펴보면 노인들을 가치 있고 중요한 존재로 여겼던 시대가 있다. 노인의 역할 중 하나는 지혜의 '저장소'였다. 노인들은 대개 젊은 사람들의 영적인 교육에서 중요한 역할을 감당하면서 관계를 유지했다. 그러나 산업화와 문화의 발달로 노인의 역할은 왜곡되고 그들의 중요성은 약화되었다.

이러한 사회 변화는 가족 간의 세대분리 현상을 가져왔고, 노인들은 정체성을 잃게 되었다. 이것은 가족관계 안에서 부모와 조부모의 긍정적인 역할을 할 수 있는 가능성을 약화시켰다. 노인들을 종종 가장 부담되고 귀찮은 존재, 현재 진보와 번영의 장애물인 과거의 쓸모없는 유물로 여겼다. 현대문화에서 노인들은 사회와 가족관계 속에서 그들의 역할이 작거나 거의 존재하지 않는다.

그와 반대로 현대에 나타나는 현상 중 하나는 나이 들어서도 부모 곁을 떠나지 않는 자녀들을 책임져야 하는 역할의 과중함이다. 고령화와 저성장의 원인으로 서른이 넘어도 혼인하지 않는 자녀들이 넘쳐나고 있다. 그들을 소위 캥거루족, 패러사이트 싱글Parasite Singles이라고 한다. 그들은 '기생하는 독신자'로서 부모에게 폐를 끼치고 큰 짐으로 등장하는 세대다.

또한 '부모의 노후자금을 갉아먹는 자'라고 해서 연금 패러사이트라고도 한다. 미국에서는 트윅스터Twixter(부모에게 얹혀사는 자녀)라고 부르고 있다. 이러한 세대의 출현은 자연스럽게 부모의 연금을 축내고 노인들을 위기로 몰아넣고 있다. 노인들에게 집안에서 놀면서 독립하지 않는 자녀를 책임지는 역할은 무겁고 힘들기만 하다. 그들은 "제발 아들딸들아, 독립해 줘"라고 외친다.[1] 노인들은 이러한 여러 가지 요인으로 외로움을 느끼며 상실과 고립을 경험한다. 급기야 삶의 의미를 잃어버리기도 한다. 나이가 들면서 노인들은 사회적으로 구축된 역할의 연속을 통해 의미를 찾는다. 그러나 노인들의 역할 부족과 과다한 짐은 갈수록 심각한 현상으로 나타나고 있다.

그들은 하나님과의 초월적인 관계나 자녀, 손자들과의 관계를 통해 삶의 의미를 발견하고자 한다. 그러나 자녀세대는 노인 지도 자나 조언자를 찾기보다는 동료와 미디어를 통해 '대체 지혜'를 추구하고 있다.[2]

"현재 노인들이 교회나 가정에서 하고 있는 역할이 무엇인가?" 라는 질문에 다음 순으로 응답했다. 부모의 역할, 교회 직분자의 역할, 조부모의 역할, 배우는 자의 역할, 가르치는 자의 역할 등으로 나타났다. 그리고 "그중에서 가장 만족하는 역할(하고 싶은 역할)은 무엇인가?"에 대한 질문에 부모의 역할, 교회 직분자의 역할, 배우는 자의 역할, 조부모의 역할, 가르치는 자의 역할 등으로 나타났다. 이렇게 볼 때 노인들은 가족에서 가장 많이 자신의 역할을 감당하고 있었다. 그리고 가정에서 부모의 역할에 가장 만족하며 그 관계를 이어가고 있음을 볼 수 있다.

그렇다면 현재 그리고 미래의 가정 사역에서 노인들에게 인생의 의미를 줄 수 있는 영적 역할은 무엇이어야 하는가?

첫째, 노인은 가족 상호간의 연결을 하는 접착제다. 노인들은 가족 공동체에서 세대가 모이도록 초대하는 기능을 한다. 사회생활을 하는 가족들은 바쁜 일정에도 불구하고 가장인 노인을 중심으로 모이는 경향이 있다. 모든 어린이들은 손자가 될 수 있고, 모든 노인들은 조부나 조모가 될 수 있다. 노인들은 이처럼 이웃의 조부모가 될 수 있기 때문에 모두를 더 포용하는 넉넉한 품과 웃음, 이야기가 있어야 한다. 그러기 위해 노인들은 환대와 놀이를 배워야 한다.

둘째, 노인의 역할은 부모 역할을 보충한다. 노인은 임무수행, 훈련, 문제해결에서 부모보다 책임을 덜 갖는 경향이 있지만, 안정과 사랑을 지원하는 부분에서 중요한 역할을 담당한다. 때때로 아이들이 부모와 신체적, 심리적, 감정적으로 직접 관계를 풀어나가기 어려울 때 조부모의 역할은 중요하다.

행복하게 늙어가는 비결

혼자 지내는 버릇을 키우자.

젊었을 때보다 더 많이 움직이자.

나의 괴로움이 제일 크다고 생각하지 말자.

일하고 공치사하지 말자.

남의 생활에 참견하지 말자.

함께 살지 않는 며느리나 딸이 더 좋다고 하지 말자.

후덕한 늙은이가 되자.

외출할 때는 항상 긴장하자.

음식은 소식하자.

이웃을 사랑하자.

늘 감사하자. 그리고 또 감사하자. 그리고 또 기도하자.

셋째, 노인은 가족 속에서 삶과 신앙의 조언자다.

• 삶의 조언자: 노인은 유년기에서 성인기로 자라는 자녀세대를 도울 수 있다. 특히 유아기와 성인기 사이에 어려움을 겪는 시기에 중요한 역할을 할 수 있다. 우리의 현대문화는 조언자의 역할 모델이 부족하다. 그리고 자녀들은 현재를 초월해 미래를 내다보는 능

력이 약하다. 그런 면에서 노인들은 자신이 겪은 실수와 성공 그리고 그 과정에서 배웠던 것을 자녀세대에게 교육할 수 있다. 노인들은 신체적 힘과 생기를 잃어가면서 삶을 유용하게 하고 단순하게 사는 법을 배우는데, 젊은이들은 여기에서도 교훈을 얻을 수 있다.

윔버리Wimberly가 노인역할 모델의 필요성에 대해서 미국문화에 적용한 조사에 따르면 다음과 같은 결과가 나왔다. 노인들이 조언한 그룹이 노인 조언자가 없는 그룹에 비해 학교에 대한 태도, 미래에 대한 태도, 노인에 대한 태도의 평가에서 가장 높은 점수를 나타냈다. 또한 노인 조언자가 있는 그룹은 물질 사용의 사고에서 가장 낮게 나타났다. 특히 조언자와 함께하는 아이들 그룹이 학교 출석률의 측정에서 더 좋은 결과를 보여 줬다.[3] 결과적으로 초기 조사에 기초하여 이루어진 이 개입은 노인들이 어려움을 겪고 있는 십대들을 지도하는 것이 성공적임을 입증했다. 노인들에 의해 구체화된 감정적, 도덕적 그리고 종교적인 가치는 가족과 개인, 사회와의 조화로운 관계를 강화하기 위한 필수적인 자원이 된다.

• 신앙의 조언자: 노인들은 인간의 가치를 일깨워 주는 안내자이며 신앙의 길잡이다. 만약 열정적으로 하나님의 일에 헌신하고 즐거워하는 노인들을 젊은이들이 본다면, 그들의 신앙은 강해지고 복음의 진실은 빛날 것이다. 아울러 그들의 신앙의 지혜와 가르침은 가정을 신앙의 명가로 만들 수 있다.

화더 에쉴러Father Eschweiler는 말했다. "노인들은 다른 사람과 하나님과의 활동과 관계에서 양을 넘어 질을 가치 있게 여긴다. 그들은 무엇이 중요한지 무엇이 진짜인지 분별하는 것을 배운다."4

이러한 노인들이 가족관계 속에서 이루어 내는 영적 역할은 그들이 자녀에게 무엇인가를 제공할 수 있다는 점에서 큰 의미를 주며 노년의 삶을 행복하게 해준다.

넷째, 노인은 가족관계 속에서 존재 그 자체에 의미가 있다.

노인들은 자신이 아무것도 할 수 없다는 무기력에 빠지고, 삶의 의미를 느끼지 못할 때 가족과의 관계는 노인에게 매우 중요한 의미를 지닌다. 노인들이 과거에 했던 일들을 지금 할 수 없을지라도 가족 안에서 노인들은 존재 그 자체로 인정을 받는 것은 중요하다. 노인은 그 집안의 가장인 동시에 자녀에게는 소중한 부모이며 할머니와 할아버지이고 친구다. 이러한 관계의 형성은 아무도 그들을 대신할 수 없다. 오로지 그들만 할 수 있으며 오직 그 사람의 특권인 것이다. 세계가 시작된 이래로 영원히 아무도 그들의 존재 자체를 대신할 수 없다는 점에서 의미가 있는 것이다. 이러한 가족으로 엮어진 관계는 노년세대에 삶의 의미를 제공하고 그것을 이루어 나가는 데 있어서 삶의 활력소가 된다.

종종 노인들은 이렇게 말한다. "나는 왜 죽지 않을까요? 나는 다른 사람의 부담이 되는 것을 원하지 않아요." 노인의 존재 자체가 부담을 주는 것은 아니다. 노인이 되어서 연약할지라도 그들이 이 세계 안에서 머무는 자체를 하나님이 기뻐하시며, 가족간의 관계를 이어 준다는 점에서 의미가 있다.

노인들은 몇십 년 동안 그들의 자녀를 위해서 희생했다. 그러므로 노인이 되어서 연약할 때 자녀에게 돌봄을 받는 것은 당연한 일이다. 노인들이 자녀에게 했던 모든 것에 보답할 기회를 제공하는 것과 같다. 또 성경의 말씀처럼 "네 부모를 공경하라 이로써 네가 잘 되고 땅에서 장수하리라"(엡 6:2-3) 하신 말씀을 지키는 것과 같다. 이로 인해 자녀를 효자로 만들 기회를 주며, 이 땅에서 축복된 삶을 살 수 있는 길을 제공하는 것이다. 만약 노인이 되어 주변에 있는 가족들이나 사람들에게 도움을 받고 있다면 그것들을 은혜롭게 수용해야 한다. 이것은 추수를 주고받는 관계를 만들도록 하는 것과 같기 때문이다. 주고받는 것은 진정한 관계를 형성하며 소원해진 관계를 회복하고 치유할 수 있는 유일한 길이다.[5]

나이가 들어서도 다정다감한 표현과 반응, 즐거운 마음, 열린 마음, 빛나는 눈으로 선물을 받아들이는 마음이 필요하다. 그러나 이것을 구부러진 마음으로 받는다든지 "나는 너로부터 어떤 것도 받지 않아. 또는 나는 질병, 나이의 희생자야. 그래서 나는 너에게 반드시 의지해야 해!" 하는 마음은 사랑의 관계를 깨뜨릴 뿐이다. 우리는 모두 다른 사람과 서로 의지하며 산다. 그러므로 우리는 감사하며 주고받는 법을, 관계에 새로운 깊이를 더하는 방법으로 배워야 하고, 이를 통해 아름다운 관계를 전수하여야 한다.

2. 교회사 모델들의 가족관

• 수도사의 아버지: 안토니의 부모님이 돌아가시고 나서 가족은 여동생뿐이었다. 안토니는 여동생을 수도원 공동체에 맡기고 사막으로 들어가서 혼자 금욕생활을 하면서 기도했다. 그 후 그는 가정을 갖지 않았으며, 수도사의 아버지로서 제자들을 가르치는 일로 여생을 보냈다. 그뿐 아니라 끊임없이 설교생활을 했고, 제자들을 양성하고 훈련시키는 훈련사의 역할을 감당했다. 노인 안토니는 비록 자녀가 없었지만 제자들과의 영적 가족관계를 유지했다.

• 영적 길잡이: 어거스틴은 젊은 시절에 동거녀에게서 아들 아데오다투스를 얻었다. 그 후 어거스틴은 내연의 처를 아프리카로 떠나보내고 수도원 공동체를 형성하여 살았다. 어거스틴은 자신을 위해서 평생 눈물로 기도하시던 어머니를 잃고 깊은 슬픔에 빠졌다. 그리고 16세 된 사랑하는 아들마저 세상을 떠났다.[6]

어거스틴은 일평생 결혼하지 않았다. 그리고 이 땅에서 고통하는 자들에게 하늘의 소망을 심어 주며 그들과 함께하였다. 어거스틴은 더 이상 육신적인 가족의 관계를 갖지 않고 살았지만, 수도원이라는 공동체에서 수도사들의 아버지이자 로마 시민의 영적 길잡이로서 영적 여정의 길을 간 사람이다.

• 복음의 가장: 루터의 결혼은 복음적인 필요에 의한 것이라고 해도 과언이 아니다. 그는 아내를 사랑했으며, 여섯 명의 자녀를 양육했다. 물론 두 명의 아이를 잃기도 했지만 자녀를 엄한 훈육과

사랑으로 키웠다. 그의 가정은 다정하고 경건한 가장중심주의의 성격을 띠고 있다. 그는 아내와 함께 하나님이 주신 가정을 아름답게 가꾸었다. 루터의 가정생활은 그리스도인의 귀감이 되었다.

• 믿음의 아버지: 칼빈의 가족관계 역시 그의 평생에 지속적인 행복을 주지 못했다. 사별한 이델레트 드 뷔르와 결혼 후 아들을 낳았으나 결국 잃고 말았다. 그리고 사랑하는 아내도 세상을 떠나게 되었다. 그 일 후에 칼빈은 재혼하지 않고 홀로 살았다. 그러나 칼빈은 수많은 영적 자녀를 낳았다. 그 예로 기욤 드 트리가 죽자 베자에게 보낸 편지에서 칼빈은 그 자녀들을 돌보아야 한다고 말하였다. 또 아카데미의 교수로서 평생을 가르치는 일에 전념하면서 제자들과 영적 아버지로서 관계를 세워 나갔다.

아내에게 바치는 감사장

"당신은 나와 결혼하여 50년 가까이 나와 동고동락하면서,
가난한 공직자의 힘겨운 살림을 잘 꾸려주었고,
아들딸 4남매를 훌륭히 키워 모두 결혼시키고
부모형제 간 가정화목에도 각별히 노력했습니다. 무엇보다
남편과 가족을 잘 지켜준 데 대해 한없이 고맙게 생각합니다.
남은 인생도 부디 무병장수하기를 축원합니다."

남편이 아내의 고희를 맞이하여 깜짝 선물을 했다. 문방구에서 구입한 봉황무늬의 상장 용지에 컴퓨터로 내용을 인쇄했다. 감사장 아래에 상아도장으로 날인했다. 그리고 남편이 1년 동안 모은 돼지저금통의, 55만6,860이 든 예금증서를 포상금으로 내놓았다. 축하객이 모인 앞에서 낭독하고 전달하였다.

– 「공무원 연금」 2012년 6월호

위에서 본 교회사의 모델들은 루터를 제외하고는 가족관계를 온전히 형성하며 살지는 못했다. 세상적으로 보면 불행한 삶일 수도 있을 것이다. 그러나 그들이 살면서 이룬 영적 부모의 역할은 노년의 무대를 찬란히 빛내고도 남을 만하다. 그러므로 노인은 가족관계뿐 아니라 사회적 관계 속에서도 영적 부모의 역할을 감당할 수 있다. 세상에 있는 이웃의 자녀들은 내 자녀이며 하나님께서 맡기신 사명이라는 면에서 말이다. 하나님과의 관계에서 출발한 따뜻한 믿음의 가족관계는 노년의 삶의 가치를 더해 준다.

3. 영적 지도자

• 말씀에 순종하는 삶: 아브라함은 75세에 부르심을 받아 175세로 이 세상을 떠날 때까지 말씀을 따라 살았고, 가는 곳마다 예배를 드렸다(창 12:7-8). 그리고 믿음의 순종으로 이삭을 드렸다(창 22:1-19). 그 믿음으로 자녀 이삭을 모리아 산에서 희생 제물로 드리게 되었을 때 이삭은 아비를 거역하지 않고 순종했다. 이삭이 그 아버지를 거역하지 않은 것은 아브라함의 믿음의 순종을 본받았기 때문이다. 이로써 노인들이 말씀에 순종하며 사는 삶은 자녀와 손자, 손녀들에게 순종의 삶을 살게 하는 원천이 됨을 알 수 있다.

• 자녀를 축복하는 삶: 나이 많아 늙은 이삭은 아들 야곱을 축복했다(창 27:27-29). 노인 야곱은 아버지에게 받았던 축복을 전수받

아서 손자 에브라임과 므낫세를 축복했다(창 48:8-22). 그리고 요셉을 축복했다. 요셉은 하나님의 사람이었다. 요셉은 아버지의 축복 기도가 하나님의 축복을 받는 데 절대적인 것을 그의 아버지 야곱의 예로 충분히 알고 있었다. 그래서 야곱의 큰 아들 르우벤을 비롯한 모든 자녀들이 모였을 때 요셉은 자신의 두 아들, 장자 므낫세와 에브라임을 야곱에게 데리고 나온 것이다. 야곱 역시 자신이 이삭으로부터 받았던 축복의 비밀을 알고 있었으므로 손자들을 축복했다. 이로써 자녀는 축복된 삶을 살며 또 그들의 자녀에게 축복을 전수해 주어야 한다는 지혜를 깨닫게 해준다.

유대인들도 자녀교육을 시킬 때 성경적 모델을 통해서 축복이 하나님께로부터 나온다는 것을 알고 있었다. 그 축복이 머리로 전해지므로 그들은 자녀를 축복해 주는 관습이 있다.[7] 그들은 안식일이나 절기날 그리고 가정예배 때 자녀를 위해서 복을 빌어 준다.

• 섬김의 삶: 80세의 노인 길르앗 사람 바르실래는 다윗이 압살롬의 반역으로 망명길을 갈 때 마하나임에서 공궤하였다(삼하 17:27-29). 그로 인해 아들 김함이 다윗의 궁에 사는 복을 받게 되었다. 하나님과 이웃을 섬긴 부모의 삶은 그 자녀들을 복된 길로 이끌어 준다.

• 믿음의 삶: 바울은 디모데 속에 있는 믿음이 외할머니 로이스와 어머니 유니게에게서 전수된 것이라고 말하고 있다(딤후 1:5). 그러므로 부모의 영적 리더십이 자녀를 신앙으로 살게 하는 것이며 축복으로 이끌 수 있다.

이와 같은 신앙과 삶은 노인들을 영적 지도자로 세워 준다. 이러한 목표를 위해 노인들은 믿음을 가지고 영적 리더십을 실천하며 자녀들을 교육해야 한다.

4. 가정예배 프로그램

유대인 가정의 예배를 변경하여 한국 정서에 맞게 재조정하였다. 예배 구성원은 가정의 어른인 노인을 리더로 한 3대가 함께 드리는 명절 예배로 구성하였다.

1) 예배인도와 자녀를 위한 축복기도

하나님께서 자손에 대한 언약적 축복의 약속을 베푸는 통로 중 하나가 가정이다. 신앙인들은 결혼하여 가정을 이루어 경건한 자녀를 얻기 원한다. 그러나 경건한 자손은 저절로 생기는 것이 아니다. 부모들이 바른 신앙을 갖고 자녀들을 바르게 키우고자 하는 사랑의 수고가 뒤따라야 한다.[8] 따라서 노인들이 가정에서 행하는 리더십은 소중한 신앙의 역사를 만들며 신앙의 명가로 거듭날 수 있는 좋은 계기가 된다.

가정예배

유대인들은 아브라함 때부터 현재까지 4천2백 년 동안 말씀(토라)과 역사 그리고 전통을 전수하는 데 성공하였다. 이는 부모가 가정에서 하나님의 말씀을 전수하는 사명을 감당한 것이다. 유대인들은 이를 위해 안식일 식탁에서 이루어지는 가정예배를 그 무엇보다도 중요하게 여겼다. 그 결과 문화와 사상에 있어서 가장 우수한 민족이 되었다. 우리 역시 자손 대대로 신앙의 명문 가정을 이루기 위해 온 가족이 함께 가정예배를 드려야 한다. 이를 통해 가족 간의 결속력을 강화하고 노인 공경의 기회가 되어야 할 것이다.

실행1

명절이나 생일, 기념일 등 가족 행사에 가족의 어른들이 예배를 인도하거나 기도를 인도할 수 있다. 또 노인 직분자들은 예배드릴 때 간단한 설교나 자신의 삶에서 겪었던 하나님과의 만남, 체험을 자녀세대에 들려줌으로 자녀들의 신앙에 도움을 주며 가족 역사에 증인이 될 수 있다.

실행2

어른들은 추석이나 설 명절에 자녀나 손자들이 함께 모였을 때 세배를 받고, 이어서 자녀들에게 성경에서 행했던 축복을 함으로써 품격 있는 신앙의 전통을 세워 나가야 한다. 그러므로 노인들은 먼저 자신을 정결케 하고 이 일을 준비하기 위해 기도하거나 새벽예배를 드리는 것이 좋다. 그리고 자녀들과 추도예배나 감사예배를 드린 다음 자녀들에게 손을 얹고 간절히 복을 빌어 준다. 아울러 한 해를 맞이하는 덕담이나 성경말씀을 전해 주는 것도 좋다. 또는 손자들에게 세배 후 선물로 정성스럽게 준비한 봉투 안에 그들을 위해 마음을 담은 글을 쓰거나 기도를 써서 주는 것도 좋은 방법이다. 이러한 것들은 가족의 신앙의 전통이 될 수 있고, 가족 간의 관계를 더 끈끈하게 할 수 있다.

실행3

영적 리더십을 위한 가정예배 순서(명절 예배)

2) 가정예배 순서

먼저 가족 구성원 모두 깨끗한 옷으로 갈아입는다. 한국 민족의 정체성 교육을 위해 전통한복이나 개량한복을 입도록 한다. 예배의 인도자는 그 가정의 조부모가 한다.

- 성시교독(시편 1편, 또는 다른 시편)과 신앙고백

- 촛불 점화

  식구들 수대로 촛불을 켠다. 가족의 조모(할머니, 어머니)가 촛불을 밝히며 세상의 죄악으로부터 보호해 달라고 남편과 자녀, 손자, 손녀들을 위해 기도한다. 이는 가정의 어둠을 밝히는 몫은 아내(할머니, 며느리)에게 있음을 의미한다.[9]

할머니와 어머니를 위한 시간이다. 그분들을 위한 축복과 칭찬, 감사의 노래를 부른다. 자녀, 손자, 손녀는 그분들에게 안기어 감사와 위로를 표현한다(할머니, 어머니 사랑해요. 감사해요. 그동안 수고 많으셨어요).

– 찬양의 예: 당신은 사랑받기 위해, 아주 먼 옛날, 당신은 하나님의(축복의 통로), 사랑의 주님이, 그대를 만난 건(좋은 이웃 축복송)

• 회개와 사죄에 대한 감사기도

① 할아버지 할머니(부모님)는 식탁에 준비된 물수건(그릇에 담긴 물을 사용)으로 자녀나 손자, 손녀들의 손을 닦아 준다. 이것은 세족식을 의미하는 하나의 방법으로 자신의 죄를 깨끗이 씻는 것을 대신한다.

② 하루의 죄를 회개하고 사죄에 대한 감사의 기도와 찬양을 올려 드린다.

– 찬양의 예: 보혈을 지나, 나 같은 죄인 살리신, 내 주의 보혈은, 구주의 십자가 보혈로, 나의 죄를 씻기는, 예수 십자가에 흘린 피로써, 변찮는 주님의 사랑과 등 보혈과 회개찬양을 한다.

③ 가족, 형제간에 서로 손을 마주 잡고 화해와 사랑의 시간을 갖는다(이때 서로 안아주는 것은 아름다운 관계로 회복시켜 준다).

• 애찬식

가정예배 식탁에 사용하는 그릇들은 구별하여 사용한다. 이를 통해서 후손들에게 거룩과 경외를 가르친다.

① 조부모가 감사의 기도를 드린다(할머니가 기도한다).

② 준비된 떡(빵)과 음료수를 조부모가 자녀들에게 직접 한 명씩 나누어 준다("사랑하는 아들아 축복한다"라고 말한다).

• 말씀 전수

① 온 가족이 함께 애찬식을 하면서 성경말씀을 교독한다.
② 말씀의 전수자인 할아버지(아버지)가 은혜 받은 말씀을 전한다. 혹은 거룩한 독서 형식으로 나눌 수도 있다. 이때 하나님 말씀을 통해 자신이 받은 은혜나 응답을 고백하고 실제 삶에서 구체적으로 어떻게 적용할 것인가 나누는 시간을 갖는다.

• 구제, 감사헌금

구제나 헌금에 대해 교육하는 시간이다. 주일날 헌금할 봉투를 미리 써서 준비한다. 혹은 구제박스를 통해 자녀들이 구제에 대한 개념과 실천을 배울 수 있도록 한다.

• 축복기도의 시간

가족의 어르신이 자녀들을 위해 축복해 주는 시간이다.
① 조부모는 함께 오른손을 사용하여 자녀(아들, 딸)의 머리에 손을 얹어 축복하고, 손자 손녀에 이르기까지 복을 빌어 준다.
② 부모님(조부모)으로부터 기도를 받은 아버지(어머니)는 자리에 돌아가 또 자신의 자녀에게 머리에 손을 얹고 복을 빌어 준다.
③ 이때 축복 기도문을 준비하여 해주는 것도 좋다.

• 찬양

– 예: 좋으신 하나님, 사랑하는 나의 아버지, 예수 사랑해요, 주 안에 있는 나에게, 예수님이 좋은 걸 등.

• 마무리 기도

가장인 조부모(할아버지, 아버지)가 가정을 위해 축복 기도를 하고 주기도문으로 예배를 마친다.

결론적으로 노인에게 사회와 가정이라는 관계는 지속성, 정체성, 그리고 공동체의 통합성을 제공하고, 인생의 목적을 준다. 하지만 사회나 가정의 공동체는 노인들에게 쉽게 "쉬세요"라고 말한다. 왜냐하면 그들은 사명을 완수했다고 믿기 때문이다. 그리고 새롭고, 현대적이며 기술 진보적인 사회를 만들기에 노인들은 구식이고 필요 없는 존재로 여긴다.

오늘날 노인들에 의해 해결될 수 있는 매우 많은 영적인 일들이 있음에도 불구하고 노인들은 인생의 퇴물로 취급되기 쉽다. 세계의 문제를 모두 풀기는 어렵지만, 사회나 가족 관계에서 노인들에게 명예를 주고 활동적인 역할을 하도록 격려한다면 모든 세대가 살기 좋은 장소가 될 것이다.

베이팅Beiting은 말했다. "내가 봤을 때, 세계는 내가 젊었을 때보다 내가 늙었을 때 더 필요로 한다."[10] 그러므로 노인의 관계 속에서 리더십의 회복은 노인들을 위한 인생의 질을 향상시키고 생의 의미를 더 북돋우는 것이 된다.

10장

노년의 기도는 밤중의 노래와 같다

1. 기도, 노년기 신앙생활의 핵심

기도는 하나님과 깊은 대화를 하는 것이며 영혼을 정결케 하고 영성 안으로 깊숙이 들어가게 하여 초월적인 하나님과 만나도록 한다. 또한 공간을 초월하여 다른 사람들과 연계할 수 있도록 도와준다.

기도생활은 인생 후반에 있는 노인들에게 삶을 지속하는 이유를 제공한다. 그러므로 많은 노인들은 그들의 인생에서 만난 어려운 문제에 대해, 그리고 앞으로 다가올 죽음에 직면하여 더 절실히 기도하기를 원한다. 설령 모든 기도가 응답되지 않는다는 인식에도 불구하고 하나님은 그들을 도와주며 언제나 인도하신다고 믿고 있기 때문에 노년에 드리는 기도는 다른 어느 시기보다도 의미를 더한다.

때문에 기도는 노인들의 신앙생활의 핵심이며, 그들의 삶의 중심에 놓여 있다고 해도 과언이 아니다. 매일의 삶에서 기도생활은 그분 안에서 일상의 삶을 기도로 올려드릴 수 있고 지속적인 기도를 가능하게 한다. 노인들은 나이가 들수록 기도의 중요성을 인식하고 더 많이 기도한다. 그들은 기도를 통해서 삶의 의미를 발견하고 하나님을 인식하며 상실을 극복한다. 그리고 영적 여정을 향해 가는 길에서 영적 평안을 누린다.[11]

노년의 기도는 밤중의 노래와 같다. 하나님은 밤중에 노래하게 하셨다(욥 35:10-11). 노년이라는 긴 터널은 새로운 나라를 향한 소망의 노래다. 노년의 삶은 하나님이 은혜로 주신 시간들이다. 이 시간은 친구이자 최고의 인생 길잡이이신 예수님과 함께 걸어야 하는 인생 여정이다.[12] 따라서 기도는 노인들의 내면세계 여행을 돕고 그분의 부르심의 음성을 경청하는 것이다.

대체로 노인들은 혼자 조용히 묵상하며 기도하거나 여럿이 함께하는 기도모임에 참석한다. 기도는 노년의 삶을 풍요롭게 해주기 때문에 기도훈련, 침묵과 묵상 훈련 등은 하나님의 임재를 경험하고 초월적인 하나님과의 만남을 통해서 영적 성숙에 이르는 길을 제공하므로 황혼의 인생들에게 필수적인 요소다.

2. 교회사 모델들의 기도생활

앞에서 언급한 교회사 속에서 모델을 보면 안토니는 사막으로 가서 무덤과 요새에 있으면서 항상 혼자서 기도했다. 또 산 위에 홀로 앉아서 기도했다. 안토니에게 기도는 하나님과 참된 관계 안에 있는 것이었고, 끊임없이 하나님을 향하는 삶이었다. 그리고 기도는 거룩한 삶 자체였다. 사막에 머물 때 마귀와의 영적 싸움에서 이길 수 있었던 유일한 무기 역시 기도였다. 그렇게 무장한 안토니는 고령의 나이에도 여전히 강건하였다.

노년은 안토니처럼, 사막으로 들어가 혼자 기도할 수는 없지만, 사막 같은 세상에서 홀로 하나님께 기도할 때다. 기도를 통해서 고독을 이기고 끊임없이 하나님을 향하여 살며 자신을 성찰하고 거룩한 삶으로 나아가게 되는 것이다. 노년에 홀로 기도하는 삶은 그 안에 하나님과의 깊은 영적 만남이 있다. 이러한 노인은 고령의 나이까지 영적 강건함을 유지하는 사람이다.

어거스틴은 『하나님의 도성』에서 "절대자만이 인간의 본성을 만족시킬 수 있다"고 말했다. 기도한다는 것은 본질적으로 하나님께 마음을 여는 것이다.[13] 어거스틴은 『기독교 교육론』에서 기도는 하나님을 두려워하며 하나님의 뜻을 구하는 단계에서, 성경에 대한 경건한 마음, 이웃사랑과 하나님에 대한 사랑의 고백단계를 넘어서 하나님을 볼 수 있는 '마음의 정화' 단계에 이르는 것이라고 말했다.

이와 같은 기도는 날마다 하나님께로 향하여 '상승'하는 것이다. 노년의 기도는 하나님을 깊이 묵상하고 어거스틴의 말처럼 하나님을 향하여 가는 것이다. 그리고 하나님 나라의 소망을 가지고 끝없이 달려가는 것이다. 노년의 기도는 현실을 초월한 소망이 하나님 나라에 이르러야 함을 시사한다.

칼빈의 기도는 초기 저서에서부터 그의 사상 중심이 되는 기도가 항상 강조되어 있다. 그의 노년 작 『기독교 강요』 최종판 3장에 기도에 대해서 언급하고 있다. 칼빈은 공적 또는 개인 기도를 하였는데 기도에 대해 다음과 같이 말하고 있다.

첫째, 기도는 하나님과 사람 사이에 있는 일종의 교제다. 우리가 연약하고 쓰러질 때, 그의 권능으로 임재하사 우리를 지탱시키시며 사랑을 베푸신다.[14]

둘째, 기도는 그리스도인의 삶의 본질이며 소중한 선물이다. 그러므로 기도는 '믿음의 최고 운동'이며 기도함으로 하나님께로부터 '넘치는 샘'에서 얻게 된다.[15] 따라서 삶의 모든 필요와 유익은 기도를 통해 얻게 된다.

셋째, 기도는 영구적인 신앙의 연습으로 경건의 중요한 요소다. 노년의 기도는 더욱 하나님과 가까워지며 노년 문화 안에서 경건한 삶을 유지할 수 있게 하는 데 중요한 부분을 차지한다.

노년기는 자신의 삶의 '멋진 마무리'를 위하여 매일의 삶 속에서 항상 기도해야 한다. 칼빈은 기도를 감사와 간구로 이분화했다.[16] 노년기는 자신의 가난함을 깨닫고 아침에 일어날 때, 식사 전

후, 저녁에 취침할 때, 고통스러울 때 특히 혼자 고독할 때 기도해야 하며, 기쁜 일이 일어날 때나 즐거운 추억이 떠오를 때는 하나님께 엎드려 감사해야 한다. 이와 같은 기도는 자신의 의지를 전적으로 하나님께 맡기고 해야 한다. 인생 후반에 드리는 기도는 하나님의 은혜로운 성품을 느끼게 한다. 그리고 노년기의 영적 여정에 힘과 능력을 더해 준다.

3. 노년기의 기도생활 프로그램

노년기에는 어떻게 하나님의 음성을 듣는가? 노년기는 홀로 있는 시간에 하나님께 기도를 올려 드릴 수 있다. 시편 기자는 말한다. "너희는 가만히 있어 내가 하나님 됨을 알지어다"(시 46:10). 노년은 침묵 속에서 하나님의 음성을 들을 수 있다. 이사야 30장 20-22절의 말씀처럼 "주께서 너희에게 환난의 떡과 고생의 물을 주시나 네 스승은 다시 숨기지 아니하시리니 네 눈이 네 스승을 볼 것이며…네 뒤에서 말소리가 네 귀에 들려 이르기를 이것이 바른 길이니 너희는 이리로 가라"할 것이기 때문이다.

노년기의 기도는 하나님과의 깊은 영적 관계를 형성하게 한다. 그리고 그분의 세밀한 음성에 귀 기울이게 한다. 이것은 언제나 하나님과의 교제가 성장하는 것에 목표를 둔다. 그렇게 될 때 하나님과의 풍성한 관계 안으로 들어가게 되는 것이다.[17]

기도를 실행하기 위해서 먼저 어린아이와 같은 심령으로 나아가야 한다. 가능하면 고요히 기도해야 한다. 좋거나 나쁜 기억들이 떠오를 수 있다. 그 안에서 당신의 생각과 질문들, 그리고 기억들을 인정해야 한다. 거기에 말려들지 말고 그냥 그것들이 마음을 지나가도록 허락해야 한다. 그리고 하나님께 집중하도록 한다.

이것은 당신의 이름을 부르시는 하나님의 음성을 듣기 위한 것이다. 하나님께서 "나는 너와 함께 있다"고 하시는 말씀을 듣는 것이다. 아울러 당신은 하나님이 사랑과 긍휼의 하나님이신 것을 믿어야 한다. 이와 같은 기도는 하나님께 주의를 기울이고 하나님의 사랑에 이르기 위한 유일한 길이다.

노인이 되면 긴 시간 동안 하는 통성기도나 합심기도에 참석하기가 쉽지 않다. 또는 육신의 연약함으로 기도의 힘을 잃기 쉽다. 이러한 때 노인들의 영성생활을 위한 기도의 다른 형태가 필요하다. 이에 필자는 노인이 되어 주로 할 수 있는 기도를 소개하고자 한다. 이러한 기도는 모든 연령의 노인들이 할 수 있는 것으로 하나님과의 깊은 묵상으로 이어질 수 있는 하나의 방법이다.

실행1

다음 내용을 실행하는 것은 혼자서 해도 유익하다. 또는 교회 안에서 그룹으로 진행하거나 진행자의 도움으로 이루어질 수 있다. 이와 같은 노년의 영적 기도생활은 따뜻한 날 야외에서, 자연과 함께 진행할 수 있는 이점이 있다.

1) 하루의 날을 회상하며 하는 기도

노인들의 일상생활에서 각각의 날을 기억하고 회상하는 것은 매우 유용한 기도의 형태다. 먼저 하루 동안 당신이 즐거웠던 모든 것을 회상하고, 그것들을 풍미하고 즐기기 바란다. 즐거운 일들이 무엇이 있었나 생각한다. 하나님께서 당신에게 이러한 것들을 선물로 보내셨다는 것을 믿어야 한다. 그리고 주께 감사함으로 기도하고 항상 기뻐함으로 주께 응답한다. 이것이 당신에게 향하신 하나님의 선한 뜻이기 때문이다(살전 5:18).

☞ 이와 같은 기도는 일상의 오후, 늦은 시간이나 저녁 잠자기 전 그리고 혼자 시간을 보낼 때 하는 것이 유익하다.

■ 영성일기 쓰기

① 오늘 하루의 즐거운 일들을 회상하고 기록해 보세요. 특히 어떤 일들이 당신을 행복하게 했나요?

② 즐거운 만남이 있었다면 누구였습니까?

③ 하루의 즐거움과 행복을 주신 하나님께 당신은 어떻게 응답했나요? 이 모든 좋은 것들을 주신 하나님께 감사의 기도를 드립니다.

2) 개인의 성찰을 위한 기도

조용히 앉아 당신의 영적인 모습을 바라보자. 지금 나의 열망이 어디에 있는지, 나의 중심이 어디에 있는지, 하나님께 보여 달라고 기도하자. 그리고 스스로 물어 보아야 한다. 나의 중심에 있는 나는 누구의 것인지, 그 안에 무엇이 채워졌는지, 만약 하나님의 나라가 내 중심에 있다면 그것에 대해 감사하자. 그러나 그 중심이 나의 욕망과 자아로 채워졌다면 당신의 중심이 바뀌도록 하나님께 기도해야 한다. 그리고 그것들을 내려놓기 위해 고요히 하나님께 무릎 꿇고 간구하자. 그분의 도우심을 구하며, 자신의 욕망, 불신, 미움, 부정 등을 내려놓고 하나님께 나아가기를 구하자.

자신도 모르는 사이에 하나님 안에 자신이 있음을 느낄 것이다. 기도는 기도하는 사람을 변하게 하며, 하나님과의 영원한 교제가 이루어지게 한다.[18]

☞ 하루의 일상 중에 오후 시간이나 분주한 일들을 마치는 시간에 하는 것이 유익하다. 이 기도는 끊이지 않고 하는 내적기도의 형태이며, 계속적인 열망으로 하나님을 부르는 것이다.

■ 영성일기 쓰기

① 지금 당신의 중심은 어디에 있습니까? 당신의 열망이 하나님의 나라에 있습니까? 아니면 세상나라에 있습니까?

② 하나님 안에 있다면 오늘 당신은 영적인 삶을 위해 무엇을 했습니까?(예배, 기도, 성경 읽기, 봉사, 전도 등)

③ 세상나라 안에 있다면 내 안에 쌓인 세상의 것들은 무엇이 있나요?

④ 그리고 그것들을 버리기 위해서 기도해야 합니다.

⑤ 오늘 당신의 삶에서 하나님께 고백해야 할 것이 있다면 기록하거나 기도해 보세요. 하나님의 용서와 위로하심을 느낄 수 있을 것입니다.

3) 자연 속에서 홀로 하는 기도

당신이 만약 공원 한 구석에 있든지, 자연 안에 있든지, 혹은 혼자서 공원을 걸으며 운동할 때든지, 이 훈련을 실행할 수 있다. 마음을 비우고 머리에 아무 생각 없이 앉아서 물건들을 바라보자. 이것은 매우 좋은 기도의 형태다. 나무, 잎 또는 동물이나 꽃, 물이 될 수도 있다. 또는 당신 앞에 펼쳐진 아름다운 풍경이나 산과 바다, 넓은 들판일 수도 있다. 당신의 감각을 사용하여 바라보아야 한다. 만지거나 냄새 맡거나 듣도록 하자. 이것들이 당신의 삶에 어떻게 왔는지를 생각해 본다. 아마 놀라울 것이다. 자연을 바라보면서 하나님께서 그것을 창조하시고 당신을 위해서 펼쳐 놓으신 그분의 사랑을 느껴 보자. 하나님은 모든 것들 안에 계신다. 만약

> **노인들의 화병 다스리기**
> 1. 거울을 보고 미소 지으며 자신에게 말을 합니다.
> "그래, 난 지금까지 잘 살아왔어. 앞으로도 잘할 거야"라고.
> 2. 속없이 깔깔 웃기.
> 3. 기분 좋은 3가지, 고마운 일 3가지 생각하기.
> 4. 텃밭 가꾸기, 반려동물 기르기 등 소일거리 찾기.
> 5. 숲길이나 강가를 걷고, 좋은 사람과 즐거운 대화 나누기.
> 6. 복지센터, 자원봉사, 사회활동, 교회활동에 참여하기.
> 7. 즐거운 찬양하며 춤추기.

당신이 볼 수 있는 눈을 가진다면 모든 시름의 덩굴은 그 순간 태워질 것이다.

그리고 하나님은 당신에게 모든 것을 통해서 말씀하실 것이다. 이것은 어떤 성취보다 귀중하다. 그것을 알게 될 때 당신은 비로소 행복해질 것이다. 당신은 친구나, 친척, 가족 그리고 절대 만나지 못한 사람들까지도 사랑하게 될 것이다. 하나님은 모든 것들 속에서 당신과 함께 계신다는 확신을 갖게 될 것이다. 그리고 당신은 하나님의 사랑 안에 있음을 깨닫게 되는 단계에 도달할 것이다.[19]

☞ 여행 중에 혹은 혼자서 산책하거나 공원을 거닐 때 기도하는 것이 좋다. 때로는 친구와 함께 나누면 유익하다.

■ 영성일기 쓰기

① 나는 오늘 어떤 물건이나 자연을 바라보았나요? 특별히 나의 시선을 집중시킨 것은 어느 것인가요?

② 그 속에서 하나님의 음성을 들은 것이 있는지, 또는 그 사물 속에서 새로운 깨달음이 있었다면 무엇입니까?

③ 그 안에서 나를 창조하심을 확신하는 기도를 드려 보세요.

4) 정체성 회복을 위한 기도

예수님은 요단강가에서 세례를 받으실 때 하늘로부터 소리가 나기를 "너는 내 사랑하는 아들이라 내가 너를 기뻐하노라"(눅

3:22)고 하시는 음성을 들으셨다. 예수님께서 세례 사건을 통해서 하나님의 사랑받는 자라는 것을 깨달았던 것처럼 노년은 각자 안에서 '하나님의 사랑을 받는 자라'고 말씀하시는 주님의 내적 음성을 들어야 한다.

노년기가 되면 우리는 종종 "나는 누구인가?"라는 의문 앞에 설 수 있다. 우리는 분명 '하나님이 사랑하는 자'다.[20] "하나님의 은혜로 말미암아 값없이 의롭다 하심을 얻은"(롬 3:24) 하나님의 사랑하는 자인 것을 확실히 믿어야 한다. 노년은 "너는 내 사랑하는 아들, 딸이요 내 기뻐하는 자라"고 부드럽게 속삭이는 하나님의 음성에 귀 기울여야 할 때다. 그러므로 고통과 상실로 깨어진 정체성을 회복해야 한다.

① 조용히 긴장을 풀고 고요한 중에 하나님을 인식하고 그분의 음성을 듣기 위해 철저히 기도해야 합니다. 예수님의 세례 사건을 상기하며 기도하세요.

☞ "예수님, 예수님은 하나님의 사랑받는 자 그의 기뻐하시는 자이십니다"라는 말씀을 마음에 새기며 묵상해야 한다.

② 다음의 내용을 읽고 묵상하세요.
"창세 전에 그리스도 안에서 우리를 택하사 우리로 사랑 안에서 그 앞에 거룩하고 흠이 없게 하시려고 그 기쁘신 뜻대로 우리를 예정하사 예수 그리스도로 말미암아 자기의 아들들이 되게 하셨

으니"(엡 1:4-5)라는 말씀을 묵상하면서 하나님께서 우리를 예정하시고 그 사랑 안에서 예수 그리스도로 말미암아 아들, 딸 되게 하심을 믿는 마음으로 되새기면서 고요한 중에 기도한다.

☞ "예수님 저는 주님의 자녀임을 믿습니다. 저는 하나님의 사랑받는 자입니다"라고 반복해서 자신에게 말해 보자. 그리고 조용히 묵상 가운데 "너는 내 사랑하는 자라"고 하시는 하나님의 음성을 듣기 위해 집중해야 한다. 이 말씀을 되새기는 중에 하나님의 은혜가 깊이 안으로 들어갈 것이다. 당신은 이 세상에서 하나밖에 없는 하나님의 소중한 자녀임을 알게 될 것이다. 마음이 불안하고 우울할 때 혹은 고독할 때, 자신이 쓸모없음을 느낄 때 아침 일이 끝난 조용한 시간에 유익하다. 하루 중 몇 번을 반복해도 좋다. 혹은 벗이 떠난 빈자리에서, 밤에 자리에 눕기 전에 해도 좋다.

③ 당신이 하나님 앞에 얼마나 소중한지 알았다면 당신 자신을 향해 축복의 말을 해 봅시다(예: 나는 하나님의 사랑받은 자인 것을 믿습니다. 예수님의 이름으로 나의 삶을 축복합니다. 주님의 이름으로 나의 몸을 축복합니다. 주님의 이름으로 나의 연약한 부분이 강하게 됨을 믿고 축복합니다 등. 자신에게 손을 얹고 축복기도를 드립니다).

■ 영성일기 쓰기

① "나는 누구인가?"라는 질문에 당신은 무엇이라고 대답할 것입니까?

② 당신의 친구, 가족, 형제, 그리고 만나는 사람 중에 당신에게 가장 소중한 사람은 누구인가요? 당신이 평소에 소홀히 여겼던 사람이나 불편하게 생각했던 사람에 대해서 묵상해 보세요. 누구인지 기록해 보시고 그를 위해 기도해 보세요.

4. 성경 읽기와 영성일기 쓰기

성경 읽기는 영성생활을 하는 힘의 원천으로 성경을 통하여 하나님과의 만남이 이뤄지고, 영적으로 성장할 수 있으므로 노년기에 매우 중요한 부분이다.[21]

하나님을 느끼고 만나는 방법 중 하나는 기록된 말씀 속에서 살아 계신 하나님의 말씀을 듣는 것이다. 살아 계신 말씀 속에서 열린 믿음으로 말씀을 읽고 묵상하고 경청하는 방법이다. 성경을 명상하며 읽는 것이며, 말씀이 나를 읽고 해석하도록 하는 영적 독서 방법이다.

말씀을 묵상하는 것은 말씀이 우리 머리에서 가슴으로 내려가도록 하는 것이다. 즉 말씀을 씹어서 우리의 삶 속에 통합되도록 하는 것이다. 그러므로 이러한 독서는 영혼의 양식이 된다. 말씀을 침묵 속으로 받아들이며 되새김하고 다시 소화해서 우리 안에서 육신이 되게 하는 독서 방법이다.

그러기 위해서는 말씀을 읽기만 하는 것이 아니라 그 말씀 안에서 자신이 읽혀져야만 하며, 그 안에서 말씀에 정복당하려는 의

지가 필요하다.[22]

　말씀을 읽을 때는 명상과 묵상으로 이어져야 하는데, 말씀을 영적으로 읽을 때 하나님이 내게 주시는 음성을 들을 수 있게 된다. 그러므로 말씀이 자신의 마음에 숨은 구석까지 뚫고 들어가도록 해야 한다. 그럴 때 비옥한 땅에 뿌려진 씨앗이 되어 결실하게 될 것이다.

실행1

1) 영적 독서의 첫 번째 단계는 성경 말씀을 읽는다.

이 단계는 혼자 할 수도 있고 그룹으로 진행할 수 있다. 성경의 본문을 선택하여 천천히 읽는다. 본문을 소리 내어 읽는다. 본문이 마음속에 스며들도록 읽어 내려간다. 본문을 해석하려고 하지 말고 편안함으로 읽자. 그리고 그 말씀 속에서 내게 다가오는 단어, 구절 등에 줄을 긋는다.

☺ 그런 다음 그 말씀이 가슴으로 내려가도록 조용히 5분 정도 묵상한다.

2) 두 번째 단계는 본문을 다시 읽는다.

이번에는 줄거리와 떠오르는 의문을 생각하고 주목한다. 처음 읽을 때 체크했던 단어나 새롭게 다가오는 단어에 집중하고 다시 체크하도록 한다. 말씀을 읽다가 마음에 부딪쳐 오는 내용이나 하나님의 신비 속으로 초대해 오는 내용이 있다면 머물러 경청해야 한다.[23] 아이가 낯선 방을 탐색하듯 천천히 그리고 열린 마음으로 탐색하자. 그리고 그것들에서 주님의 음성을 들으려고 해야 한다.

☺ 다시 5분 정도 묵상한다.

내게 주신 주님의 말씀을 들으려고 집중한다. 그리고 주님의 은혜를 떠올린다. 그룹으로 모였다면 2단계에서 그 말씀의 단어나 내용, 어떤 부분이 자신의 마음에 다가왔는지를 나눈다. 아주 간단한 단어일 수도 있고, 구절이 될 수도 있다. 또는 본문 자체의 메시지가 될 수도 있다(이 단계에서 서로 나눌 때는 가능하면 간단하게 하는 것이 좋다. 예: 저는 이러한 단어 또는 구절이 제게 다가 왔어요. 혹은 저는 이러한 말씀이 제게 감동을 주었어요.)

3) 세 번째, 본문을 다시 읽어 내려간다.

이번에는 자신이 체크했던 말씀에 주시하고, 그것을 묵상한다. 최대한 오랫동안 곱씹도록 한다. 말씀이 온전한 진리로 인도하시도록 당신의 마음과 이해를 성령께 온전히 맡기고[24] 말씀 속에서 주님의 음성을 듣고 경청해야 한다. 그리고 그 말씀이 내게 말하도록 한다.

☺ 다시 5분 정도 묵상한다.

오늘 말씀이 나에게 어떻게 다가왔는지, 그 이유는 무엇인지, 주님은 내게 무엇을 말씀하시는지, 어떻게 응답하시는지, 마음으로 오는 하나님의 음성을 듣는다. 그리고 그 응답을 기록해 본다.

이제 묵상이 끝났으면 말씀을 나눈다. 오늘 말씀 속에서 나에게 어떤 은혜를 주셨는지, 이 말씀이 나에게 어떤 의미로 다가왔는지, 혹은 주님은 나에게 무엇이라고 응답하셨는지를 진솔하게 나누도록 한다(약간의 시간이 소요될 수 있다. 시간을 잘 조절하는 것이 중요하다).

4) 마지막으로 이 말씀을 자신의 삶 속에서 어떻게 실천하고 적용해야 하는지를 나눈다(구체적인 적용일수록 좋다).
예) "쉬지 말고 기도하라"(살전 5:18)에서 '기도하라'의 말씀에 은혜를 받았다면 구체적인 실천을 위해 어떻게 기도할 것인가를 계획하고 나누는 것도 좋은 방법이다. 나눈 말씀을 가지고 그룹으로 기도할 수 있다. 그리고 실행을 위한 각자의 기도제목을 말하고 기도한다.

실행2

오늘 읽은 말씀에 비추어 영성일기를 기록한다.
영적 독서와 더불어 영성일기를 쓰는 것은 영성생활에 유익하다. 영성일기는 개인적인 묵상을 강화하며, 말씀 속에서 받은 응답을 기록한다. 주님께 받은 응답, 자신의 감정, 영적 경험들을 기록함으로써 생활의 주제를 알 수 있게 된다. 영성일기는 기도생활과 신앙을 성장하게 하며, 기록하고 회고함으로써 영적으로 어두울 때 축복과 힘을 준다.

■ 영성일기 쓰기

① 하루 동안 일어났던 일들 혹은 사건은 무엇입니까?

② 오늘 누구를 만났나요? 혹시 부담스러운 상대나 반가운 만남이 있었습니까?

③ 오늘 자신이 두려워하고 긴장했던 부분은 무엇인가요?

④ 하루 동안 일어났던 일들 또는 사건 속에서 주님의 임재를 경험했던 부분이 있었나요?

⑤ 오늘 주님이 나에게 주시는 위로를 경험했습니까?

⑥ 주님께 여쭤 보고 싶은 것은 무엇인가요?

⑦ 오늘 특별히 읽은 말씀 속에서 기도하고 싶은 내용은 무엇입니까?

⑧ 오늘 자백하고 싶은 일들은 무엇입니까?

⑨ 오늘 주님이 기뻐하시는 일을 했다면 무엇이 있었나요?(예배, 기도, 찬양, 봉사, 헌신, 성경 읽기, 전도 등)

⑩ 오늘 여가생활은 무엇을 했나요? 했다면 누구와 함께했습니까?

⑪ 오늘 당신은 후손과 젊은이들에게 어떤 삶의 본이나 신앙의 본이 되었던 것이 있었나요?(젊은 사람들에게 먼저 인사한 일, 젊은이들을 배려해준 일, 아름다운 조언의 말, 젊은 교인들에게 축복의 말하기 등)

⑫ 오늘 하루 자신의 삶에서 감사했던 일을 기록해 보세요(아주 작은 것, 사소한 것이라도 좋습니다).

영적 독서와 영성일기를 기록하고 묵상하면서 감사의 찬양을 드리고 기도로 모든 것을 마치세요.

11장

인생 회고, 삶의 의미를 재조명하다

인생 여정을 회고하는 동안 노인들은 자신의 인생을 되돌아볼 수 있다. 인생 회고를 함으로써 노인들은 삶의 의미를 재편성하고, 인생의 사건과 경험, 인생의 여정을 어떻게 통합할 수 있는지 알게 된다. 그리고 미래 남은 시간에 무엇을 할 것인지, 그들이 다른 사람에게 줄 수 있는 물질적, 감정적 또는 영적 유산이 무엇인가를 생각하게 한다.

이것은 내면세계와 외면세계를 이어주는 매체의 역할을 한다. 과거를 회고하는 것은 개인치료와 집단치료로 많이 사용되었고, 대개 심리적인 관점에서 연구되었다. 때문에 회고는 노인들에게 가치 있는 일이고, 과거의 상처나 기억들을 치유하는 데 유용하며, 목회적 돌봄을 위한 방법이 될 수 있다.

1. 영적인 인생 회고의 유익한 점

한 사람의 인생 이야기 중 영적인 면에 초점을 맞춘 영적인 인생 회고는 다음과 같은 유익을 준다.

첫째, 노년기의 인생 회고는 그들이 누구인지, 어디에서 무슨 일을 했는지를 되돌아보게 하고, 인생의 문제에 답을 제공해 준다. 따라서 노인들은 자신의 과거의 성취와 경험을 통해 무엇을 배워야 하는지 알게 된다. 또한 불의와 실망, 손실의 경험에서 어떤 유익을 얻었으며, 인생의 중요한 의미가 무엇인지 깨닫게 해준다.

둘째, 개인 자서전의 영적 측면에 집중하는 인생 회고는 자신의 인생에 일어난 일에 대한 영적 의미를 찾게 한다. 신앙의 사람들은 종종 왜 하나님이 이런 어려운 사건이 일어나게 허락하셨는지 질문을 던진다. "하나님은 왜 우리를 버리신 것처럼 보일까? 현재 절망적인 순간에서 미래에 어떤 희망이 있을까?"라는 질문을 한다.[25]

셋째, 회고는 노인들의 영적 욕구를 충족시키고 그들의 치료를 돕는다. 인생 회고는 풀리지 않은 갈등과 고통, 죄의식을 재통합하고, 깨어진 가족 관계를 재정립하게 한다. 죽어가는 사람도 때때로 처리해야 할 일이 있다. 인생 회고는 이러한 것들을 정리하며, 평화적인 죽음을 맞이하도록 도와준다. 그래서 이러한 문제를 돌아보도록 격려하는 것은 영적인 돌봄의 중요한 임무들 중 하나가 된다.

대개 회고를 통한 치유는 전문적인 치료사들에 의해 이루어지는데, 사별로 인한 노인들의 심리적 갈등과 슬픔, 화, 두려움과 공포, 무기력 같은 감정, 영적인 욕구를 충족시키고 치유할 수 있도록 도와준다.

넷째, 인생 회고는 영적으로 더욱 성숙하게 한다. 인생 회고는 과거에 성취했던 생각을 모두 지워 버리고 싶을 정도로 극도로 후회와 좌절을 하고, 무의미한 감정을 느끼기도 한다. 그러나 영적인 인생 회고는 자신이 살았던 삶을 수정하고 새로운 행동으로 변화되게 하며, 자신의 가치를 재발견하게 해준다.[26] 그리스도인들에게 이러한 회고는 하나님 안에서 삶의 성취를 깨닫고 삶을 수용하게

어느 95세 노인의 회고

나는 젊었을 때 정말 열심히 일했습니다.
그 덕에 65세 때 당당하게 은퇴할 수 있었죠.
하지만 95번 째 생일에
얼마나 후회의 눈물을 흘렸는지 모릅니다.
나는 퇴직 후 인생은 덤이라는 생각으로 살았습니다.
만약 내가 퇴직을 할 때
앞으로 30년을 그렇게 더 살 수 있다고 생각했다면
난 정말 그렇게 살지 않았을 겁니다.
그 때 뭔가를 시작하기엔 너무 늦었다고 생각했던 게
큰 잘못이었습니다.
이제 나는 하고 싶었던 어학공부를 시작하려 합니다.
10년 후 맞이하게 될 105번 째 생일 날
95살 때 왜 아무것도 시작하지 않았는지
후회하지 않기 위해섭니다.

―인터넷 자료

함으로써 성숙하게 한다. 이 과정을 통해서 노인들은 영성이 자라나며 하나님과의 관계가 더 단단해진다.

다섯째, 이야기를 공유하는 것은 카타르시스적 효과를 가져오며, 몸과 마음 그리고 정신을 통합하게 도와준다. 다른 사람의 인생 이야기를 듣는 것은 듣는 사람에게 도움을 준다. 비슷한 상황의 그룹일 경우 종종 낙심한 사람들이나 그들의 가족, 직장, 또는 다른 사람에게 큰 영향을 준다. 그래서 그들 자신의 삶이 결국 중요하다는 것을 일깨워 준다. 듣는 사람들에게서 받은 피드백은 인생에 남아 있는 퍼즐을 풀고, 딜레마를 해결하며 과거와 현재의 역설을 설명하도록 도와준다.

믿는 사람들과 인생의 지난날을 공유하는 것은 성경에 있는 약속의 말씀이 분명히 이루어짐을 깨닫게 하고, 하나님께서 다른 사람의 유사한 경험에 어떻게 역사하셨는지 볼 수 있는 계기가 된다. 특히 그것을 기록할 때 영적 발달이 이루어짐을 경험하고, 가족 구성원과 친구들에게 신앙의 유산과 영적인 지혜를 남길 수 있다.[27] 또한 영적인 자서전은 자기 분석과 자아상을 세우는 데 좋은 도구이며, 후손들을 비롯해 지인들과 함께 자신의 인생 이야기를 공유하는 데 매우 중요한 것이 된다.

2. 신앙인물 중 인생 회고의 모델들

인생 회고의 모델로 성경인물 중에 야곱을 들 수 있다. 야곱은 바로 앞에서 자신의 살아온 인생을 회고하면서 나그네 길 인생이 백삼십 년이며 험악한 세월을 보냈다고 말했다(창 47:9). 모세는 노년에 자신의 삶을 회고하면서 인생은 티끌과 같이 모두 돌아가야 하며, 인생 연수가 강건하여 장수한다 하여도 연수의 자랑은 수고와 슬픔뿐임을 말하고 있다(시 90:3-10).

칼빈 역시 인생을 회고할 때 "인생은 짧아서 눈 깜박할 사이에 사라진다"고 했다. 그는 이 세상을 떠나기 일 년 전 1563년에 하이델베르크에서 프레드릭 3세에게 자신의 인생을 회고하며 편지를 보냈다. 칼빈은 자신의 노력에 대해 이야기하며, 주석 작업으로 많은 사람들이 유익을 얻게 되었다고 말했다. 그리고 그는 프랑스를 떠난 지 30년이 흘렀고, 외국생활에 익숙해졌다고 말했다. 그래서 이제 고향에 대한 그리움 때문에 고생하지는 않는다고 회고했다.

3. 성 어거스틴의 인생 회고

어거스틴의 회고 작품으로는 그가 중년에 쓴 『고백록』(AD 377-401)이 널리 알려져 있다.[28] 그가 중년에 집필한 저작이지만, 노년에 이르는 성숙을 향한 회고였음을 볼 수 있다. 어거스틴의 『고백록』은 그의 죄악뿐 아니라, 하나님의 섭리와 은총에 대한 찬양이다. 그리고 개인적인 명상과 회고가 기록된 작품이다. 이러한 어거스틴의 자서전적 『고백록』은 많은 사람들에게 신앙의 귀감이 되었고, 영적 여정을 가는 사람들에게 길이 되었다.

첫째, 어거스틴은 자신의 인생에서 전환점이 된 중요한 사건들을 회고하였다.

어거스틴은 타가스테에서 출생하여 그곳에서 초급학교를 마쳤다. 열 살 때 마라우라 지방으로 가서 문법과 고전 문학을 공부했다. 얼마 후 고향에서 일 년을 빈 세월로 보내고, 로마니우스의 도움으로 카르타고에서 수사학을 공부했다. 그는 18세에 동거하여 아데오다투스를 얻었다. 그 후 마니교에 입문해서 9년의 세월을 보냈다. 로마로 건너간 뒤 그곳에서 병을 앓았다. 수사학 교수가 되었으나 성공하지 못하였다. 그 뒤 마니교의 이단성 시비로 갈등을 겪다가 마침내 마니교와 결별 선언을 하였다.

384년 밀라노에서 수사학 공채 시험에 합격하여 교사로서 성공하였다. 밀라노에 저택을 마련하여 십여 명의 친척들과 함께 생활했다. 376년 회심하여 아들과 함께 세례를 받았다. 타가스테로 돌아와 평신도 수도원을 세우고 379년 사제 서품을 받았다. 396년 히포의 주교로 임명되었다. 426년 재고록 등 많은 작품을 남겼다.

둘째, 어거스틴은 여러 사건들을 회상하고 있다.

어거스틴은 사단에 이끌리어 죄악 된 생활을 했던 어린 시절들을 회상했다. 그는 거기에서 인간은 죄를 지을 수밖에 없는 존재인 것을 고백했다. 어거스틴은 16세에 이르러 정욕에 이끌려 쾌락에 몰두하고 친구들과 어울려 도둑질을 했다고 『고백록』 2권에서 회상하고 있다.

어거스틴에게 고통스러웠던 시간의 회고는 친구의 죽음으로 마음의 상실감을 느꼈을 때였다. 또한 동거녀에게서 낳은 아들의 죽음도 그에게는 깊은 슬픔이었다. 그리고 가장 깊은 슬픔과 아픔은 어머니 모니카의 죽음이었다고 어거스틴은 회상하고 있다.

셋째, 어거스틴은 자신의 삶에서 영적 의미를 다음과 같이 회고했다. 제8권은 밀라노에서의 회심 사건을 깊이 회상했다. 그는 로마서 13장 13-14절의 말씀이 그에게 큰 은혜로 임했다고 고백했다. 또한 하나님의 사랑에 회개의 눈물을 억제할 수 없을 정도로 흘렸다고 회고한다. 제9권에는 어머니 모니카와 신비의 정원에서의 체험 시간을 회고했다.

넷째, 어거스틴은 영적 유산과 많은 작품들을 남겼다.

그는 평생에 걸쳐 수많은 걸작들을 만들어 냈으며, 신학적 유산들을 후대에 남겼다. 이단 사상과 마니교, 도나투스주의의 이단들과 논쟁을 하기도 하였다.

안토니의 삶은 아나타시우스가 썼고, 어거스틴의 회고록은 그의 제자 포시디우스에 의해 쓰여졌다. 루터의 생애는 멜란히톤에 의해서 기록되었으며, 칼빈의 일생은 베자에 의해 세상에 알려졌다. 이와 같은 회고록은 다른 사람에 의해 집필되어 후대 사람들에게 중요한 영적 유산으로 남겨졌음을 알 수 있다. 이렇게 볼 때 한 사람의 인생 업적과 공헌을 요약하는 자서전적인 기록은 가족 구성원들에게 보물 같은 기념물이 될 수 있다. 가족 역사, 신앙 역사, 삶의 지혜와 지식, 그리고 가치를 젊은 세대들에게 전달할 수 있다. 복사본은 종종 지방, 도서관, 대학, 또는 신앙의 공동체에서 가치 있는 것이 된다. 또한 노인센터 모임이나 종교단체에서 이러한 주제의 그룹 토론은 참석하는 모든 사람에게 흥미 있는 내용이 된다.

4. 영적 회고를 위한 준비와 방법

모든 사람의 인생 여정은 끝나지 않은 이야기가 있다. 영적 자서전을 준비하고 나타내기 위한 단 하나의 방법은 없다. 다만 위에서 살펴본 성 어거스틴의 『고백록』과 같은 문학적 자서전들은 저명한 예다. 오늘날 인생 이야기들은 종종 말이나 컴퓨터 작업으로 공유하는데, 카메라로 동영상을 찍어서 사용하거나 자기가 직접 쓰기도 한다.

어떤 사람들은 심리치료, 역사적 고문서나 가족의 역사자료로 남기기 위해 회고록을 쓰기도 한다. 인생 회고를 녹음하거나 쓸 때 편지나 수집한 책, 사진앨범, 일기, 여행 기록 그리고 오래된 재정 보고, 소득세 기록 같은 것은 자료로 활용된다. 사람들은 종종 개인 영성 역사를 연대순 기록에 따라 쓰는데, 다른 가족 구성원들과 친구들과의 대화는 회고의 과정을 위한 재료가 되며 회상을 부유하게 한다.

각 사람은 자기 인생의 주인공이므로 자신의 인생을 회고할 가치가 있으며 그 작업은 소중하다. 어떤 사람들은 영적 여정을 일기 형식으로 남긴다. 그들은 생각과 기도, 열망, 관찰, 통찰력, 정신적 문제, 칭찬, 진보, 후퇴, 해결책, 신학적 통찰, 선택한 성경 구절 등을 기록한다. 모든 사람은 서로 다르기 때문에 세부 사항의 순서도 다양하다. 이렇게 인생의 황혼을 살아가는 사람들이 인생을 회고하도록 하고, 자신의 이야기를 말하고 기록하며 공유하게 하는 방법은 목회적 돌봄의 과정으로써 치유의 한 과정이 된다.

1) 인생에서 주요 전환점 기록하기-어거스틴의 회고 방법을 참고하면 유익하다.

전환점은 학교 입학, 그리고 변화, 이사, 여가 선택, 우정과 사회적 관계, 그룹 구성원, 약속, 결혼, 다른 가족 행사, 집을 선택하거나 사기, 직업 변경, 승진과 강등, 투자, 아이 낳기와 기르기, 아이들과 손자들과의 경험, 가족 갈등과 긴장, 축하, 자원 봉사, 은퇴, 사고, 그리고 교회 구성원 되기, 종교적 기관을 통해 봉사하기를 포함한다. 이러한 것들의 영적인 중요성은 표면적으로 분명하게 나타나지 않을 것이다. 그러나 그러한 전환점이 영적으로 중요한 부분이 된다. 그리고 영적 성장에 영향력을 줄 수 있는 시발점이 된다.

2) 화제의 사건, 감정 그리고 인생의 이해 묘사하기

어린 시절, 청소년기, 청년기, 그리고 인생 후반에 종교적 의문과 갈등을 가져온 화제의 사건은 무엇인가? 어떤 비극이 발생했는가? 어떻게 대처했는가? 어떤 것이 여전히 당신을 괴롭히는가? 어떤 문제에 대해서 "왜 하나님은 이런 일이 일어나도록 허락했을까? 언제, 어떻게 죄의식을 느꼈는가? 그렇다면 그것을 회개하고 변화되었는가? 또는 하나님께서 당신의 신앙을 시험한다고 느꼈는가? 그렇다면 누가 또는 무엇이 이러한 상황에서 도와주었는가?" 이런 질문들이 필요하다.

3) 지금까지 받은 축복 헤아려 보기

어렸을 때부터 지금까지 하나님이 당신을 위해 무엇을 해주었는지 하나님께서 일상생활을 통해 역사하시고 나타내신 것을 구체적으로 기록한다. 어떻게 하나님의 약속이 당신의 인생에서 충족되고 이루어졌는가? 하나님께서 슬픔과 고통을 즐거움과 기쁨으로 변할 수 있도록 도와주신 것은 매일의 삶 속에서 영적인 힘이 되는 부분이다.

4) 인생 사건 속에서 영적인 의미 식별하기

당신의 인생에 대한 하나님의 부르심, 계획, 그리고 그분이 용서해 주신 은혜는 무엇인가? 하나님께서 당신의 신앙에 어떻게 영향을 끼쳤으며, 인생을 바꾸었던 영적 체험은 무엇인가? 죽음과 내세에 대한 관점, 하나님의 인도하심에 따르거나 거절했던 것들, 교회생활이 신앙에 어떤 영향을 끼쳤는지 돌아보자. 기도의 응답과 무응답, 당신의 생각과 행동에 영향을 미치는 인물이나 삶의 모델은 누구인가? 시간의 사용을 위한 우선순위(영적인 우선순위)는 무엇인가?

5) 영적인 생명줄 구상하기

영적인 생명줄은 인생 곡선과 영성의 단계를 평가하는 큰 그래프가 될 것이다. 이것은 중간선으로 나누어질 수 있다. 그래서 정신적으로 긍정적인 기간이나 사건은 위에, 부정적인 사건은 아래에 표시할 수 있다. 당신의 영성에 가장 큰 영향을 준 사건을 중간선을 중심으로 가장 높게 또는 가장 낮게 그릴 수 있다. 그 수치는 본인이 정한다. 최고의 긍정 선을 +100으로 잡고, 최고의 부정 선을 −100으로 잡는다. 이러한 도구는 영적인 성장을 평가할 뿐만 아니라 자신의 삶을 재조명하게 하고 여러 가지 질문들은 만들 수 있다.

6) 남기고 싶은 영적인 유산

대부분의 사람들은 그들이 남기고 싶은 물질적 유산에 집중한다. 그들이 노인 전문요양원이나 양로원으로 들어갔을 때, 가족이나 또는 친구들에게 소지품들을 전하고, 죽음 후 어떻게 재정적 유산을 나눌 것인지 유언장을 쓰는 것이 좋다. 누가 좋아하는 흔들의 자, 보석, 가구, 그릇 세트, 의복 또는 가족 가보와 같은 개인적 물품을 받아야 하는지 미리 적어 두어야 한다.

한 사람이 남긴 영적인 유산은 많은 사람들에게 관심의 대상이 될 수 있다. "영적으로 남기고 싶은 것이 무엇인가?"는 인생 후반에 영적인 성장을 돕는다. 이 질문 안에는 영적인 실행이 있다. 이것을 대답한 후 세 가지 목록을 만든다(예배, 기도, 전도, 봉사, 성경 읽기, 교회학교 교사, 찬양대, 설교자, 섬김이 등).

① 위의 주제에 기여할 수 있는 행동을 한 것은 무엇인가? 자신이 가장 잘하는 것을 기록하는 것도 좋다.
② 그 결과 영적 유산으로 무엇을 남겼는가?
③ 내가 그 목표를 달성하려면 남은 인생에서 무엇을 해야 하는가?

7) 영적인 인생 회고를 공유하기 위한 열 가지 지침서

사람이 자기 가족과 신앙, 건강, 희망, 즐거움, 죽음, 사랑, 역경, 그리고 아름다움 등과 같은 인생 여정의 이야기를 말하는 것은 대단히 중요한 일이다. 주위 사람들과 영적인 경험을 공유하는 것은 하나님의 사랑을 전하는 돌봄의 하나다.

신앙 공동체 안에서 노인들이 가지고 있는 과거의 경험과 기억은 신앙의 저장고와 같다. 이러한 것을 함께 나누기 위해 모였을 때 발표자는 모임의 목적에 가장 적합한 사건이나 경험에 집중하면서 몇 가지 신앙과 관련된 이야기나 자서전의 중심 부분을 공유해야 한다.

다른 사람의 삶에 영향을 미치는 안 좋은 일이나 죄를 말하거나 고백하는 것은 피하는 것이 좋다. 또한 동료와 자신을 비교하는 것은 자기 자신의 가치를 쉽게 떨어뜨릴 수 있다. 따라서 자신을 자랑하는 사람들과 비교하지 말아야 한다. 회고를 위해 다음과 같은 지침을 바르게 인식하는 것이 필요하다.

① 주의 깊게 들어야 한다. 말하는 메시지의 긍정적 또는 부정적인 면이 표현되지 않은 감정까지 들어야 한다.

② 판단하지 않는다. 공유된 것이라고 비웃거나 간주되면 안 된다.

③ 기밀성을 존중한다. 민감한 정보를 흘림으로써 개인의 권리를 침범하지 말아야 한다.

④ 감정 표현을 허락한다. 감정 분출의 하나로 눈물을 흘리는 것은 고통스러운 상처를 치료하는 데 도움을 주므로 그것을 허락하도록 한다.

⑤ 공유하는 문제에 대해 마지막 해결책을 주려고 노력하면서 하나님이나 전문 치료사의 역할을 빼앗지 않는다.

⑥ 모임 구성원들과 공유하기 원하지 않을 때 이를 허락해야 한다. 어떤 사람들은 어떤 것도 공유하지 않길 원하고, 오직 하나님에게만 고백하고 싶은 경험을 가지고 있을 수 있다.

⑦ 모두 따뜻하게 지지해야 한다. 인생에서 기괴한 경험을 포함하고 있는 사람도 존중하고 지지한다.

⑧ 자서전 작가를 격려한다.

⑨ 발표자를 위해 기도한다. 기독교인 모임에서 용기 있게 말해준 사람을 위해 감사하고 기도해야 한다.

⑩ 공유된 삶의 경험을 개인적으로 반영하도록 한다. 본받을 만한 유익한 영적 경험들을 개인적인 삶에 반영하도록 한다.

5. 영적 회고를 위한 프로그램

위에서 말한 영적인 인생 회고에 대해서 지도자는 충분히 읽어주고 설명한다. 이 회고는 개인 또는 그룹으로 진행할 수 있다. 이해도가 낮거나 신앙이 어린 사람을 위하여 목회자나 영성지도자 혹은 그 그룹의 리더자가 진행할 수 있다. 리더자가 회고의 목적을 다음과 같이 말해 준다.

첫째, 영적인 인생 회고를 통해서 삶을 재조명하고 인생의 의미를 발견한다.

둘째, 과거의 상처를 치유하고 앞으로의 삶을 풍성하게 한다.

셋째, 회고를 통해서 인간관계를 회복하고 죽음을 준비하는 데 도움을 준다.

1) 인생에서 주요 전환점 기록하기

☺ 당신의 인생에서 주요 전환점을 기록하세요.

도움말) 학교 입학, 졸업, 우정과 관계되는 사회적 관계, 직업변경, 승진과 강등, 결혼, 아이 낳기와 기르기, 투자, 집을 사기, 이사, 축하, 기념일, 회갑, 손자들과의 관계, 교회 입문, 세례, 임직, 자원 봉사, 은퇴, 등. 이것들 속에서 당신 인생의 전환점이 되었던 시기를 기록하는 것이다. 연대순으로 기록해도 좋다. 즉 10대, 20대, 30대 등 당신 인생에서 방향을 바꾸거나 중요한 변화를 가져다 준 시발점 등을 기록한다.

2) 문제적 사건, 감정 그리고 인생의 이해 묘사하기

☺ 어린 시절, 청소년기, 청년기, 장년과 노년기에 일어났던 사건들을 회상해 보세요.

도움말) 어린 시절, 청소년기, 청년기, 그리고 장년과 인생 후반에 종교적 의문이나 문제는 무엇인지, 어떤 비극이 발생했는지 그리고 어떻게 대처했는지에 대해서 기록한다.

① 여전히 지금도 당신을 괴롭히는 사건은 무엇입니까?
② 하나님이 왜 이런 일이 일어나도록 허락하셨다고 생각합니까?
③ 하나님께서 당신의 신앙을 시험 또는 연단하셨다고 믿는다면 그

이유는 무엇입니까? 이것으로 인해 당신의 행동이나 신앙에 어떤 변화가 일어났나요?

④ 어려운 사건 가운데 하나님의 도움을 경험했다면 무엇인가요?

3) 받은 축복 헤아리기
☺ 당신 인생에 하나님이 주셨다는 축복들을 기록해 보세요(3가지 이상).

도움말) 어려서부터 지금까지 하나님은 당신을 위해 무엇을 해 주셨는지 구체적으로 기록한다. 목사님을 통해서 또는 형제들을 통해서, 일상 활동을 통해서 하나님께서 도움을 준 것들을 기록한다.

4) 인생 사건의 영적인 의미 식별하기
☺ 당신 인생에서 영적인 사건이나 응답을 기록해 보세요.

도움말) 사명으로의 부르심, 당신의 인생에 대한 하나님의 계획, 교회 참여가 신앙에 어떤 영향을 끼쳤는지, 기도의 응답과 무응답, 당신의 생각과 행동에 영향을 미치는 성인과 모델, 당신의 행동에 삶의 우선순위(영적 삶의 우선순위는)? 하나님의 인도하심에 순종했거나 거절했던 것 등을 기록한다.

① 하나님의 부르심을 언제 받았습니까?(특별한 부르심의 경험, 꿈이나 말씀을 통한 부르심)

② 당신을 향한 하나님의 계획은 무엇이며 어떤 방법으로 순종했나요?

③ 하나님의 인도하심에 순종했거나 거절했던 일이 있었나요? 그 결과는 무엇이었나요?

④ 살면서 받았던 기억나는 기도의 응답이 있다면 무엇입니까?

　무응답은?(지금까지 기도하고 있는 것 중에 해결되지 않은 문제는?)

⑤ 영적 삶의 우선순위는 무엇입니까?(기도, 예배, 전도, 봉사, 교제, 찬양 등)

⑥ 신앙에 있어서 영적 가훈이 있다면 무엇입니까?(예: 기뻐하고 감사하기, 날마다 웃음으로 대하기, 선행하기, 섬기기 등)

5) 영적 생명줄 구상하기

인생을 연대순으로 기록한다. 매년 인생에서 일어났던 큰 사건을 중심으로 슬픔과 즐거움, 감사, 하나님의 축복을 그래프로 표현한다. 긍정적인 선을 위로, 슬픔과 고통의 부정적인 선은 아래로 그린다.

☺ 예) 영적 생명줄 구상하기

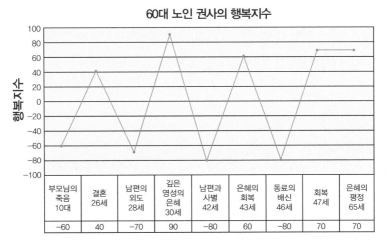

60대 노인 권사의 행복지수

	부모님의 죽음 10대	결혼 26세	남편의 외도 28세	깊은 영성의 은혜 30세	남편과 사별 42세	은혜의 회복 43세	동료의 배신 46세	회복 47세	은혜의 평정 65세
	−60	40	−70	90	−80	60	−80	70	70

－ 가장 슬펐던 연대: 42세(남편과의 사별, −80), 45세 (동료의 배신, −80)

－ 가장 행복했던 연대: 30세 (깊은 영성의 은혜, +90)

6) 인생을 단편 영화로 만들어 보기

핸드폰이나 카메라를 사용해도 좋다. 당신의 인생을 15분 정도의 영상을 만들거나 단편소설로 써 보자. A4용지 2-3장 미만으로 하는 것이 좋다. 그 영화의 제목이나 소설의 제목을 정한다면 무엇이라고 지을 것인가?

☞ 컴퓨터를 사용할 수 있다면, 블로그를 만들어 자신의 인생을 기록해 본다. 인생의 전환점이나 추억, 자녀들과의 아름다운 기억, 또한 부부의 신앙 이야기도 좋다. 이러한 것들은 다른 사람과 공유할 수 있고(페이스북, 카카오스토리) 인생 회고에 좋은 자료가 될 수 있다.

☞ 본인이 회고록을 쓰는 경우도 있지만 직접 쓰기 어려운 경우 자녀나 손자녀가 어르신들의 인생 회고록을 기록하고 사진과 함께 책이나 작은 앨범으로 만드는 것도 유익하다. 이것은 노인들을 즐겁게 하고 행복하게 해줄 수 있는 것이 된다.

실행2

다윗이 그의 노년 64세에(BC 975년경) 기록한 내용을 읽어 본다.[29]
(삼하 23:1-7)

☺ 당신의 인생을 회고하면서 당신은 하나님 앞에서 누구였다고 말할 수 있나요? (다윗은 그 자신을 하나님의 은혜로 말미암아 높이 올리운

자였고, 야곱의 하나님에게 기름 부음을 받은 자, 이스라엘의 노래 잘하는 자라고 고백했다. 예: 기도하는 자, 섬기는 자, 노래하는 자, 전도자 등)

☺ 하나님은 당신의 일생에서 당신에게 어떤 분이었다고 고백할 수 있나요? (예: 반석, 그늘, 햇빛, 나의 요새 등)

도움말) 다윗은 사무엘하 23장 4절에서 "하나님은 돋는 해의 아침 빛 같고 구름 없는 아침 같고 비 내린 후의 광선으로 땅에서 움이 돋는 새 풀" 같다고 말한다.

☺ 인생을 회고하면서 당신에게 영적 도움이나 삶에서 도움을 주었던 멘토나 친구, 은혜를 입은 지인이 있다면 기록해 보세요.

도움말) 다윗은 일생에서 그와 함께 한 37명의 용사들을 기록했다(삼하 23:9-12, 20-39) (예: 가족이 될 수도 있고, 친구, 스승, 목사님, 동역자가 될 수도 있다.)

6. 치유를 통해 얻는 자유

과거의 기쁜 기억을 회상하며 치유하기

노년기에 어린 시절과 유년기의 기억은 때때로 기쁜 기억들, 때때로 슬픈 기억으로 회상된다. 만약 그것들을 회상한다면, 거기서 잠시 머무는 것도 좋다. 이때 좋은 기억들을 회상하고 그것을 풍미하도록 한다. 그리고 그것에 대해 하나님께 감사한다. 모든 것은 하나님의 선물이고, 하나님의 사랑의 표시이며 당신과 함께 공유하기를 원하는 하나님의 은혜다. 이것은 당신이 덕스럽거나 훌륭한 것을 성취했기 때문이 아니라, 하나님의 사랑 안에 있었기 때문이다. 이 모든 것이 하나님의 전적인 은혜 때문이라는 것을 인식해야 한다.[30]

실행3

과거의 기억들을 회상하면서 기쁜 기억, 아름다운 추억, 고마운 일들을 하나하나 끄집어내어 회상해 보세요. 그리고 그 기억들 속에 머물러 보세요. 추억의 시간들을 즐겨 보세요. 조용히 눈을 감고 마음을 비우고 고요한 가운데 기쁨을 만끽하세요. 그 추억에 대해서 하나님께 감사하세요.

☞ 과거의 추억과 아름다움을 떠올리며 그 기억들이 현재도 계속되

고 있는지 살펴보고 그 마음이 지속되도록 가슴에 손을 얹고 묵상하며 기도합니다(추억을 함께 나누는 것도 좋습니다).

상처 치유로서의 회고

노년기에 이르러 인생 여정을 돌아보고 실패를 인식하는 것은 실망감을 안겨 줄 수 있다. 그러나 삶을 회고하는 것은 살아 있는 삶을 재구성할 수 있는 기회다. 이것은 다른 사람의 관계와 자신에 대한 것으로 하나님의 은혜로 주어지는 용서와 화해가 필요하다. 일부 노인들은 전에 일어났던 사건들에 대해 죄책감을 가지고 있다. 죄는 무거운 짐이다. 그러므로 인생 회고를 통해 치유가 되면 이러한 부담을 극복하는 데 도움을 주며, 죄책감을 내려놓을 수 있다.

일부 사람들은 그들이 잘못했다고 느끼는 사람에게 찾아가 용서를 구하려고 한다. 그러나 경우에 따라 이것은 불가능할 수 있다. 매우 현실적인 이유는 그들이 용서받고 싶어 하는 사람이 거의 죽었다는 것이다. 또 다른 이유로 용서를 구하는 사람들은 그들이 한 일이 너무 나빠서 용서를 받을 수 없을 거라고 믿는다.

이런 상황에서 죄의 무게는 매우 무겁다. 특히 사람들이 생각하는 용서의 개념은 자신의 행동에 대해 완전한 책임을 지는 것이다. 하지만 하나님의 사랑은 그들의 잘못을 용서하신다. 하나님으로부터 오는 자유와 용서는 심지어 용서받아야 할 사람을 만나기가 불가능할지라도 용서를 구하는 사람들에 의해 은혜로 임한다. 신앙인들에게 이것은 죄의 고백과 하나님의 용서에 대한 선언을

통해 성취되고 해결된다.[31]

1) 자신에게 상처를 준 사람들을 위한 용서와 기도

이 훈련은 우리의 기억을 깨끗하게 하고, 우리가 더 가벼운 기분과 평화로운 마음을 갖게 한다. 해로운 기억은 상처로 돌아올 수 있다. 그러나 우리는 이 훈련을 여러 번 반복해야 한다. 베드로가 예수님께 물었다. "형제가 만일 내게 죄를 범하면 몇 번이나 용서하여 주리이까? 일곱 번까지 하오리까?" 예수님께서 대답하셨다. "내가 너에게 말하노니 일곱 번뿐 아니라 일곱 번을 일흔 번까지라도 할지니라"(마 18:21-22).

이와 같이 형제가 우리에게 죄를 범하고 상처를 줄지라도 우리는 일곱 번에 일흔 번까지라도 용서해야 할 것이다. 항상 자신의 상처 또는 죄보다 하나님의 용서와 사랑에 집중해야 한다. 하나님은 다른 사람을 사랑하는 만큼 우리 자신을 사랑하신다. 하나님은 항상 사랑이시며 모든 사람들의 죄를 담당하셨기 때문이다. 진정한 용서는 다른 사람을 용서한 만큼 자신을 용서하는 것이다.[32] 그 사랑은 창공을 나는 새와 같아서 영혼에 자유를 주고 한계가 없는 향기와 같아서[33] 다른 이에게 또 다른 용서와 사랑의 향기를 제공한다.

☺ 다른 사람에게 받은 고통과 상처 준 사람들을 회상한다. 과거 속에서 당신에게 상처를 입힌 사람들을 회상하고 난 후 상상 속에서 그들에게 말한다. 그 다음 용서와 은혜를 베푸시는 하나님에게 기

도하고, 그들이 살아 있든지 죽었든지 당신에게 상처를 준 사람을 위해 기도해야 한다.

도움말) 고통스러운 기억을 보도록 억지로 강요하지 말아야 한다. 당신이 할 수 있다면 하나님께 그것들을 나타내도록 해야 한다. 당신에게 상처를 준 것이나 당신에게 행한 손해 등 그 장면을 다시 상상하며, 그 안에서 하나님의 사랑을 나타내도록 한다. 하나님의 시각으로 당신에게 상처를 준 사람을 바라보는 것도 좋은 방법이다.

진정한 용서의 주도권은 피해자인 당신에게 있다는 사실을 명심해야 한다. 예수님은 자신을 부인하고 돌아선 베드로를 먼저 용서하시고, 다가가 치료하며 회복하셨다. 그처럼 우리도 예수님의 용서로 변화된 것이다. 우리는 자신이 서 있는 기초가 하나님의 용서라는 사실을 명심해야 한다. 형제를 용서하지 않음은 자신이 서 있는 기초를 허무는 것과 같다.[34] 상처 입은 자가 먼저 다가가서 그를 용서할 때 그 자리에 회복과 치유와 변화가 나타남을 경험하게 될 것이다.

☺ 자신이 상처를 준 사람들에게 용서받기 위해 기도한다. 만약 당신이 다른 사람에게 상처를 입힌 일이 있다면 상상 속에서 희생자들에게 용서를 구한다. 그리고 그들이 죽었거나 살았거나 그들을

위해 기도해야 한다. 하나님은 화해와 용서의 하나님이시고, 하나님은 지금도 항상 살아계시기 때문이다. 하나님의 용서를 통해서 당신은 죄책감에서 해방될 수 있다.

2) 과거 속 상처 치유와 기도

☺ 조용히 눈을 감고 편안한 자세를 취한다. 그리고 당신의 과거 속으로 들어간다. 과거에 묶인 채 성장하지 못하고 상처 입은 시간을 해방하는 것은 과거에 대한 현재의 위로라는 것을 기억해야 한다. 그러므로 과거 속의 자신이 상처로 우는 자리에 현재의 당신이 다가가 아무 말 없이 따뜻하게 위로하고 안아 주라. "…울지 마, 괜찮아, …누구 누구야 괜찮아!"라고 말해 보자.

도움말) 과거 속으로 현재의 당신이 들어가는 과정이다. 현재의 시각으로 과거의 사건들을 천천히 그리고 하나하나 바라본다. 그러면 그때 보지 못했던 것들이 지금은 보일 것이다. 그리고 현재의 사람은 과거의 사람이 아니므로 과거에 행했던 그런 일들을 하지 않을 것이고, 과거의 일들을 객관적인 관점에서 이해할 것이며, 관용의 자세로 모든 것이 보일 것이다. 충분히 내용을 읽고 실행에 옮기도록 한다.

☺ 그리고 상처받아 울고 있는 당신의 자리로 예수님을 초대한다. 예수님이 당신에게 다가와 안아주시고 위로해 주실 것이다. 예수님

만이 진정한 우리의 위로자이시며 치료자이시기 때문이다. 이렇게 함으로써 과거를 치유하고 이제 당신은 상처라는 무거운 짐을 벗게 될 것이다.

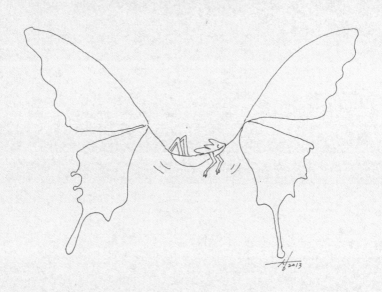

12장

아름다운 죽음, 믿음으로 준비하다

죽음은 지구상의 모든 생명체가 가지고 있는 그림자와 같다. 어느 누구도 피해 갈 수 없는 것으로 개별적이고, 개인적이며, 실제적인 사건이다. 인류 역사상 하나님께서는 범죄한 인간에게 죽음을 경고하셨다. 그것이 의로운 아벨의 죽음으로 실현되었으므로 아담과 하와는 두려움 속에서 하나님의 말씀이 이루어지는 것을 보았다.[35]

과연 죽음은 무엇일까? 시작인가 끝인가? 삶의 연속인가? 다양한 모습으로 위협하고 예기치 않게 나타나는 날카로운 칼과 같이 생명을 끊어 버리는 죽음, 누가 과연 '마지막 원수'(고전 15:26), 이 것을 피해 갈 수 있겠는가? 아무도 이 죽음 너머를 경험하거나 가보지 않았으므로 속단할 수 없다. 다만 하나님의 생명 속에 나타난 하나님의 지혜의 놀라운 신비일 뿐이다.

그러므로 죽음의 신비는 심연과 같다. 아무도 죽음의 경험을 설명할 수 있는 사람은 없기 때문이다. 죽음은 오직 단 한 번의 사건으로, 죽음을 맞이하는 그 순간 이 세상을 떠나야 한다. 또 죽음은 우리가 깨닫지 못하는 지혜로서 하나님께서는 우리의 생명을 다른 곳으로 옮기신다. 그러므로 죽음은 보이지 않은 두꺼운 장막으로 접근이 불가능하며, 그 누구도 죽음을 대신하거나 빼앗지 못한다는 것이다. 따라서 죽음에 관해 많은 의문을 갖는 것은 자연스러운 것이다. 죽음으로 인해 그동안 맺고 살았던 모든 관계는 종지부를 찍어야 한다. 그리고 모든 연결 고리는 그 순간에 끊어져 버린다.[36] 때문에 죽음은 두려움 그 자체이고 신비다.

인간으로서 우리는 항상 죽음을 걱정한다. 죽어가는 것은 인생의 마지막에 반드시 겪어야 하는 여정이다. 이것은 노인들을 마지막으로 이끄는 과정이며 점진적인 고통의 긴 여정이 될 수 있다. 그들은 종종 고통과 신체적 의존, 그리고 정신적 약화를 두려워한다. 우리 인생의 죽어가는 과정은 인생의 가장 심오한 성장으로써 경험될 수 있다.

1. 죽음이란 무엇인가?

죽음은 생물학적으로 생명활동이 정지되어 버린 것으로 다시는 원상태로 돌아오지 않는 것을 의미한다. 의학적으로 사람이 죽었다고 선언하는 기준이 되는 것은 폐사와 뇌사의 정지 상태를 말한다.[37] 그러므로 일반적인 정의로 죽음은 인생의 마지막 순간이며 인생의 끝이다.

종교적 관점에서 인간의 죽음은 존재의 소멸로 보지 않는다. 죽음이란 영혼이 육체로부터 분리되는 것이며, 생명의 원리가 되는 영혼이 육체를 떠날 때 비로소 육체적 생명이 끝났다고 말한다. 죽음은 인생에서 성장의 마지막 단계이며 새로운 시작이다. 전적인 죽음은 없다. 오직 몸만 죽는다. 특히 그리스도인들에게 있어서 영혼은 영원하다.

신앙을 가지고 있지 않은 대부분의 노인들은 죽음을 피할 수 없는 끝으로 인식하지만, 신을 믿는 사람들이나 그리스도인들은 죽음이란 새로운 시작, 삶의 순간, 과정, 그리고 천국 가는 날로 인식한다.

노인들의 죽음의 정의에 대한 조사에 따르면 응답자 134명 중 71명이 '하나님 안에서 새로운 시작'이라고 응답하므로 전체의 53%를 차지했다. 또 134명 중 54명이 '천국 가는 날'로 응답해 전체의 38.8%를 차지했다. '한편 인생의 끝'이라고 응답한 것은 6.7%로 소수의 사람에 불과했다. 이렇게 볼 때 많은 기독교 노인들이 하늘나라에 대한 확신과 소망을 가지고 있음을 알 수가 있다. 대부분의 그리스도인들은 "어떻게 죽을까"에 대한 두려움이 있음에도 불구하고, 천국에 간다는 믿음이 있다. 그들은 하나님 나라를 위한 준비가 되어 있는 삶으로 천국에 대한 희망, 가족과 친구들과 사랑하는 사람과 죽음 후의 재회를 믿는다.

엘리자베스 퀴블러 로스는 사람에게 죽음이 다가올 때 반응하는 다섯 가지 과정을 다음과 같이 말했다.

첫째, 죽을 병이라는 통지를 받고도 "난 아니에요. 뭔가 잘못되었을 거예요"라고 부정한다. 이 과정은 자신에게 닥친 죽음을 인정하거나 그 사실을 믿으려고 하지 않는 상태를 말한다.

둘째, 분노와 시샘과 원망의 감정들을 쏟아놓는다. 자신만이 겪는 죽음에 대해서 주변 사람들의 탓으로 돌리며 공격하는 상태다.

셋째, 환자는 타협을 시도하는데 불가피한 기정사실을 어떻게든 연기하려는 시도가 있다. 살려만 준다면 무엇이든 하겠다는 식으로 타협한다. 이 과정에서 그리스도인들은 하나님께 기도하고 회개하는 과정을 갖는다. 그러므로 자신의 삶을 후회하고 반성하는 시간을 가지며 용서와 화해의 기회를 갖는 소중한 시간이 된다.

넷째, 절망한다. 더 이상 가능성이 없다는 것에 깊이 절망하고 우울증에 빠지기도 한다.

다섯째, 수용한다. 자신의 죽음을 수용하고 받아들인다. 이때는 머나먼 여정을 떠나기 전에 취하는 마지막 휴식과 같다.[38] 그리스도인들의 죽음은 영혼의 어두운 밤을 지나는 것 같으나 그 후에는 광명한 빛의 나라에 이르는 영원한 기쁨이 있다. 그러므로 그것에 대해 희망과 믿음을 가져야 하며 두려움을 극복할 수 있도록 준비해야 한다. 또 죽음에 대해서 새로운 태도로 수용하고 받아들이도록 도와야 한다.

2. 왜 두려운 것인가?

죽음은 대부분 노인들에게 두려운 존재다. 왜 두려운 것일까? 그것은 죽음이 종말의 끝이라는 생각과 함께 생에 대한 강한 집착에서 오기 때문이다. 육신의 호흡이 끝나는 동시에 모든 것이 끝난다는 막연함이 죽음에 대한 두려움을 불러온다. 이것은 영원한 생명에 대한 확신이 없을 때 더욱 그러하다. 그러나 사후에 대한 확신이 있다 할지라도 많은 노인들은 죽음에 대한 두려움을 가지고 있다. 그것은 죽을 때의 고통과 죽는 그 순간에 대한 두려움이 있음을 나타낸다.

죽음에 대한 두드러진 하나의 측면은 죽어가는 과정에 대한 두려움이다. 죽음과 죽어가는 과정은 각 개인에게 독특하다. 대부분의 경우 노인들은 죽음에 대해 더 자주 생각하고 배우자나 친구의 죽음으로 인해 자주 죽음에 직면한다.

나이와 죽음의 두려움 사이에 특별한 관계는 없다. 죽음의 두려움은 인생 후반에 사라질 수도 있고 나타날 수도 있다. 대략 50% 이상의 노인들이 죽음에 대한 걱정이나 공포를 경험한다. 그들은 죽음보다 죽어가는 과정이 더 두렵다고 인정한다. 많은 사람들은 심한 고통으로 인해 다른 사람에게 의존해야 할까 봐 걱정하고 있다. 두려움의 다른 측면은 "누가 나의 마지막 날들을 돌봐줄 것인가? 내가 고통을 받는다면, 참을 수 없는 고통이 있다면, 다른 사람에게 부담이 된다면 누가 나를 사랑해 줄까?"와 같은 질문들이 나타난다.

죽음에 대한 질문은 노년기에 죽음을 앞둔 사람에겐 가장 중요한 것처럼 보인다. 일부 노인들은 죽음 그 자체가 두렵지 않다고 주장했다. 그들은 죽음을 환영하며, 모두 죽을 준비가 되어 있다고 말했다. 이와 같은 노인들은 인생을 영적 여정이라고 생각하며 사는 사람들이다.

"죽을 때 가장 두려운 것이 무엇인가?"라는 질문에 대한 설문 조사의 결과는 다음과 같다. 죽을 때의 고통은 27.6%, 죽는 순간은 0.7%, 천국에 갈 것인가에 대한 두려움은 22.4% 등으로 나타났다.

조사 결과 그리스도인이라 할지라도 죽을 때의 고통에서 자유로울 수가 없다는 것을 알 수 있다. 그러나 49.3%의 노인들은 "두려움이 없다"고 응답하고 있다.

고통을 나눈다는 것은

어떤 남자가 자신이 암 말기라는 것을 알게 되었다. 그 사람은 의사였고 죽어가는 것이 무엇인지 알고 있었다. 그는 자신 때문에 가족과 친구들이 고통스러워하는 것을 원하지 않았다. 그래서 자신이 암에 걸렸다는 사실을 비밀로 한 채 죽었다. 모든 사람들은 고통을 침묵 속에서 참아낸 그 사람을 용감하다고 말했다. 그러나 그의 가족과 친구들은 무척 화가 났다. 그가 자기들을 필요로 하지 않았고, 자기들의 힘을 믿지 않았기 때문이다. 그들은 그가 작별 인사를 하지 않은 것에도 상처를 받았다.

– 로버트 풀햄

대부분 노인들이 겪는 죽음의 고통은 끔찍하다. 그것은 살아서 장애물을 만나는 것과 같다. 그래서 이따금 겁이 나지만 훌쩍 그 장애물을 뛰어 넘으면 하나님을 향해 영원히 나아간다. 인내심을 가지고 기다리면 곧 도착하게 될 것이다. 죽음의 핵심은 고통이 아니라, 숨을 거둘 때 하나님을 향해 가는 것이 핵심이다.[39] 그러므로 두려움을 최소화하기 위해서 노인들은 죽음이 인생의 끝이고 실패라는 생각을 버려야 한다. 노인들에게 죽는 과정의 두려움보다 '죽음은 더 좋은 것을 위한 다음 단계'라고 볼 수 있는 믿음을 심어 주는 것이 더 중요하다.

3. 완전한 세계를 향한 여행

노인들에게 죽음은 달 착륙과 우주여행이 무색할 만큼 위대한 모험이다. 그리스도인에게 죽음은 삶의 연속으로써 영적인 상승을 보는 것과 같다. 왜냐하면 이것은 어떤 것의 끝이 아니기 때문이다. 노인들은 종종 친구나 배우자의 죽음을 곁에서 지켜 본다. 죽음이 매우 가까워졌을 때나 몸으로 죽음의 그림자를 느낄 때 두려워할 것이다. 그래서 노인들이 창조적인 방법으로 죽음을 보도록 하고 죽음에 대한 건강한 태도를 갖게 하는 것이 매우 중요하다.

우리가 노년의 죽음 앞에서 무엇을 할 수 있을까? 필수적으로 알아야 할 것이 있다. 우리는 영원히 살 준비를 해야 한다. 몸에서 영혼이 분리되는 육체의 죽음은 나비가 고치를 벗어날 때의 현상과 똑같다. 그리고 그 영혼은 계속해서 성숙할 수 있는 높은 어떤 상태로 변화한다.[40] 그러므로 동전의 다른 쪽을 보듯이 죽음이라는 이면에 다른 세계가 있음을 보아야 한다. 이 세계는 영원한 세계이며 하나님과 함께 거하는 세계다.

이렇게 볼 때 죽음은 끝이 아니라 완전한 세계를 향한 여행이다. 헨리 나우웬은 말했다. "당신은 하나님 안의 영원한 삶으로 태어나기 전부터 하나님 안에 있었다. 그리고 그 안에서 살다가 당신이 세상을 떠날 때 다시 하나님 안으로 돌아가는 것이다. 그러므로 이 세상의 삶은 하나님 안에서의 전체 삶 중에 일부분일 뿐이다."

노인 바울은 "나에게 죽는 것은 일시적인 삶을 벗는 것이 아니고, 영원함을 입는 것이다"라고 말한다(고후 5:4). 그래서 죽어가는 사람에 대한 전체 목회 사역은 점차 그들이 영원한 곳으로 들어갈 수 있도록 도와주는 것이다. 따라서 어떤 인식과 신앙의 눈높이를 가지고 있느냐에 따라 죽음과 죽어가는 것에 대한 태도는 차이가 날 수 있다.

4. 교회사 모델들이 말하는 죽음

성인 안토니는 죽음 앞에서 그 제자들에게 유언을 하고 마지막으로 자신이 부활의 몸을 기다린다고 말하였다. 어거스틴은 그의 노년 작 『하나님의 도성』에서 "처음 사람 후손으로서 죽음은 모든 사람이 타고 난 벌이지만, 경건의 의를 위해서 죽는다면 그것은 사람이 재생할 때에 영광이 된다"라고 말하고 있다.[41] 또한 내세에서는 하나님을 얼굴과 얼굴이 대하여 보듯 볼 것이라고(고전 13:12) 함

으로써 거룩하고 즐거운 하나님의 도성에서 하나님과 함께 살 것이라고 말하고 있다.[42]

루터는 요한복음 8장 51절에 대해서 "우리는 반드시 죽음을 맞이하여 그 고통을 맛보아야 한다. 하지만 하나님 말씀을 굳게 간직하는 사람은 죽음을 느끼지 않고 잠자듯이 세상을 떠날 것이다"라고 말했다.[43] 노년에 사랑하는 딸 막달레나가 죽음을 맞이하게 되었을 때 루터는 "내 귀여운 딸아, 너는 이 아버지와 함께 있고 싶지만 하늘에 있는 아버지와 함께 지내는 것도 기쁘지?"라고 말했다. 이때 그의 딸은 "네, 아버지, 하나님의 뜻이라면요"라고 대답하고 루터의 팔에 안겨 숨을 거두었다.[44]

칼빈은 죽음에 대해서 중세의 글을 인용하여 "우리는 죽음에 휩싸여 살아간다 할지라도 죽을 때는 생명에 휩싸인다"라고 말하면서 그의 노년 작 『기독교 강요』 최종판에서 "하나님께서는 우리를 그의 독생자와 함께 하늘에 앉히시며 우리로 하여금 부족함이 없고 충만한 복을 누리게 하신다"라고 말하고 있다.[45]

사람은 태어나면서 죽음을 향해 나아간다. 그러나 동시에 죽는 것은 부활이다. 우리 인간에게 부활이라는 믿음은 죽음의 우울함과 공포를 영원히 없애 준다. 죽음은 그리스도의 부활로 힘을 상실하게 되었다. 죽음은 죄를 지은 인간에게 벌로 주어졌지만, 결국은 인간에게 친구가 된 것이다. 죽음이 불멸과 참된 삶으로 넘어가는 다리가 되었기 때문이다.

5. 이별을 위한 준비와 예배

노인들의 경우 죽음은 더 가까이 있다. 성공적인 삶 이상으로 죽음은 중요한 문제다. 그것은 삶의 마침표를 어떻게 찍느냐와 같은 것이다. 어떻게 잘 죽느냐가 오히려 태어나는 것 이상으로 노인들에게는 관심의 대상일 것이다.

현대 문명은 젊음을 유지하고 건강하게 사는 웰빙에 관심이 집중되어 있어서 죽음의 실존에 대해서 외면하고 무관심하게 사는 경향이 있다. 그러나 진정한 황금세대는 웰빙 이상으로 건강한 죽음을 위한 '웰엔딩'에 더욱 관심을 기울이고 준비한다.

실행1⁴⁶

웰엔딩의 실행을 위한 목적은 다음과 같다.

첫째, 죽음의 준비를 통해서 노인들이 살아 있는 동안 삶을 의미 있게 하고 충실하게 하도록 한다.

둘째, 죽음 앞에서 절망하지 않고 여유 있게 죽음을 맞이하도록 한다.

셋째, 노인들의 준비된 죽음을 통해서 남은 사람들에게 하늘나라에 대한 소망과 위로를 준다.

1) 자신의 후손 축복하기

이삭이 야곱을 축복(창 27장)했다. 야곱은 자신의 손자 므낫세와 에브라임을 축복(창 48장)했다. 모세는 죽음 전에 이스라엘을 축복(신 33장)했다. 여호수아는 자기의 민족을 축복(수 24장)했다. 이들은 죽기 전에 자기 후손과 민족들을 축복했다. 노인들도 후손들을 이와 같이 축복함으로 자녀들이 하늘의 복과 이 땅에서 평화를 누리도록 해야 한다.

2) 자신의 일을 끝까지 잘 수행하기

거장 안토니는 마지막까지 수도사들을 교육하고 가르치는 일을 했다. 어거스틴도 죽을 때까지 사역에서 은퇴하지 않았고 저술 작업과 설교에 충실했다. 425년에 『하나님의 도성』, 426년에 『은혜와 자유의지에 대해서』, 429년 『성도의 견인에 관하여』 등 많은 저서를 집필했다.

칼빈 역시 마지막까지 설교자로, 목회자로 자신의 임무에 충실했다. 그가 세상을 떠나고 나서 목사회는 칼빈을 '아버지 같은 존재'라고 그를 회상했다. 그러므로 노년은 절망의 시간이 아니고 열매를 수확하는 영적 시기다. 따라서 자신의 일을 잘 수행하므로 다른 사람의 짐이 되기보다는 인생이 끝난 다음 아름다움으로 기억되는 사람이 되어야 한다.

☞ 이와 같은 실행은 인생의 여정을 얼마 남겨 놓지 않을수록 반드시 해야 하는 일들이다. 다음과 같은 것들을 실행해 보도록 한다.

- 먼저 만나는 사람에게 항상 웃음을 잃지 않도록 해야 하며 감사

의 말을 한다(사소한 일이라도 가족이나 사랑하는 사람들과 함께하기를 힘쓴다). 그리고 여전히 자신이 해오던 일들을 성실히 힘이 닿는 데까지 한다(하루의 일들을 계획하고 시간을 정해 하나하나 처리하고 정리한다). 사랑하는 사람이나 소원했던 사람에게 자신을 기억할 수 있는 작은 선물을 준비한다. 그리고 그 선물을 손수 쓴 편지와 함께 배달시켜 보도록 한다. 이것은 남은 사람들의 평화를 위한 것이며, 자신에 대해 좋은 추억을 남기기 위한 기회가 될 수 있다.

3) 전심을 다해 기도하기

안토니는 자신이 세상을 떠날 때가 되었음을 알았을 때 제자들을 떠나 평소처럼 산 속에 들어가서 홀로 기도했다.

어거스틴은 자신의 죽음을 예감하고 혼자 있기를 원했다. 죽기 전 그의 기도의 특징은 "참회를 수행하기 전에는 이 세상을 떠나면 안 된다"고 말하며 철저한 정신으로 회개의 기도와 명상의 시간을 보냈다. 그는 일곱 편의 시편의 글을 필사해서 벽에 걸어 놓고 매일 바라보며 기도했다. 칼빈은 죽음에 대해서 "살고 죽는 것이 그리스도를 위한 것이므로 항상 족하게 여긴다"고 말했다. 그는 시편과 이사야를 인용하여 기도하고 고백했다.

☞ 설문조사에서 "만약 당신이 죽게 된다면 가장 먼저 하고 싶은 것이 무엇인가?"라는 질문에 '기도하기'가 47.0%로 가장 높게 나왔다. 그 다음은 '만나고 싶은 사람 만나기, 용서와 화해하기, 하고 싶은 일하

기, 사랑 고백하기' 등으로 나타났다.

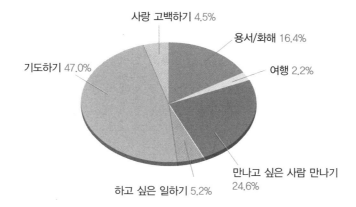

다음과 같이 시편의 기도를 인용해 본다(어거스틴이 죽음 앞에서 한 시편의 기도). 교만에 관해서는 시편 32편, 질투는 시편 130편, 분노는 시편 6편, 나태는 시편 143편, 탐욕은 시편 102편, 탐식은 시편 38편, 정욕의 죄는 시편 51편 등을 읽고 묵상한다. 혼자 기도하기 어려울 때는 함께 기도하는 것도 좋다.

4) 화해와 용서의 시간 갖기

칼빈의 경우 그는 죽기 전에 정치가와 목회자들을 불러 자신의 행동과 연약함에 대하여 용서를 구했다. "내가 저지른 잘못을 용서해 주기 바란다. 그나마 선한 것이 있으면 기억해 주기를 바란다." 칼빈은 자신의 부족함에 대해 용서를 구하는 겸손한 사람이었다.

노년에 죽음을 앞두고 꼭 해야 하는 일이 있다. 자신에게 상처를 준 사람이나 자신이 상처를 준 사람과의 화해가 있어야 한다. 상처가 깊으면 가슴에 화를 안고 살아가게 된다. 그러므로 용서하고 용서받는 것은 성도의 필수적인 일이다. 가족과의 용서, 부부간의 용서 그리고 자녀와 친구, 이웃과의 화해를 통해서 건강한 죽음을 맞이하도록 한다. 특히 자녀와의 관계에서 용서를 통한 회복은 자녀를 불효자에서 건지는 유일한 방법이다. 그리스도인이라도 용서를 배우지 못해서 심적 고통을 당하는 사람이 많다. 먼저 예수님의 용서와 사랑을 실천하는 것이 중요하다. 용서하고 용서받으므로 남은 인생을 감사함으로 보내며 가벼운 마음으로 주님 품에 안기도록 해야 한다.

☞ 먼저 화해하지 않은 사람이 있는지 생각해 보고 기록해 본다. 그리고 자신이 먼저 용서함으로 해결될 수 있다면 그를 용서할 수 있도록 기도해야 한다. 그리고 방문이나 전화 통화, 서신으로 관계를 풀어 본다. 용서를 구해야 한다면 겸손한 마음으로 찾아가거나 만남을 청해서 화해를 하도록 한다. 다른 하나는 앞에서 다루었던 치유를 통한 회상 프로그램을 이용해도 좋다. 이렇게 할 수만 있다면 당신은 인생에서 이 일이 가장 잘 한 일이라고 자부할 수 있을 것이다.

5) 살아오면서 가장 후회하는 것은?

세상에는 수많은 인생이 있고 수많은 후회들이 있다. 어떻게 아무 미련 없이 떠날 수 있을까? 아마도 그는 살아 있는 동안 하나님을 잘 섬기고 자신의 삶을 사랑하며 최선을 다해 열심히 산 사람일 것이다. 그 사람들은 시간과 상관없이 꽃을 피운다는 사명으로 산 사람들이다.

☞ 노인 응답자들은 죽을 때 가장 후회 하는 것에 대해서는 '과거에 지은 죄(19.4%), 사람을 사랑하지 못한 일(20.1%), 선행하지 못한 일 (11.9%), 용서하지 못한 일(10.4%), 배우지 못한 일(21.6%), 기타 (16.4%)' 순으로 나타났다. 그밖에 일부 응답자는 '이혼한 일, 진작 하나님을 알지 못했던 일' 등을 말하고 있다.

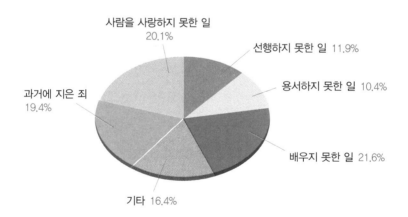

우리가 살면서 하는 후회거리들은 지금 당장 실천에 옮길 수 있는 작은 행동이라는 것을 명심해야 한다.[47] 그리고 죽음이 얼마

안 남았다고 가정한다면 나는 무엇을 할 것인지 생각하고 할 수 있는 일들은 실행하도록 계획을 세워 본다.

6) 물건 나눠 주기와 유서 작성하기

안토니는 자신이 죽기 전에 자신의 아끼는 물건들, 양가죽과 머리에 쓰는 덮개와 그의 망토를 나누어 주었다. 칼빈은 유언장을 작성하여 시의회 의원들에게 알렸다. 그는 또 유언장에 조금 남은 자신의 재산을 나누어 줄 것을 말했다. 노년에 유언장을 작성해 보고 자신들이 소중히 여기는 물건을 나누어 준다. 이것은 자녀들이나 사랑하는 사람들에게 감사와 기쁨을 줄 수 있는 것이다.

☞ 야곱이 마지막으로 자녀에게 유언을 한 것처럼 자녀들에게 한 사람씩 유언을 미리 하는 것도 좋다. 방법으로는 자녀들에게 당부하고 싶은 말이나 복을 빌어주고 싶은 말들을 편지(영상편지)로 정성껏 쓰거나, 버킷 리스트(죽기 전에 꼭 해야 할 일이나 하고 싶은 일들에 대한 리스트) 작성, 녹음을 통해서 하는 것도 좋은 수단이다(자신이 세상을 떠난 다음 자녀들이 분쟁하지 않고 화목하기 위해서 어떻게 주변을 정리해야 하는지에 대해서 기도하고 생각한다).

7) 자신의 장례 준비하기

안토니는 자신의 장례에 대해서 이집트의 전통대로 하지 말고 땅에 묻어 주며 아무도 모르게 하라고 당부했다. 그는 자신의 시신을 이집트의 전통장례 방식대로 침대에 눕혀 집안에 안치할까 걱정해서였다. 어거스틴은 『하나님의 도성』에서 "우리 몸이 아무리 흩어지더라도 부활 시에는 모두 다시 결합된다"고 말하고 있다.

칼빈은 우상숭배 사상으로 인해 자신을 우상시할까 봐 염려하여 아무도 모르는 곳에 묻어 달라고 유언했다. 칼빈의 관은 가장 평범한 나무로 만들어진 것이었다.

성경에서 야곱은 자신의 장사에 대해서 "헷 사람 헤브론의 밭에 있는 굴에 선조와 함께 장사하라"고 유언하였다(창 49: 29-32). 요셉은 110세에 죽을 때에 자신의 해골을 메고 가나안으로 가라

미래의 장래법-빙장, 우주장, 사리성형

보건복지부에 따르면 2007년 전국 화장률은 58.9%로 10년 전에 비해 2.5배 증가했고, 2010년에는 70%를 넘었다. 이전 장례법으로는 화장법이 대세다. 하지만 10~20년 후에는 '빙장', '우주장', '사리성형' 등이 성행할지도 모른다.

빙장(氷藏)은 화장의 반대되는 개념으로, 영하 18도에서 냉동 후 질소 처리를 기계진동으로 분쇄시키는 장례법이다. 분쇄된 유해를 흙에 묻는 형태로 유해물질의 발생을 최소화한 친환경적이라는 점이 특징이다. 지난해 열린 장묘문화 국제 심포지엄을 통해 국내에 소개됐고, 기독교 단체 등이 권장하고 있다.

우주장은 유골분이나 머리카락 등을 특수 캡슐에 소량씩 담아 로켓에 실어 우주로 쏘아 올리는 장례법이다. 미국, 캐나다, 중국 등에서 시행하고 있으며, 국내에서는 한 상조회사가 올해 초 미국 셀레스티스사와 계약을 맺고 우주장을 진행 중이다.

사리성형은 유골분을 보석처럼 영롱한 사리로 만드는 장례법이다. 몸에 지니고 다니다가 집에 안장할 수 있는 광물질 사리로, 브로치와 팬던트로 만들기도 한다. 사리성형은 현재 우리나라에서 시행 중이다.

고 유언했다(창 50:25). 이로써 이 땅은 영원한 나라가 아니요 영원한 나라를 사모하며 살아야 할 것을 말해 주고 있다.

옛날 어르신들은 자신의 묘 자리나 수의를 준비하곤 하였다. 어른들이 자신의 장례를 준비함으로 자손들의 본이 되고 이로 인해 자녀들과의 불화도 막을 수 있는 길이 된다. 매장은 문화에 따라 시각의 차이가 있을 수 있다. 그러나 어떠한 형태를 따르든지 다시 살 것을 믿는 부활 신앙이 바탕이 되어야 한다. 야고보는 인생은 안개와 같다고 했고(약 4:14), 바울은 아무것도 가지고 온 것이 없으며 아무것도 가지고 가지 못함을 인식해야 한다고 말하고 있다(딤전 6:7). 현대 시대의 장례문화는 다양하다. 그러나 너무 지나치지 않고 형평성을 고려하여 검소하게 하도록 하는 미덕이 필요하다.

① 가족과 함께 죽음에 대해서 나누고 생각하는 시간을 가진다. 가족들과 함께 죽음에 대해서 진지하게 나누고, 죽음의 의미에 대해서 성경 말씀을 찾아보고 대화를 나눈다. 타인의 장례식에 참석하여 자신의 죽음에 대해서 생각해 본다. 죽음에 관한 책을 읽거나 장묘문화센터를 방문하는 것도 좋은 방법이다. 그리고 '웰다잉'을 위하여 사전의료의향서나 입관체험을 해본다.

② 사랑하는 사람들과 '자신의 죽음, 장례 절차, 장지와 매장방법, 영정 사진 등 유품을 어떻게 할 것인가'에 대해서 이야기를 나누어 본다. 임종예배를 어떻게 할 것인가도 이야기해 둔다(세례를 받

지 않은 노인은 세례를 받을 수 있도록 목사님과 상의하도록 한다).

8) 인생사와 신앙생활 역사 기록해 보기

이러한 역사는 장례식 절차에서 고인의 살아온 업적을 소개할 때 사용하기도 하고, 장례식 예배 순서지에 넣을 수 있다. 또한 자서전을 쓸 때 사용하기도 한다. 기록된 것과 함께 사진으로 구성한 영상은 노인들의 생신이나 기념일에 볼 수 있고, 또 노인들이 세상을 떠나고 난 후 추도예배 때 자녀들이 부모님을 추억할 수 있도록 하는 소중한 자료가 된다.[48] (자신의 인생 역사를 연대순으로 기록하거나, 신앙생활의 역사를 연대순으로 기록한다. 교회 입문, 세례, 직분, 임직, 공헌, 즐거운 여행, 졸업, 결혼, 회갑, 시상 등)

☞ 마지막으로 자신의 죽음을 위한 기도를 매일매일 잊지 않고 한다(자신이 살아온 것들에 대해서, 과거의 죄에 대해서, 가벼운 마음으로 주님의 품에 안기기 위해서, 죽음의 두려움에 대해서, 남겨진 자녀를 위해서, 마지막까지 자신의 주어진 사명에 대해서 등).

실행2 죽음 앞에 선 사람을 위한 예배

1) 임종을 맞이한 노인을 위한 예배

노인의 병은 거의 죽음을 생각하며, 인생이 무한하지 않다는 것을 더욱 실감나게 한다. 죽음이 가까운 노인은 위기감과 능력을 상실하고, 사람들로부터 소외된다. 또한 심신의 고통을 야기하는 불안 등을 체험하며 모든 탈출구가 막힌 것 같은 절망감에 싸인다. 그리고 예수님께서 고난당하실 때처럼 참아내기 힘든 고통과 죽음의 위협 가운데 있음을 느낀다.

그러나 그리스도인들은 이러한 상황 속에서도 하나님의 선하신 손 안에 놓여 있다. 그리고 노년의 병 가운데 머물러 죽음이라는 어두운 밤을 통과하게 하실 때라도 주님은 항상 성도와 동행하신다. 칠흑 같은 어두운 밤의 과정은 인간과 하나님 사이의 신비를 체험하게 한다. 이것은 '하나님과의 일치를 향한 영적'인 길이 되는 것이다.[49]

그러므로 죽음의 준비 절차를 통해서 고난당하시고 부활하신 예수님을 몸으로 만나고, 죽음을 이기고 승리하신 예수님의 사랑을 몸으로 느끼는 순간이다.[50] 따라서 이 프로그램은 병과 노화로 인해 임종을 맞이하는 노인들을 대상으로 하는 것이다. 그리스도인들이 걸어가는 구원의 여정 끝에서 행하는 것으로, 삶을 이쪽에서 저쪽으로 옮겨갈 때 행하는 절차다. 죽음을 준비하는 예배(절차)는 '통과 의례'로서 삶에서 죽음으로 옮겨가는 시

추모공원, '노는 공원'으로 개념이 변화되다

어둡고 무거웠던 추모문화가 밝고 경쾌하게 변하고 있다. 커뮤니티 공간, 갤러리 전시관, 생태공원, 카페테리아, 심지어 캠핑장에 팬션까지 독특한 설계와 이색 디자인으로 추모공간이 밝아졌다. 전시회나 각종 문화행사를 연중 개최하며 먼저 간 사람과 남아있는 사람이 함께 어울리는 문화의 장을 마련한다. 이뿐 아니라 추모 꽃바구니는 흰꽃이었으나 점차 화려한 색으로 바뀌어 가고 있다.

간을 견뎌낼 수 있도록 도와주는 것이다. 살아 있는 세계에서 미지의 새로운 세계로 이동하는 것은 항상 우리를 두렵게 하기 때문이다. 이 실행 프로그램은 죽음을 맞이한 노인들이 자기 힘으로 넘을 수 없는 삶의 한계에 부딪쳤을 때 도울 수 있는 것이 된다.

2) 임종을 위한 예배

(1) 목적

① 죽음을 맞이하는 노인(성도)이 고난당하시고 돌아가신 예수 그리스도를 본받아 죽음의 고통과 두려움을 이겨내고 사망을 이기고 부활하신 예수 그리스도를 믿으며 죽음을 받아들이도록 돕는 데 있다.[51]

② 그리스도인이 임종하는 이와 함께, 그들을 위하여 하나님의 자비와 위로를 간구함으로 이웃사랑을 실천하는 데 있다.

☞ 죽음을 맞이하는 노인이 이미 의식이 없더라도 그를 돌보는 가족이나 친지들이 임종 예배와 기도를 통하여 그리스도인의 죽음이 지닌 의미를 깨달아 위로를 받게 한다. 이러한 의미는 외적 표지로 드러낼 수 있다.

③ 노년에 죽음을 앞둔 사람들에 대해 교회의 사명을 감당하기 위해서다. 노년이 되면 노화로 인해 위기를 겪는다. 자기 말을 잘 들어 주고, 자기를 이해해 주는 사람의 도움이 필요하다. 그러므로

죽을 때 후회하는 25가지

1. 사랑하는 사람에게 고맙다는 말을 많이 했더라면 2. 진짜 하고 싶은 말을 했더라면 3. 조금만 더 겸손했더라면 4. 친절을 베풀었더라면 5. 나쁜 짓을 하지 않았더라면 6. 꿈을 꾸고 그 꿈을 이루려고 노력했더라면 7. 감정에 휘둘리지 않았더라면 8. 만나고 싶은 사람을 만났더라면 9. 기억에 남는 연애를 했더라면 10. 죽도록 일만 하지 않았더라면 11. 가고 싶은 곳으로 여행을 갔더라면 12. 내가 살아온 증거를 남겨 두었더라면 13. 삶과 죽음의 의미를 진지하게 생각했더라면 14. 고향을 찾아가 보았더라면 15. 맛있는 음식을 많이 맛보았더라면 16. 결혼을 했더라면 17. 자식이 있었더라면 18. 자식을 혼인시켰더라면 19. 유산을 미리 염두에 두었더라면 20. 내 장례를 생각했더라면 21. 건강을 소중히 여겼더라면 22. 좀 더 일찍 담배를 끊었더라면 23. 건강할 때 마지막 의사를 밝혔더라면 24. 치료의 의미를 진지하게 생각했더라면 25. 신의 가르침을 알았더라면

— 〈죽을 때 후회하는 25가지〉 오츠 슈이치

교회는 노년에 죽음을 앞둔 병자를 돌보고 그들의 임종을 도와줌으로써 하나님의 사랑과 관심을 표현해야 한다.

(2) 알아두어야 할 사항

① 죽음을 맞이하는 이의 정신과 육체, 장소, 사람들의 상황에 맞추어 다른 것들을 덧붙일 수 있다. 기도문이나 말씀 봉독은 철저히 낮은 목소리로 한다. 가끔 침묵을 두는 것도 좋다. 또한 기도와 찬양은 죽음을 앞둔 노인과 함께 자주 드리는 것도 유익하다.

② 교회의 목사나 사역자가 부재한 경우 평신도나 함께 있는 가족, 친지가 대신하여 순서에 따라 인도할 수 있다. 아래의 기도문을 사용하거나 말씀을 찾아서 읽고 찬양할 수 있다.

(3) 임종을 위한 기도문

_ 임종기도문 1

전능하신 하나님 아버지!
예수 그리스도를 믿는 이 영혼이
이제 세상을 떠나 주님께로 가려고 합니다.
창조주가 되신 하나님, 이 영혼을 받아 주시옵소서.

살아 계신 하나님!
죄인을 위하여 이 땅에 예수 그리스도를 보내셨으니
이 시간 죽음의 고통에서 건지시고
이 영혼에게 평화를 주셔서
주님 품에 편히 안기게 하옵소서.

오늘 이 영혼이 낙원에 이르게 하옵시며
하나님의 나라에서 주님과 함께 영원히 살게 하시옵소서.
주님과 함께 영원히 행복을 누리게 하여 주시옵소서.
예수님의 이름으로 기도합니다. 아멘.

_ 임종 기도문 2

전능하신 하나님!
사랑하는 이 성도를 주님께 맡기나이다.

창조주이신 하나님께서
이 성도를 맡아 주시옵소서.
흙으로 만드신 이가 주님께로부터 와서
주님 안에서 살다가 주님께로 돌아갑니다.

세상을 떠나 다시 아버지께로 돌아가는 성도를
주님 붙잡아 주셔서 사망의 고통을 이기게 하시고
평안히 주님 품에 안기게 하옵소서.

모든 두려움에서 자유하게 하시고
주님만을 의지하게 하옵소서.
성령님의 도우심으로 이 성도를
하나님 나라로 인도하여 주옵소서.
예수님의 이름으로 기도드립니다. 아멘.[52]

3) 예배 프로그램
(1) 성시교독
　적합한 성시를 준비한다. 예) 시편 23

(2) 사도신경

(3) 찬양하기

보혈 찬양, 회개 찬양을 부른다. 예: 보혈을 지나, 내 주의 보혈은, 성령이여 강림하사, 천부여 의지 없어서 등.

(4) 참회기도
① 죄를 회개하는 기도를 한다.

☞ 참회기도는 죽음을 앞둔 노인과 함께한 성도들이 합심하여 드린다. 여기에서 인도자는 하나님께서 우리의 모든 죄를 용서하신다는 믿음을 주는 것이 필요하다. 이 과정에서는 정죄하지 않으며 죄를 스스로 판단하지 않고 그저 하나님께 바치도록 한다. 하나님께서는 우리의 모든 죄와 허물을 예수 그리스도의 십자가 보혈로 용서하셨기 때문이다.

② 기도한 후 인도자는 회중과 임종하는 노인을 위하여 아래의 기도문을 읽고 따라하게 한다.

_ 기도문

우리를 죄에서 구원하시고자 이 땅에 예수님을 보내 주신 하나님!
저희가 살아오면서 지은 죄와 입으로 지은 죄, 행함으로 지은 죄,
사람 앞에서 행한 모든 죄를 용서하여 주옵소서.
무엇보다도 거룩하신 하나님께 범한 모든 죄악을 용서해 주옵소서.
이 시간 예수님의 보혈로 깨끗하게 씻어 주셔서 정결하게 하옵소서.

우리 구주 예수님의 이름으로 기도합니다. 아멘.

(5) 말씀 선포

노인에게 위로와 힘을 주고, 천국의 소망을 북돋아 주며 예수님만을 의지할 수 있도록 하는 성경 구절을 선택한다. 그리고 함께한 가족들을 위로하고 격려하며 두려움 대신 평화를 주는 말씀을 전한다(예: 사 35:1-4, 마 11:28-30, 롬 8:14-27, 31-39 등).

(6) 중보기도

① 손을 잡고 서로 기도하거나 손을 들고 환자를 향하여 기도하는 자세를 취한다. 이 과정에서 한 사람씩 노인을 위하여 기도하거나 소리를 내어 함께 합심기도를 할 수 있다. 단 노인이 들을 수 있도록 한다.

☞ 죽음 앞에 있는 노인에게 가족들과 성도들의 기도가 그를 지켜 주고 자신을 사랑한다는 온기를 느끼게 한다. 여기에서 인도자는 성도나 가족, 친지들이 노인에게 용기를 주고 두려움을 이겨낼 수 있도록 소리 내어 기도하라고 권한다. 그리고 노인이 중심적인 위치에 놓여 있다는 것을 보여 주는 것이 필요하다. 이와 같은 기도는 가족들에게 마음의 짐을 덜어 주며, 마지막 여정을 가는 노인에게 이 세상에서 자신이 얼마나 사랑을 받고 살았는지 깨닫게 함으로 인생의 고리를 풀어줄 수 있는 좋은 효험이 있다.

② 함께 기도한 후 인도자가 환자(노인)의 손을 잡고 또는 그에게 손을 얹고 기도한다(함께한 성도들은 인도자와 함께 임종을 앞둔 노인의 손을 잡고 기도하거나 인도자가 기도하는 동안 손을 들고 묵상으로 기도한다).

③ 천국 영접기도를 한다. 목회자나 인도자가 아래의 기도문을 먼저 읽고 임종을 앞에 둔 노인이 따라하게 한다. 불가능할 경우 함께한 가족이나 성도, 동료들이 대신 따라한다.

임종 때 읽는 성경 구절 또는 기도: "주님 나를 구원하시고"(마 14:30), "내 영혼을 받으사"(행 7:59), "죄인인 나를 불쌍히 여기소서"(눅 18:13), "예수님의 피로 모든 죄에서 우리를 깨끗하게 하시오니"(요일 1:7), "깨끗게 하소서. 나의 부족한 믿음을 도와주소서"(막 9:24), "지금 내 영혼을 아버지 손에 부탁하오니"(눅 23:46), "이제는 말씀하신 대로 종을 평안히 놓아주시는도다. 내 눈이 주의 구원을 보았사오니"(눅 2:29-30).

_ 기도문

저의 죄를 대신하여 십자가에 달리신 예수님. 지금 제 마음의 문을 열고 예수님을 나의 구원자요, 나의 주인으로 모십니다. 이 시간 죽음의 두려움을 이기게 하옵시고, 주님의 나라에 인도하여 주옵소서. 재림의 날 나의 몸은 다시 살 것을 믿습니다. 성령님 저를 도와주셔서 이 시간 저의 영혼을 맡기오니 받아 주시옵소서. 예수 그리스도의 이름으로 기도합니다. 아멘.

(7) 천국 찬양

이 찬양은 어두움의 권세를 물리치고 평안을 줄 수 있는 곡을
선택하거나 노인이 평소에 즐겨 부르던 곡을 부르는 것도 좋다.

예) 천국에서 만나보자, 저 하늘에는 눈물이 없네, 날 빛보다 더 밝은 천국, 나 가나
한 땅 귀한 성에 등.

(8) 주기도문으로 마무리

임종하는 과정에서 시간이 더디 이루어질 때는 6번의 기도 순
서에 변화를 줄 수 있다. 이때에 함께한 성도들과 소리 내어 성경
구절을 읽고 그 다음은 찬양을 한다. 그리고 합심해서 기도드린다.
이와 같은 과정을 반복함으로 임종하는 노인을 돕고 어둠의 세력
을 물리치며 가족들에게 힘을 준다. 만약 임종이 서둘러 이루어질
때는 6번의 기도를 간략하게 할 수 있다.

노년의 행복은 준비된 사람에게 온다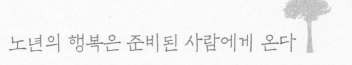

사람들은 대개 40대 중반이 되면 한번쯤 은퇴를 생각한다. 그리고 40대 후반에 들어서면서 자신의 노년을 떠올린다. 내가 그랬다. 40대부터 노인에 대해서 글을 쓰기 시작하면서 노년을 생각했다. 사실 나는 30대부터 어르신들을 돌보는 일을 했다. 물론 다른 계층도 있었다.

처음 어르신들을 돌보게 되었을 당시 나는 오래 전에 세상을 떠나신 어머님에 대한 죄송한 마음이 있었다. 또 하나는 나의 헌신에 대한 하나님의 보상을 기대했다. 나는 연약한 어르신들을 돌보며 이렇게 기도했다. "주님, 미래에 제가 노인이 되었을 때 전혀 고통이 없는 상태가 되게 해주세요." 참, 얄팍한 생각이었다.

어느덧 나는 자연스럽게 노년사역자가 되어갔고, 어르신들을 가까이에서 만나는 사람이 되었다. 그분들과 함께 기도하고 성경

공부와 전도를 하면서 언제부터인지 나는 어르신들과 하나가 되어 가고 있다는 사실을 깨닫게 되었다. 나의 입에서 자연스럽게 '우리, 함께'라는 말이 나오기 시작한 것이다. 나는 '어르신과 나'라는 말이 사라지고 '우리'라는 단어를 부담 없이 사용하였다.

그렇다. 나는 노인들 속에서 어느덧 나의 미래를 보고 있었다. 노인 속에 내가 있었다. 아마 이분들이 곁에 없었다면 내가 '늙는다'는 사실을 실감하지 못했을 것이다. 이 글이 어쩌면 나의 미래의 설계인지도 모른다. 이 글을 읽는 모든 독자들도 자신의 미래를 설계하기를 바라는 마음 간절하다.

나는 그리스도인들의 귀감이 되는 교회사 속의 4인의 노인 모델을 찾았다. 또한 그들의 노년의 삶 속에서 묻어나는 영성생활을 그려냈다. 그리고 영성의 목표를 세웠다. 노인들이 상실을 극복하고 삶의 의미를 발견하는 데 그 목적을 두었다. 또한 영적 자유를 경험하게 함으로써 성숙과 성장을 돕기 위해 영성생활을 연구했다. 그리고 인생을 회고하며 죽음의 신비를 통해서 내세의 확신과 부활의 소망을 심어주기 위해 심혈을 기울였다. 또한 무엇보다도 노인들이 영적리더십을 개발해 자녀세대와 추수를 주고받는 아름다운 관계를 형성하게 하여 신앙의 명가로 거듭날 수 있도록 하는 데 의의를 두었다.

나는 글을 쓰고 어르신들을 만나면서 노년의 행복은 준비된 사람의 것이라는 결론을 얻었다. 노년은 결코 실패라고 할 수 없다. 누구든지 상실과 고립을 경험하지 않고 노인이 되는 사람은 없다.

'늙음'이란 무거운 짐을 하나님의 선물이라고 믿는 한 우리가 세상을 이별할 때까지 흔들림은 계속될지라도 노년을 희망으로 채울 수 있다.

때문에 책을 쓰는 내내 나는 소망이라는 끈을 놓지 않았다. 이 글이 어르신들의 '영적 여정'의 길잡이가 되고, 끝없는 거친 바다를 항해하는 청장년 세대에 황금열쇠가 되기를 바라면서….

이것은 어느 독일 노인의 시다.

이 세상의 최상의 일은 무엇일까?
기쁜 마음으로 나이를 먹고
일하고 싶지만 쉬고
말하고 싶으나 침묵하고
실망스러워질 때 희망을 지니며
공손히 마음 편히 내 십자가를 지는 것이다.

이제 노년은 '나이 듦의 꽃'을 피우는 인생의 새로운 시간이다. 그곳에서 즐거움과 감사의 노래를 들려주어야 한다. 노년에도 여전히 자라고 있기 때문이다. 그리고 꿈을 꾸고 있는 한 여전히 청춘이다.

마지막으로 '영적 여정'을 가는 뉴실버세대에게 아낌없는 찬사를 보낸다. "축복합니다."

1부 노년의 히든카드

1) 현재 미국 인구의 14%가 65세 이상의 인구에 해당하며, 7,500만 명이 베이비 붐 세대에 태어난 사람으로서 이들이 노인 인구에 접어들게 되었다. D. O. Cowgill, *Aging and Modernization* (Publisher: Prentice Hall, 1972), 54.

2) Elizabeth Mackinlay, *The Spiritual Dimension of Ageing* (Jessica Kingsley Publishers London and New York, 2001). 11.

3) 조르주 미누아, 『노년의 역사』, 박규현, 김소라 역 (서울: 아모르문디, 2010), 36-37.

4) 폴 투르니에, 『꿈꾸는 어른』, 윤경남 역 (서울: 한국장로교출판사, 2000), 23.

5) 미국에서는 1981년 노회 특별위원회에서 55세 이상은 old population, 65세 이상은 elderly, 75세 이상은 age, 85세 이상은 very elder로 구분했다. 전요섭, "발달적 위기로서 노인의 심리 이해와 목회적 돌봄," 『복음주의 실천신학 논총』, 제4호 (서울: 한국복음주의 실천신학회, 2002), 31.

6) 설은주, 『고령화 시대의 노인 목회』(서울: 예영커뮤니케이션, 2005), 43.

7) Elizabeth Mackinlay, *The Spiritual Dimension of Ageing*, 13.

8) 설은주, 『풍성하고 아름다운 노년을 위하여』(서울: 말씀과 만남, 2003), 28.

9) 헨리 나웬, 월터 캐프니, 『노인의 영광은 백발』, 최종수 역 (경기: 도서출판 한국기독교연구소, 2001), 22.

10) 고령화 사회의 분류(UN정의)-고령화 사회(aging society): 전체 인구 중 65세 이상 고령인구 비율이 7% 이상-14% 미만인 사회, 고령사회(aged society): 전체 인구 중 65세 이상의 고령인구 비율이 14% 이상-30% 미만인 경우, 초고령 사회(super-aging society): 전체 인구 중 65세 이상의 인구 비율이 20% 이상인 경우.

11) 강용규 · 이종복 · 임독빈 · 조재숙, 『노인복지론』(서울: 창지사, 2009), 15-16.

12) 존로우 로버트간 공저, 『성공적인 노화』, 최혜령 · 권유경 역 (서울: 신정 2001), 18.

13) 시몬느 드 보부아르, 『노년』, 홍상희 · 박혜영 역 (서울: 도서출판 책 세상, 1994), 9.

14) 윤진, 『성인노인심리학』(서울: 중앙적성출판사, 1985), 103.

15) 김휘동, "기독교 교육적 노인목회의 접근 방안에 관한 연구," (미간행 박사학위 논문 장로회신학대 목회전문대학원, 2007), 36.

16) 장인협 · 최성재, 『노인복지학』(서울: 서울대학교출판부, 1994), 78.

17) 김휘동, "기독교 교육적 노인목회의 접근 방안에 관한 연구," 37-38.

18) 루이스 월퍼프, 김민영 역, 『당신 참 좋아보이네요』(서울: 알키, 2011), 107.

19) 강용규 · 이종복 · 임독빈 · 조재숙, 『노인복지론』, 64.

20) 설은주, 『풍성하고 아름다운 노년을 위하여』, 50.

21) 조지 베일런트, 『행복의 조건: 하버드 대학교 인생성장보고서』, 16-20.

22) Albert Jewell(ed.), *Aging, Spirirurlity and Well -being*, 48.

23) 김진섭, "칼빈 탄생 500주년 기념 학술대회: 칼빈의 재발견," 『백석 신학저널』, 통권 제17권 (서울: 기독교연합신문사. 2009), 13.

24) 에녹은 365세에 하나님이 데려가시므로 세상에 있지 아니하였다고 성경은 말하고 있다. 에녹이 세상에서 살았던 연수는 그 시대에 장수하였던 노인들과 비교하였을 때 훨씬 적은 나이였다. 그러나 고대사회의 평균 연령에 비하면 장수하였다.

25) 조셉 S. 엑셀 · 토마스 H. 라인, 『베이커 성경주석(창세기)』, 이기문 역 (서울: 대한예수교 장로회총회교육부, 1982), 227.

26) 김명환, 『크로스 종합주석(창세기)』(서울: 포도원, 1999), 91.

27) H. C. 류폴드, 『알버트 반즈(창세기 주석)』, 최종태 역 (서울: 크리스챤, 1987), 209.

28) Albert Jewell(ed.), *Aging, Spirirurlity and Well -being*, 73.

29) David O, Moberg(ed.), *Aging and Spirituality: Spiritual Dimensions of Aging Theory, Research, Practice, and Policy*, 163-166.

30) 설은주, 『풍성하고 아름다운 노년을 위하여』, 45.

31) 밥 버포드, 『하프타임의 고수들』, 이창신 역 (서울: 국제제자훈련원, 2010), 389.

32) 루이스 월퍼트, 『당신 참 좋아 보이네요』, 김민영 역 (서울: 브랜드 알키, 2011), 20.

33) 조지 베일런트, 『행복의 조건: 하버드 대학교 인생성장보고서』, 17.

34) Albert Jewell(ed.), *Spirituality and Aging* (London and New York: Jessica Kingsley Publishers, 1999), 44.

35) Elizabeth Mackinla,. *Aging, Spirituality and Palliative Care*. (NY: The Haworth Pastoral Press, 2006), 64.

36) David O, Moberg(ed.), *Aging and Spirituality: Spiritual Dimensions of Aging*

Theory, Research, Practice, and Policy (NY: The Haworth Pastoral Press, 2001), 15.

) Elizabeth Mackinlay. *Aging, Spirituality and Palliative Care*, 2.

38) Moberg, David O. *Aging and Spirituality : Spiritual Dimensions of Aging Theory, Research, Practice, and Policy*, 3.

39) 앨리스터 맥그래스, 『기독교 영성 베이직』, 14.

40) 케네스 리치(Kenneth Leech), 『영성과 목회』, 최승기 역 (서울: 한국장로교출판사, 2000), 9.

41) 조신복, "기독교 영성과 칼융의 개성화 과정 비교연구," (미간행 석사학위논문, 서울신학대학교 상담대학원, 2004), 14.

42) 존 매쿼리, 『영성에의 길』, 장기철 역 (서울: 전망사, 1986), 62.

43) U. T. Holmes, *Spirilurlity for Ministry* (New York: Harper, Rao, 1982), 11-19.

44) 권택조, 『영성 발달』, 29-33.

45) 최창국, 『기독교 영성신학』(서울: 대서 출판사, 2010), 165.

46) 하워드 L. 라이스, 『개혁주의 영성』, 황성철 역 (서울: 기독교 문서 선교회, 1995), 74.

47) 최창국, "영성과 하나님의 프락시스, 영적훈련의 해석적 모델과 방향성," 『성경과 신학』(서울: 한국복음주의신학회, 2009), 119.

48) Frank Roger, Jr "Dancing with Grace: Toward a Spirit-Centered Education," Religious Education 89; 3(1994); 381.

49) 전 생애 발달 이론은 1950년부터 등장했다. 인간은 태어나면서부터 사망에 이르기까지 전 생애에 걸쳐 발달하고 변화해 간다. 그러므로 전 생애 발달이라는 관점에서 노년은 발달 행로의 한 과정이라는 것이다. 한정란, 『교육 노년학』(서울: 학지사, 2000), 76.

50) K. B. *Iyon Toward a Practical Theology of Aging* (Philadphia : Fortress Press, 1985), 재인용 42-47.

51) 조지 베일런트, 『행복의 조건: 하버드 대학교 인생성장보고서』, 이시형 감수 이덕남 역 (서울: 프런티어, 2010), 419.

52) 김진하, "사막교부로부터 찾은 보화 성숙을 향한 집요함," 『기독교와 영성』(서울: 『목회와 신학』 편집부, 2010), 233.

53) 홍경자, 『청소년의 인성교육』, 128.

54) 홍경자, 『청소년의 인성교육』, 130-133

55) James Fowler, Stages of Faith, (Now York : Harper Colins, 1981), 99.

56) 신준희, "신앙발달 이론의 목회적 적용방법에 관한 연구(제임스 파울러를 중심으로)," (미간행 박사학위논문, 백석대학교 기독교전문대학원, 2011), 82.

57) James Fowler, *Stages of Faith*, 121.

58) 신준희, "신앙발달 이론의 목회적 적용방법에 관한 연구(제임스 파울러를 중심으로)," 83.

59) 제임스 파울러, 『신앙의 발달단계』, 사미자 역 (서울: 대한예수교장로회총회 출판국, 2002), 220.

60) 제임스 파울러, 『신앙의 발달단계』, 317-318.

61) 제임스 파울러, 『변화하는 시대를 위한 기독교교육』, 박봉수 역 (서울: 한국장로교출판사, 1996), 44.

62) 박원호, 『신앙의 발달과 기독교교육』(서울: 장로회신학대학교출판부, 1996), 275-276.

63) 제임스 파울러, 『신앙의 발달단계』, 328.

64) David O, Moberg(ed.), *Aging and Spirituality: Spiritual Dimensions of Aging Theory, Research, Practice, and Policy*, 91.

65) Gerontology라는 용어는 1903년 러시아의 생물학자 E. Metchnikoff에 의해서 처음 제안되었다. 허그만은 노년학을 "고령화와 노인에 대한 연구를 인류학, 생물학, 정치학, 역사학, 사회학, 심리학 그리고 임상의학, 간호학, 법률 등과 같은 분야를 함께 동원하는 것이다"라고 말했다. 한정란, 『교육 노년학』, 51.

66) 김철영, "성공적인 실버목회를 위한 전략 모델개발," (미간행 박사학위논문, 백석대학교 기독교전문대학원, 2008), 64.

67) David O, Moberg(ed.), *Aging and Spirituality: Spiritual Dimensions of Aging Theory, Research, Practice, and Policy*, 92-94.

68) 프랑크 쉬르마허, 『고령화 사회 18, 다가올 미래를 대비하라』, 장혜경 역 (서울 : 나무 생각, 2005), 24.

69) 장 들루모, "서문," 조르주 미누아, 『노년의 역사』, 26.

70) 조르주 미누아, 『노년의 역사』, 45-47.

71) David O, Moberg, *Aging and Spirituality: Spiritual Dimensions of Aging Theory, Research, Practice, and Policy* (NY: The Haworth Pastoral Press, 2001), 22.

72) 조르주 미누아, 『노년의 역사』, 66-69.

73) 조르주 미누아, 『노년의 역사』, 163-165.

74) 조르주 미누아, 『노년의 역사』, 66-68.

75) 조르주 미누아, 『노년의 역사』, 222.

76) 마르쿠스 톨리우스 키게로, 『노년에 관하여, 우정에 관하여』, 천병희 역 (경기: 도서출판 숲, 2002), 48.

77) 조르주 미누아, 『노년의 역사』, 393-431.

78) 조지 스위팅, 『멋지게 나이드는 기쁨』, 이찬규 역 (서울: 기독교 신문사, 2004), 176.

79) 조르주 미누아, 『노년의 역사』, 447.

80) 시몬느 드 보부아르, 『노년 』, 222.

81) 인생의 단계에 따른 몸값 규정: 1) 20-60세: 남(은 50세겔), 여(은 30세겔) 2) 5-20세: 남(은 20세겔), 여(은 10세겔) 3)1개월-5세: 남(은 5세겔), 여(은 3세 겔) 4)60세 이상: 남(은 15세겔), 여(은 10세겔)

82) 노인교육목회 연구시리즈, 『한국교회와 노인목회』, 47.

83) 이은규, "성경에 나타난 노년의 생애 유형," 『목회와 신학』, 제59권 (서울: 두란 노서원, 1994), 61.

84) 설은주, 『고령화 시대의 노인목회』, 55.

85) 조르주 미누아, 『노년의 역사』, 86-95.

86) 강사문 · 나채윤, 『청지기 성경사전』(서울: 도서 출판, 1995), 240-241.

87) 강병도, 『카리스 종합주석』, 제6권 (서울: 기독지혜사, 2005), 228-229.

88) 정인찬 편, 『성서 대백과 사전』, 제3권 (서울: 기독지혜사, 1988), 279.

89) 존 드레인, 『바울』, 이중수 역 (서울: 두란노서원, 1989), 120.

90) 이기양, "네 부모와 노인을 공경하라 칼빈과의 대화," 『설교자 칼빈』, 제15권 (서울: 웨스터민스터 출판부, 2004), 201.

2부 실버세대, 영성의 멘토들

1) 비옥한 경작지 300arourae(이집트 땅 측정단위) R. T. Meyer의 환산 방법은 207 에이커 정도이다.

2) 앤드류 루스, 『하나님의 광야』, 안미란 역 (서울: 은성, 1993), 67.

3) 류시앙 레프, 『사막교부들 이렇게 살았다』, 규성석 역 (서울: 분도 출판사, 2006), 27.

4) Willam Harmless, *Desert Christians* (Oxford University, 2003), 90-93.

5) Rowman A, Gneer, *The Fear of Freedom* (Pennsylvania state University Press, 1985), 105-107.

6) 아타나시우스, 『안토니의 생애』, 70, 28.

7) 김진하, "사막교부들의 영성훈련," 『기독신학저널』, 통권5호 (2003), 106.

8) 레이 앤더슨, 『새천년을 위한 영성사역』, 강성모 역 (서울 : 도서출판 나눔사, 1999), 94.

9) 베네딕타 와드 편, 『사막교부들의 금언』, 34-41.

10) C. P. M. 존스, G. 와인라이트, F. 야놀드, 『기독교 영성학』, 205.

11) 아타나시우스, 『안토니의 생애』, 29.

12) 베네딕타 와드 편, 『사막교부들의 금언』, 35.

13) 15년째 수도생활을 하면서 고령의 안토니를 도와주었다.

14) 로이 베튼하우스, 『아우구스티누스』, 현재규 역 (경기: 크리스챤 다이제스트,

1994), 23.

15) C. P. M. 존스, G. 와인라이트, F. 야놀드, 『기독교 영성학』, 218.

16) 다니엘 윌리엄스, "성 아우구스티누스의 현대적 의미," 로이 벤트 하우스, 『아우구스티누스』(경기: 크리스챤 다이제스트, 1994), 15-16.

17) 어거스틴, 『성 어거스틴 참회록』, 3.12, 김종웅 역 (경기: 크리스챤 다이제스트, 2001), 99.

18) H. R. 드롭너, 『교부학』, 521.

19) 워렌 토마스 스미스, 『어거스틴 그의 생애와 사상』(서울: 도서출판, 1994), 110-111).

20) 버나드 맥긴, 『서방 기독교 신비주의의 역사』, 방성규 · 엄성옥 역 (서울: 도서출판 은성, 2000), 350.

21) 어거스틴, 『성 어거스틴 참회록』, 7.10, 181-182.

22) 버나드 맥긴, 『서방 기독교 신비주의의 역사』, 365.

23) 앤드루 라우스 , 『서양 신비사상의 기원』, 228-230.

24) 버나드 맥긴, 『서방 기독교 신비주의의 역사』, 372-374.

25) 성 아우구스티누스, 『기독교 교육론』, 김종흡 역 (서울: 크리스챤 다이제스트 1992), 61-63.

26) 성 아우구스티누스, 『하나님의 도성』, 조중연 · 김종흡 역 (경기: 크리스챤 다이제스트, 1998), 22.8, 1086.

27) 성 아우구스티누스, 『하나님의 도성』, 22.8, 1093.

28) 포시디우스, 『아우구스티누스의 생애』, 이연학 · 최원오 역 (경북: 본도 출판사, 2008), 21.4, 125.

29) 성 아우구스티누스, 『하나님의 도성』, 22.8, 1091.

30) 피터 브라운, 『어거스틴의 생애와 사상』, 426-429.

31) 주도홍, 『개혁 교회사』(서울: 솔로몬 말씀사, 1998), 62.

32) Vernon J. Bourke, *The City of God/ Saint Augustine*, 15.1 (New York: Francis Cardinal Spellman, 1949), 323.

33) 박승권, "성아우구스티누스의 법사상," 『신학과 사상』, 제40호 (서울: 가톨릭대학 출판부, 2002), 121.

34) 헤수스 알바레스 고메스, 『수도생활 역사 I 』, 225-226.

35) 아둘라르 줌케어 주석, 『아우구스티누스 규칙서』, 40-47.

36) Edmund Colledge, *Augustine's Ideal of the Life Religious*, 409.

37) 워렌 토마스 스미스, 『어거스틴 그의 생애와 사상』, 271.

38) 미카엘 마샬, 『어거스틴의 생애』, 285.

39) 피터 브라운, 『어거스틴의 생애와 사상』, 637.

40) 워렌 토마스 스미스, 『어거스틴 그의 생애와 사상』, 290-291.

41) 어거스틴은 히포의 대성당에 묻혔을 것으로 보고 있다. 500년 경 아프리카에서 추방된 가톨릭 주교들은 그의 시신을 사르디아로 옮겼다. 8세기에 다시 파비아로 이장하여 오늘날까지 그곳의 성 피에트로 교회에서 공경 받고 있다. H. R. 드롭너, 『교부학』, 544.

42) 포시디우스, 『아우구스티누스의 생애』, 31.5, 153.

43) 폴란트 베일톤, 이종태 역, 『마르틴 루터의 생애』(서울: 생명의말씀사, 1982), 463.

44) 김동건, 『루터와 시대정신, 루터를 생각하며』(서울: 도서출판 한들, 1996), 18.

45) 파울 슈레켄바흐 · 프란츠 노이베르트, 남정우 역, 『마르틴 루터』(서울: 예영커뮤니케이션, 2003), 23.

46) 파울 슈레켄바흐 · 프란츠 노이베르트, 『마르틴 루터』, 51.

47) 발터 폰 뢰베니히, 박호용 역, 『마르틴 루터 그 인간과 그 업적』(서울: 성지출판사, 2002), 443.

48) 마이크 피어론, 김경열 역, 『불굴의 종교 개혁자 마틴 루터』(서울: 기독신문사, 2000), 40.

49) 존 우드브리지, 박용규 역, 『세속에 물들지 않는 영성』(서울: 생명의말씀사, 2004), 20.

50) 파울 슈레켄바흐 · 프란츠 노이베르트, 『마르틴 루터』, 37.

51) 그 당시는 유물이 안치된 성소를 방문하거나 성 계단을 무릎으로 오를 때 죄를 용서받는다고 믿었다. 루터는 계단을 오르면서 그의 선조들을 연옥에서 구해내고자 빌 뻔했다고 말했다. 그는 뇌리에 "이것이 사실인지 아닌지 아는 자가 누구인가 하는 생각이 떠올랐다"고 말한다.

52) 라인하르트 슈바르츠, 정병식 역, 『마틴 루터』(서울: 한국신학연구소, 2007), 58.

53) 파울 슈레켄바흐 · 프란츠 노이베르트, 『마르틴 루터』, 40.

54) 베른하르트 로제, 정병식 역, 『마틴 루터의 신학』(서울: 한국신학연구소, 2002), 369-370.

55) 홍경수, "마틴 루터의 십자가 신학에 대하여," (미간행 석사학위논문, 칼빈대학교 신학대학원, 2007), 59-60.

56) 라인하르트 슈바르츠, 『마틴 루터』, 399.

57) Brecht, Martin, *The Preservation of the Church*, 231.

58) 발터 폰 뢰베니히, 『마르틴 루터 그 인간과 그 업적』, 483-484.

59) 발터 폰 뢰베니히, 『마르틴 루터 그 인간과 그 업적』, 151.

60) Brecht, Martin, *The Preservation of the Church*, 230.

61) Brecht, Martin, *The Preservation of the Church*, 235.

62) 라인하르트 슈바르츠, 『마틴 루터』, 453.

63) 롤란드 베인톤, 『마르틴 루터의 생애』, 178.

64) 파울 슈레켄바흐 · 프란츠 노이베르트, 『마르틴 루터』, 178.

65) 롤란드 베인톤, 『마르틴 루터의 생애』, 386.

66) 파울 슈레켄바흐 · 프란츠 노이베르트, 『마르틴 루터』, 126.

67) Brecht, Martin, *The Preservation of the Church*, 237.

68) 마르틴 루터, 『탁상담화』, 14.

69) 발터 폰 뢰베니히, 『마르틴 루터 그 인간과 그 업적』, 389.

70) 발터 폰 뢰베니히, 『마르틴 루터 그 인간과 그 업적』, 389.

71) 존 우드브리지, 『세속에 물들지 않는 영성』, 233.

72) Harry Bettenson, (ed), *Documents of the Christian Church*, 2d ed. (New York: Oxfoed University Press, 1970), 208.

73) 존 우드브리지, 『세속에 물들지 않는 영성』, 243.

74) 마르틴 루터, 『탁상담화』, 228.

75) 존 우드브리지, 『세속에 물들지 않는 영성』, 249.

76) 마르틴 루터, 『탁상담화, 8』, 39.

77) 디모디 토우, 『존 칼빈의 생애와 업적』, 22.

78) 볼페르트 더 흐레이프, 『칼빈의 생애와 저서들』, 황대우 · 김미정 역 (서울: SFC 출판부, 2008), 28.

79) 크리스토프 슈트롬, 『개혁자 칼뱅』, 177.

80) 한국칼빈학회, 『존 칼빈, 그 후 500년』, 293-294.

81) 크리스토프 슈트롬, 『개혁자 칼뱅』, 177.

82) 양신혜, "칼뱅의 성경에 대한 이해," 『칼뱅 연구』, 제7집 (서울: 한국장로교회 출판사), 180.

83) 존 H. 리스, 『칼빈의 삶과 신학』, 이용원 역 (서울: 한국장로교 출판부, 1996), 92.

84) R. 스토페르, 『아버지, 친구, 목회자로서의 칼빈, 인간 칼빈』, 박건 역 (서울: 도서출판 엠마오, 1983), 93-94.

85) R. 스토페르, 『아버지, 친구, 목회자로서의 칼빈, 인간 칼빈』, 96-97.

86) 존 칼빈, 『기독교 강요(최종판)』제3권 8장, 원광연 역 (고양: 크리스챤 다이제스트, 2003), 213.

87) 박병수, 『교회의 신학자 칼뱅』, 284-288.

88) 조엘 비키, 『개혁주의 청교도 영성』, 김기탁 역 (서울: 부흥과 개혁사, 2009), 23.

89) 빌렘판 엇 스페이커르, 『칼빈의 생애와 신학』, 198-199.

90) 존 칼빈, 『기독교 강요 (최종판) 중』, 제3권 20장, 146-147.

91) 박병수, 『교회의 신학자 칼뱅』, 286.

92) 빌렘판 엇 스페이커르,『칼빈의 생애와 신학』, 193.

93) T. H. L. 파커,『칼빈과 설교』, 김남조 역 (서울: 도서출판 솔로몬, 1993), 63.

94) 임원택, "칼빈의 경건 이해,"『기독신학저널』, 제11호 (2006), 176.

95) 조엘 비키,『칼빈주의』, 신호섭 역 (서울: 지평서원, 2010), 304-305.

96) 임원택, "칼빈의 경건 이해,"『기독신학저널』, 174.

97) 김중은, "성경에서 본 노년과 노인에 대한 이해,"『한국교회와 노인목회』(서울: 한국장로교회 출판사, 1995), 46.

98) 존 칼빈,『칼빈 구약성경주석(창세기)』, 존 칼빈 성경주석 출판위원회 역 (서울: 성서교재간행사, 1990), 401-403.

99) 존 칼빈,『칼빈 구약성경주석(여호수아)』, 존 칼빈 성경주석 출판위원회 역 (서울: 성서교재간행사, 1980), 66-67.

100) 존 칼빈,『칼빈 구약성경주석(시편)』, 존 칼빈 성경주석 출판위원회 역 (서울: 성서교재간행사, 1980), 219.

101) M. L. Listney, "The aged in the eyes of our forefathers," in S. Bergman, *As Old Age Apporoaches* (Jerusalem : Malben - Joint of Israel, 1971), 143-146.

102) 이기양, "네 부모와 노인을 공경하라 칼빈과의 대화,"『설교자 존 칼빈』, 191.

103) 존 칼빈,『칼빈 신약성경주석(디모데전서)』, 491.

104) 이기양, "네 부모와 노인을 공경하라 칼빈과의 대화,"『설교자 칼빈』, 199.

105) 헤르만 셀더르하우스,『칼빈』, 349-350.

106) 박세환,『존 칼빈 신학사상과 설교』, 150-151.

107) T. H. L. 파커,『존 칼빈』, 340.

108) 칼빈은 시편 39편 9절 말씀인 "내가 잠잠하고 입을 열지 아니함은 주께서 이를 행하신 까닭이니이다" 또 이사야 38장 19절 "오 주여 나는 비둘기 같이 슬피 울며"라는 말씀을 자주 인용하였다. 박세환,『존 칼빈의 신학사상과 설교』, 159.

109) T. H. L 파커,『칼빈과 설교』, 92-93.

110) 김승원, "현대 목회자의 사역회복을 위한 영성교육적 방안 연구," (미간행 박사학위논문, 백석대학교 기독교전문대학원, 2011), 50.

3부 일상의 영성, 삶 속으로

1) 공무원 연금공단 "공무원 연금", 34-35.

2) David O, Moberg(ed.), *Aging and Spirituality: Spiritual Dimensions of Aging Theory, Research, Practice, and Policy*, 21-24.

3) David O, Moberg(ed.), *Aging and Spirituality: Spiritual Dimensions of Aging*

Theory, Research, Practice, and Policy, 29.

4) David O, Moberg(ed.), *Aging and Spirituality: Spiritual Dimensions of Aging Theory, Research, Practice, and Policy*, 27.

5) 스티븐 아터번, 『내 인생에 가장 소중한 관계를 남겨라』, 박상은 역 (서울: 생명의말씀사, 2011), 228.

6) 피터 브라운, 『어거스틴의 생애와 사상』, 84.

7) 현용수, 『IQ는 아버지 EQ는 어머니의 몫이다』(서울: 도서출판 쉐마, 2004), 240-241.

8) 성종현, 『믿음의 조상들』(서울: 기독교 연합신문사, 2005), 131.

9) 양주성, "청소년 교육목회를 위한 효 교육에 관한 연구," (미간행 박사학위논문, 백석대학교 기독교전문대학원, 2011), 208-209.

10) David O, Moberg(ed.), *Aging and Spirituality: Spiritual Dimensions of Aging Theory, Research, Practice, and Policy*, 70.

11) Harry R. Moody, Religion, *Spirituality, and Aging: A Social Work Perspective* (NY: The Haworth Social Work Practice Press, 2005), 95.

12) 헨리 나우웬, 『영성수업』, 21.

13) 제임스 휴스톤, 『기도 하나님과의 우정』, 김진우 · 신현기 역 (서울: 한국 기독교 학생회 출판부, 1998), 314.

14) 존 칼빈, 『기독교 강요 최종판 중』, 417-418.

15) 데이비드W. 홀, 피터 A. 릴백, 『칼빈의 기독교 강요 신학』, 44-47.

16) 간구란 하나님께 우리 마음의 소원을 아뢰는 것으로서 처음에는 하나님께 영광을 돌리는 것을, 그 다음에는 나의 유익이 되는 것을, 하나님의 선하심을 믿고 간청하는 것이다. 감사란 우리에게 베푸신 하나님의 은혜를 깨닫고 찬양하며 온 세상의 모든 선한 것을 하나님의 선하심의 덕택으로 인정하는 것을 말한다. T. H. L. 파커, 『존 칼빈의 생애와 업적』, 김지찬 역 (서울: 생명의 말씀사, 1986), 99.

17) 최창국, 『영성과 설교』(서울: 기독교문서 선교회, 2011), 128.

18) 리처드 포스터, 『영적 훈련과 성장』, 권달천 · 황을호 역 (서울: 생명의 말씀사, 1986), 7.

19) Albert Jewell(ed.), *Spirituality and Aging*, 18-19.

20) 헨리 나우웬, 『영성수업』, 48.

21) 설은주, 『고령화 시대의 노인목회』, 327.

22) 헨리 나우웬, 『영성수업』, 123-125.

23) 대니얼 윌퍼트, 『기독교 전통과 영성기도』, 엄성옥 역 (서울: 도서출판 은성, 2005), 57.

24) 박주태, "한국 교회의 영성훈련을 위한 새로운 대안: 렉시오 디비나," (미간행

326 | 브라보 실버

박사학위 논문, 호남신학대학교 대학원, 2006), 58.

25) David O, Moberg(ed.), *Aging and Spirituality: Spiritual Dimensions of Aging Theory, Research, Practice, and Policy*, 167.

26) J. E. Birren and D. E. Dutchman, *Guiding Autoboiography Groups for Older Adults* (Baltimore and London: The Johns Hopkins University Press, 1991), 6. 재인용

27) David O, Moberg(ed.), *Aging and Spirituality: Spiritual Dimensions of Aging Theory, Research, Practice, and Policy*, 168.

28) 어거스틴의 『고백록』은 오늘날까지 여전히 독자들의 사랑을 받는 불후의 명작이다. 어거스틴이 히포에서 주교로서 사역하면서 집필(A. D. 377-401)하였다. 성 어거스틴, "서론,"『성 어거스틴 참회록』, 21.

29) 이 말씀은 다윗의 전 생애를 요약하여 표현했다. 다윗을 이새의 아들 높이 올리운 자, 야곱의 하나님에게 기름 부음 받은 자, 이스라엘의 노래 잘 하는 자라고 한 것은 약력과 특성을 요약하고 있다. 이것은 그의 임종 시에 아들 솔로몬에게 주는 최후의 가르침과 교훈(왕상 2:1-10)으로 보기도 한다. 신현학, 『오픈 Ⅱ 주석 성경』 (서울: 아가페 출판사, 1995), 503.

30) Edited by(ed.), *Spirituality and Aging*, 18.

31) Elizabeth Mackinlay, *The Spiritual Dimension of Ageing*, 228-229.

32) R. T. 켄달, 『완전한 용서』, 이숙희 역 (서울: 조이 선교회, 2007), 70.

33) 이기반, 『묵상의 숲속에서』(서울: 홍성사, 1996), 64.

34) 채영삼, 『긍휼의 목자 예수』(서울: 이레서원, 2011), 342.

35) 니콜라오스 바실리아디스, 『죽음의 신비, 죽음과 부활에 대한 정교회의 신학』, 암브로시오스역 (서울: 정교회출판사, 2010), 22-26.

36) 니콜라오스 바실리아디스, 『죽음의 신비, 죽음과 부활에 대한 정교회의 신학』, 28-30.

37) 장종현, 『애덤 앤 이브』(서울: 백석 출판사, 2009), 187.

38) 퀴블로 로스, 『인간의 죽음』, 성염 역 (경북: 분도 출판사, 1979), 58-148.

39) 엠마뉘엘, 『나는 100살 당신에게 할 말이 있어요』, 백선희 역 (서울: 마음산책, 2009), 15-17.

40) 엘리자베스 퀴블러 로스, 『사후생』, 최준식 역 (서울: 대화출판사, 1996), 48-49.

41) 성 아우그티누스, 『하나님의 도성』, 624.

42) 성 아우그티누스, 『하나님의 도성』, 1124.

43) 마르틴 루터, 이길상 역, 『탁상담화』(서울: 크리스챤다이제스트, 2005), 786, 447.

44) 폴란트 베일톤, 이종태 역, 『마르틴 루터의 생애』(서울: 생명의말씀사, 1982), 407.

45) 존 칼빈,『기독교 강요, 최종판 중』, 601.

46) 이 실행은 임종 직전의 노인들을 위한 것이기보다 일반적으로 노년을 살면서 준비하고 생각해야 하는 것들에 대해서 다루고 있다. 독립적으로 살고 있는 노인들과 연약한 노인이라도 의식이 있으면 모두 실행할 수 있는 항목임을 미리 밝혀 둔다.

47) 오츠 슈이치,『죽을 때 후회하는 스물다섯 가지』, 황소연 역 (서울: 21세기북스, 2009), 238.

48) 이와 같은 장례식의 절차는 죽은 자를 위한 것이 아니고 남은 후손들을 위로하며 평안하게 하는 것이다. 특히 믿지 않는 사람들에게 복음을 전하는 방법이라고 할 수 있다.

49) 최창국,『영혼의 돌봄을 위한 영성과 상담』(서울: 기독교문서선교회, 2011), 116-117.

50) 안젤름 그륀,『병자 성사』, 윤선아 역 (서울: 분도출판사, 2006), 27-30.

51) 임종하는 사람에게 가장 필요한 것은 무엇일까? 임종을 맞이한 사람이 예수님만 의지하도록 권면해야 하며, 예배를 드리고 찬송하며, 신앙의 고백을 할 수 있도록 도와야 한다. 또 십자가의 보혈을 의지하게 하여 예수님 품에 안길 수 있도록 돕는 것이 최고의 보약이며 그에게 줄 수 있는 마지막 사랑이다. 윤관,『크리스찬 교회생활의 예식자료 핸드북』(안양: 갈릴리, 2012) 272.

52) 말씀 구절 (기도하기 전에 말씀을 소리 내어 읽는다.) ① (롬 8:35, 38) ② (롬 14:8) ③ (살전 4:16, 17) ④ (요한1서 3:2)⑤ (요한1서 3:14) ⑥ (시 25:1) ⑦ (시 27:1) ⑧ (시 42:1) ⑨ (시 23:3, 4) ⑩ (시 25:3, 4) ⑪ (요 14:2) ⑫ (요 14:2-3) ⑬ (요 17:24) ⑭ (요 6:40) ⑮ (시 31:6) (행 7:59)